⊙北京市高等教育精品教材立项项目

# 审计实训教程

袁小勇　王健琪　主编
刘文辉　主审

经济科学出版社

**图书在版编目（CIP）数据**

审计实训教程/袁小勇，王健琪主编．—北京：经济科学出版社，2012.1
ISBN 978－7－5141－1467－6

Ⅰ．①审…　Ⅱ．①袁…②王…　Ⅲ．①审计学－高等学校－教材　Ⅳ．①F239.0

中国版本图书馆CIP数据核字（2011）第277558号

责任编辑：谭志军　沈成宝
责任校对：杨晓莹
版式设计：代小卫
技术编辑：王世伟

**审计实训教程**
袁小勇　王健琪　主编
刘文辉　主审
经济科学出版社出版、发行　新华书店经销
社址：北京市海淀区阜成路甲28号　邮编：100142
总编部电话：88191217　发行部电话：88191540
网址：www.esp.com.cn
电子邮件：esp@esp.com.cn
北京中科印刷有限公司印装
787×1092　16开　18.25印张　410000字
2012年2月第1版　2012年2月第1次印刷
ISBN 978－7－5141－1467－6　定价：38.00元

# 序　言

首都经济贸易大学会计学院实验教学的发展大体经历了以下三个阶段：

第一阶段（1985~1995年）：初创阶段。20世纪80年代中后期，首都经济贸易大学的前身北京经济学院与北京财贸学院就开始探索会计实验室建设，开发研究和探索会计学专业和课程的实验教学工作。1985年，北京经济学院创立了手工工业会计实验室，成为当时全国最早建立的财经类高校实验室之一，曾接待100多所高校的参观考察。

第二阶段（1995~2005年）：整合阶段。1995年，原北京经济学院与北京财贸学院合并，组建首都经济贸易大学，成为北京市属重点大学。此后，我校的会计电算化实验室、手工会计实验室承担了会计学、财务管理等专业相关课程的实验教学任务。实验室的建设，促进了人才培养模式的改革，对人才培养质量的提高，发挥了较大作用。

第三阶段：发展阶段（2005年至今）2005年，为了充分发挥实践教学在人才培养中的重要作用，学校组建了“首都经济贸易大学经济与管理实验教学中心”。学校按照“高起点，现代化”的要求，对实验室的软硬件实验条件进行了一次较大规模的升级改造，重新装修了实验教学楼，改造后的经济与管理实验教学中心，较好地适应了我校人才培养工作的需要。

多年来首都经济贸易大学会计学院一直按照“以学生为本，融知识传授、能力培养、素质提高、协调发展为一体，以能力培养为核心”的实践教学理念，历经20多年的探索、实践和发展，已经形成了自身的实践教学特色。

审计学是会计应用性人才培养教学体系中的一门重要课程，具有很强的实践性。近几年，我校审计教研室针对社会对会计审计人才的需求，对原有的实践教学形式认真进行了分析和改进，取得了可喜的成绩。与同类教材相比，该书的实训内容涵盖了审计学的所有知识点，涉及审计工作的各个环节。本书的内容与编排具有以下三个方面的特点：

（1）系统性。针对审计工作过程，按照业务承接、制定审计计划、风险评估程序、控制测试、实质性程序、审计意见的形成等部分，系统安排了审计学原理与方法的全部实训内容。力求通过实训项目，使学生能够把握审计理论与方法的全貌。

（2）实践性。该书特别安排了实地参观；审计工作底稿填写等认知类；审计工作方案等设计类；根据资料分析问题，提出审计策略等分析类；根据被审计资料，查证问题等审查类；依据要求，进行场景布置，角色模拟，分组进行讨论角色模拟等实训项目，增强了实践性。这些不同的实训项目，既有利于培养学生对本学科现实问题的兴趣，又有利于学生把理论学习所需的收敛思维与创新实践所需的发散性思维进行结合，较好地促进了学生的思维发展，达到了培养学生运用知识解决实际问题能力的目的。

（3）时代性。随着2007年新的审计准则体系和会计准则体系的实施，我国的会计审计实现了国际趋同。该书结合我国会计、审计改革的新思路，将最新的变化写入教材中。

读过《审计实训教材》的书稿，深感本书的特色，应主编之约，为其作序。

刘文辉

2012年1月20日

# 前　言

审计是一门实务性极强的学科，仅仅根据书本进行教学难以达到理想的教学效果。目前，社会及学校很难满足学生直接到企业、会计师事务所进行实践的要求，为弥补实践缺陷，教师可以积极采取间接实践形式，如校内审计模拟操作、课堂案例教学等有效形式。显然，若能提供一个仿真场境，让学生直接参与模拟审计业务，有顺序地、真实地再现审计整个操作过程，无疑是审计实务训练的最佳途径。审计实训是指审计专业教师以审计案例为基本素材，提炼和采用审计实践中的一些典型例子，对审计基本原理、基础理论和实务操作进行解释，将审计理论知识描述以案例的形式呈现给学生，让学生进入审计情境现场，通过学生的实际操作，从理论到实践，再从实践到理论，突破教学中的难点，提高学生发现问题、分析问题、解决问题的能力的一种专门途径。审计实训主要不是研讨审计理论本身，而是运用理论知识来解决实践问题，它要求学生实现从理论学习到实践体验的飞跃，在于它不仅使学生能够获得知识，而且在运用知识解决问题的过程中受到多方面的锻炼，它适合对会计、审计专业学生实践能力、应用能力的培养。可见，研究与开发审计实训课程是提高审计教学质量的必要条件之一。

首都经济贸易大学会计学院的审计实习已经有20多年的历史。随着2006年我国会计准则、审计准则的全面改革，2007年至2008年5月，我们重新组织修订编写了《审计实训教程》。该教材于2008年被评为首都经济贸易大学精品教材，2009年被评为北京高等教育精品立项教材。此后又经过2009～2011年的三个学年的学生实习，不断地进行修改、补充与完善，于2011年11月正式定稿。

在审计实训方面，全国同类教材不多。与同类教材相比，本教程具有以下鲜明的特色：

第一，在内容安排方面，本教程分为业务承接、制定审计计划、风险评估程序、控制测试、实质性程序（上、下）、审计意见的形成等七大部分，内容涵盖了审计学的全部知识点，涉及审计工作的各个环节。

第二，在体例结构方面，审计实训项目可以包括以下几类：实地参观（到会计师事务所实地参观，有实训目的，参观结束后要求学生写出感想）、认知类（审计工作底稿及填写）、设计类（审计工作方案的设计）、分析类（根据提供的资料，分析问题，提出审计策略）、审查类（根据所提供的被审计资料，查证问题）、角色模拟（依据要求，进行场景布置，角色模拟，分组进行讨论，缩短学生与审计实践的距离感，增强实操性）。本教程涵盖了上述所有项目。

第三，将2006年财政部颁布的与国际准则趋同的新会计准则体系（39项）和新审计准则体系（48 项）的最新内容和精神写进教材，让学生了解最新的知识和会计、审计发展的最新动态。

第四，本教程提供的40 多个审计实训项目，实训目的明确，实训资料仿真，实训要求具体，可操作性强，是无风险无成本的审计实践，能够大大提升学生的审计职业谨慎与专业判断能力。

第五，本教材提供了计算机审计实训软件——“鼎信诺审计系统”，读者可以通过官方网站 www. dxn. com. cn/websites2/content. aspx？id = 819 直接下载。

本教材适合作为高等财经类院校会计专业、审计专业及其他经济管理专业审计学的配套教材，也可以作为注册会计师、企业审计人员的后续教育教材和其他学习审计知识的人士的参考资料。

本教程由袁小勇、王健琪等编写，具体分工如下：单元一、单元二（实训二）、由袁小勇编写；单元二（实训一）、单元四由陈郡编写；单元三由顾奋玲编写；单元五（实训一、实训二、实训三）由李春玲（就职于北京联合大学商务学院）编写；单元五（实训四、实训五）由霍立新编写；单元五（实训六、实训七）由崔春编写；单元五（实训八、实训九、实训十）由邵军（就职于北京联合大学商务学院）编写；单元六由王健琪编写；单元七由蒋燕辉编写；单元八由邵军编写，李国平（就职于北京鼎信诺科技有限公司）提供技术支持。附录由刘文辉供稿。袁小勇对本书全部内容进行了总编纂。刘文辉对本书全部内容进行了最后的审阅并定稿。

由于对审计实训教材的编写是初次尝试，加之《会计审计准则》刚刚颁布不久，审计实务尚不完善，本教材定会存在一些缺陷，敬请各位专家与读者朋友批评指正，以便我们不断修正与提高。

本书在写作过程中，始终得到首都经济贸易大学会计学院副院长刘文辉教授的大力支持和帮助，她通读全书并为本书作序，李柏生（广东注册会计师协会副秘书长、正高级会计师）、杨庆英教授（首都经济贸易大学原审计处处长）也对本书的编写提供了许多有益的指导，在此，特表示深深的感谢！

**袁小勇**

2012 年 1 月

# 目　录

# 教 学 大 纲

## 一、适用专业

会计学（含注册会计师专门化方向）、财务管理及财政、税务、金融专业。

## 二、实验教学目的与基本要求

通过实训使学生增加对各类审计工作底稿的直观认识，使学生了解业务承接、计划审计工作、与客户的沟通、销售与收款循环、购货与付款循环、生产循环、投资与融资循环等环节所面临的审计风险，掌握收集审计证据的程序与方法及审计风险应对策略。要求学生理解审计实训目的，掌握审计的技术方法，能够根据所提供的背景资料设计相应的审计方案，编制工作底稿，并最终得出正确的审计结论。

## 三、审计实训计划安排

本教材作为《审计学》（袁小勇、陈郡主编，首都经济贸易大学出版社2011年版，此书2007年版被评为2008年北京市高等教育精品教材）的配套教材，下表“计划安排”中的章节均指《审计学》教材中的相关章节。使用其他教材时请指导教师相应修改本计划安排。

| 实训项目 | 计划安排 | 备　注 |
| --- | --- | --- |
| **单元一　业务承接** | | |
| 实训一　能否接受审计委托 | 安排在“第四章审计过程”之后 | 必做 |
| 实训二　签订审计业务约定书 | 安排在“第四章审计过程”之后 | 选做 |
| **单元二　制定审计计划** | | |
| 实训一　了解审计策略的制定<br>实训二　制定审计策略 | 安排在“第四章审计过程”之后 | 必做 |
| **单元三　风险评估程序** | | |
| 实训一　风险评估调查<br>实训二　风险评估汇总 | 安排在“第六章审计风险评估与审计测试”之后 | 必做 |

续表

| 实训项目 | 计划安排 | 备　注 |
|---|---|---|
| **单元四　控制测试** | | |
| 实训一　了解及评价被审计单位的采购与付款循环 | 安排在“第九章采购与付款循环审计”之后 | 必做 |
| 实训二　了解及评价被审计单位的工薪与人事循环 | 安排在“第十章生产与费用循环审计”之后 | 必做 |
| 实训三　了解及评价被审计单位的生产与仓储循环 | 安排在“第十章生产与费用循环审计”之后 | 必做 |
| 实训四　了解及评价被审计单位的销售与收款循环 | 安排在“第八章销售与收款循环审计”之后 | 必做 |
| 实训五　了解及评价被审计单位的筹资与投资循环 | 安排在“第十一章筹资与投资循环审计”之后 | 必做 |
| 实训六　了解及评价被审计单位的固定资产循环 | 安排在“第十二章存量资产审计”之后 | 必做 |
| **单元五　实质性程序（上）** | | |
| 实训一　库存现金的审计（一） | 安排在“第十二章存量资产审计”之后 | 必做 |
| 实训二　库存现金的审计（二） | 安排在“第十二章存量资产审计”之后 | 选做 |
| 实训三　银行存款的审计 | 安排在“第十二章存量资产审计”之后 | 必做 |
| 实训四　应收账款的函证及分析 | 安排在“第八章销售与收款循环审计”之后 | 必做 |
| 实训五　坏账准备的审计 | 安排在“第八章销售与收款循环审计”之后 | 必做 |
| 实训六　存货审计 | 安排在“第十二章存量资产审计”之后 | 选做 |
| 实训七　存货监盘程序 | 安排在“第十二章存量资产审计”之后 | 必做 |
| 实训八　固定资产的审计 | 安排在“第十二章存量资产审计”之后 | 必做 |
| 实训九　固定资产减值准备审计 | 安排在“第十二章存量资产审计”之后 | 选做 |
| 实训十　金融资产审计 | 安排在“第十一章筹资与投资循环审计”之后 | 必做 |
| **单元六　实质性程序（下）** | | |
| 实训一　短期借款的审计 | 安排在“第十一章筹资与投资循环审计”之后 | 选做 |
| 实训二　应付账款的审计 | 安排在“第九章购货与付款循环审计”之后 | 必做 |
| 实训三　预收账款的审计 | 安排在“第八章销售与收款循环审计”之后 | 选做 |
| 实训四　应付职工薪酬的审计 | 安排在“第十章生产与费用循环审计”之后 | 必做 |
| 实训五　长期借款的审计 | 安排在“第十一章筹资与投资循环审计”之后 | 必做 |
| 实训六　实收资本的审计 | 安排在“第十一章筹资与投资循环审计”之后 | 必做 |
| 实训七　资本公积的审计 | 安排在“第十一章筹资与投资循环审计”之后 | 选做 |
| 实训八　盈余公积的审计 | 安排在“第十一章筹资与投资循环审计”之后 | 选做 |
| 实训九　未分配利润的审计 | 安排在“第十一章筹资与投资循环审计”之后 | 选做 |
| 实训十　主营业务收入的审计 | 安排在“第八章销售与收款循环审计”之后 | 必做 |
| 实训十一　营业外收入的审计 | 安排在“第八章销售与收款循环审计”之后 | 选做 |

续表

| 实训项目 | 计划安排 | 备　注 |
|---|---|---|
| **单元七　审计意见的形成** | | |
| 实训一　期后事项的审计意见 | 安排在“第十三章特定业务审计”之后 | 必做 |
| 实训二　前后任注册会计师沟通 | 安排在“第十三章特定业务审计”之后 | 必做 |
| 实训三　审计意见的形成 | 安排在“第十四章审计报告”之后 | 必做 |
| **单元八　计算机审计实训** | | |
| 实训一至七 | 可单独作为一个审计环节进行，或在计算机审计课程后进行。 | 可选做 |

## 四、审计实训说明

本实训项目包括以下组成部分，学生可在任课教师的指导下有计划地进行模拟训练。

（1）实地参观：到会计师事务所实地参观，有实训目的，参观结束后要求学生写出感想。

（2）认知类：审计工作底稿及填写。

（3）设计类：审计工作方案的设计。

（4）分析类：分析问题，提出审计策略。

（5）审查类：根据所提供的被审计资料，查证问题。

（6）角色模拟：依据要求，进行场景布置，角色模拟，分组进行。

## 五、实验教科书、参考书

### （一）教科书

1. 袁小勇、陈郡主编：《审计学》，首都经济贸易大学出版社 2011 年版。

2. 袁小勇、王健琪主编：《审计学实训教程》，经济科学出版社 2012 年版。

### （二）参考书

1. 财政部注册会计师考试委员会办公室编：《审计》，经济科学出版社 2011 年版。

2. 财政部注册会计师协会编：《中国注册会计师审计准则及指南》，中国财政经济出版社 2007 年版。

# 业务承接

## 实训一　能否接受审计委托

### 实训目的

1. 通过本实训，使用学生了解业务承接环节中应该考虑的问题，能够根据客户的环境、风险及要求，结合本会计师事务所的时间、资源、专业胜任能力、独立性及审计收费等情况，评价是否应该接受审计委托。

2. 熟悉并填写《审计业务承接评价表》。

### 实训环境

上课教室，本章授课结束之后，由主讲教师布置，配有《业务承接评价表》。

### 实训资料

月光股份有限公司是总部设在北京的一家纺织行业的上市公司，2007 年发行社会公众股并上市交易，受政府的优惠政策的支持，业绩相当不错，上市当年的每股收益为 0.433 元，但在 2008 年企业开始出现下滑的趋势，每股收益为 0.200 元。公司目前在准备 2011 年的年度审计，并打算聘请宝信会计师事务所进行年度审计。

宝信会计师事务所在接受该公司委托前通过公开渠道了解到如下信息：

（1）2009 年、2010 年两年的业绩相当不理想，每股收益分别为 0.155 元和 0.100 元。

（2）2011 年未经审计的中期报表的每股收益为 0.090 元。

（3）2011 年 12 月 5 日公告了其进行资产重组的消息。

（4）2009 年、2010 年从事该公司年度报表审计的事务所是宝和会计师事务所。

（5）公司在 2011 年 12 月 26 日宣布入股组建电子商务网络公司，并处于控股地位。

## 实训要求

1. 你作为该项目的负责人，在接受委托前你会如何处理？

2. 除了上面给出的资料，你还需要客户提供哪些资料？

3. 根据以上提供的公司基本资料，请以小组为单位自行设计其他背景资料，并据以作出是否承接业务的判断。

4. 根据你的判断，请填写下面的《审计业务承接评价表》（见表 1－1－1）。

表 1－1－1　　审计业务承接评价表

| 被审计单位： | 索　　引　　号：AA |
|---|---|
| 项　　目： | 财务报表截止日/期间： |
| 编　　制： | 复　　核： |
| 日　　期： | 日　　期： |
| 1. 客户法定名称（中/英文）： | |
| 2. 客户地址： | |
| | |
| 电话：　　传真： | |
| 电子信箱：　　网址： | |
| 联系人： | |
| 3. 客户性质（国有/外商投资/民营/其他）： | |
| 4. 客户所属行业、业务性质与主要业务： | |
| | |
| | |
| | |
| 5. 最初接触途径（详细说明）<br>（1）本所职工引荐<br>（2）外部人员引荐<br>（3）其他（详细说明） | |
| 6. 客户要求我们提供审计服务的目的以及出具审计报告的日期。 | |
| | |
| | |
| | |
| 7. 治理层及管理层关键人员（姓名与职位）： | |
| 姓　名 | 职　位 |
| | |
| | |
| | |
| | |

续表

| 8. 主要财务人员（姓名与职位）: | |
|---|---|
| 姓　名 | 职　位 |
| | |
| | |
| | |
| | |
| 9. 直接控股母公司、间接控股母公司、最终控股母公司的名称、地址、相互关系、主营业务及持股比例: | |
| | |
| | |
| | |
| | |
| 10. 子公司的名称、地址、相互关系、主营业务及持股比例: | |
| | |
| | |
| | |
| 11. 合营企业的名称、地址、相互关系、主营业务及持股比例: | |
| | |
| | |
| | |
| 12. 联营企业的名称、地址、相互关系、主营业务及持股比例: | |
| | |
| | |
| | |
| 13. 分公司名称、地址、相互关系、主营业务: | |
| | |
| | |
| | |
| 14. 客户主管税务机关: | |
| | |
| 15. 客户法律顾问或委托律师（机构、经办人、联系方式）: | |
| | |
| 16. 客户常年会计顾问（机构、经办人、联系方式）: | |
| | |
| 17. 前任注册会计师（机构、经办人、联系方式），变更会计师事务所的原因，以及最近三年变更会计师事务所的频率。 | |
| | |
| | |
| | |

续表

| 18. 根据对客户及其环境的了解，记录下列事项： |
|---|
| **客户的诚信** |
| 信息来源：<br>例如：<br>• 与为客户提供专业会计服务的现任或前任人员进行沟通，并与其讨论；<br>• 向会计师事务所其他人员、监管机构、金融机构、法律顾问和客户的同行等第三方询问；<br>• 从相关数据库中搜索客户的背景信息。 |
| 考虑因素：<br>• 客户主要股东、关键管理人员、关联方及治理层的身份和商业信誉<br>• 客户的经营性质<br>• 客户主要股东、关键管理人员及治理层对内部控制环境和会计准则等的态度<br>• 客户是否过分考虑将会计师事务所的收费维持在尽可能低的水平<br>• 工作范围受到不适当限制的迹象<br>• 客户可能涉嫌洗钱或其他刑事犯罪行为的迹象<br>• 变更会计师事务所的原因<br>• 关键管理人员是否更换频繁<br>…… |
| **经营风险** |
| 信息来源：<br>例如：从相关数据库中搜索客户的背景信息。 |
| 考虑因素：<br>• 行业内类似企业的经营业绩<br>• 法律环境<br>• 监管环境<br>• 受国家宏观调控政策的影响程度<br>• 是否涉及重大法律诉讼或调查<br>• 是否计划或有可能进行合并或处置资产<br>• 客户是否依赖主要客户（来自该客户的收入占全部收入的大部分）或主要供应商（来自该供应商的采购占全部采购的大部分）<br>• 管理层是否倾向于异常或不必要的风险<br>• 关键管理人员的薪酬是否基于客户的经营状况确定<br>• 管理层是否在达到财务目标或降低所得税方面承受不恰当的压力<br>…… |
| **财务状况** |
| 信息来源：<br>例如：近三年财务报表 |
| 考虑因素：<br>• 现金流量或营运资金是否能够满足经营、债务偿付以及分发股利的需要<br>• 是否存在对发行新债务和权益的重大需求<br>• 贷款是否延期未清偿，或存在违反贷款协议条款的情况<br>• 最近几年销售、毛利率或收入是否存在恶化的趋势<br>• 是否涉及重大关联方交易<br>• 是否存在复杂的会计处理问题<br>• 客户融资后，其财务比率是否恰好达到发行新债务或权益的最低要求<br>• 是否使用衍生金融工具<br>• 是否经常在年末或临近年末发生重大异常交易 |

续表

| • 是否对持续经营能力产生怀疑<br>…… |
| --- |
| 客户的风险级别（高/中/低）： |
| 19. 根据本所目前的情况，考虑下列事项： |
| **项目组的时间和资源** |
| 考虑因素：<br>• 根据本所目前的人力资源情况，是否拥有足够的具有必要素质和专业胜任能力的人员组建项目组<br>• 是否能够在提交报告的最后期限内完成业务 |
| **项目组的专业胜任能力** |
| 考虑因素：<br>• 初步确定的项目组关键人员是否熟悉相关行业或业务对象<br>• 初步确定的项目组关键人员是否具有执行类似业务的经验，或是否具备有效获取必要技能和知识的能力<br>• 在需要时，是否能够得到专家的帮助<br>• 如果需要项目质量控制复核，是否具备符合标准和资格要求的项目质量控制复核人员 |
| **独立性** |
| **经济利益** |
| 考虑因素：<br>本所或项目组成员是否存在经济利益对独立性的损害：<br>• 与客户存在专业服务收费以外的直接经济利益或重大的间接经济利益<br>• 过分依赖向客户收取的全部费用<br>• 与客户存在密切的经营关系<br>• 过分担心可能失去业务<br>• 可能与客户发生雇佣关系<br>• 存在与该项审计业务有关的或有收费 |
| **自我评价** |
| 考虑因素：<br>本所或项目组成员是否存在自我评价对独立性的损害：<br>• 项目组成员曾是客户的董事、经理、其他关键管理人员或能够对本业务产生直接重大影响的员工<br>• 为客户提供直接影响财务报表的其他服务<br>• 为客户编制用于生成财务报表的原始资料或其他记录 |
| **关联关系** |
| 考虑因素：<br>本所或项目组成员是否存在关联关系对独立性的损害：<br>• 与项目组成员关系密切的家庭成员是客户的董事、经理、其他关键管理人员或能够对本业务产生直接重大影响的员工<br>• 客户的董事、经理、其他关键管理人员或能够对本业务产生直接重大影响的员工是本所的前高级管理人员<br>• 本所的高级管理人员或签字注册会计师与客户长期交往<br>• 接受客户或其董事、经理、其他关键管理人员或能够对本业务产生直接重大影响的员工的贵重礼品或超出社会礼仪的款待 |
| **外界压力** |
| 考虑因素：<br>本所或项目组成员是否存在外界压力对独立性的损害：<br>• 在重大会计、审计等问题上与客户存在意见分歧而受到解聘威胁<br>• 受到有关单位或个人不恰当的干预<br>• 受到客户降低收费的压力而不恰当地缩小工作范围 |

续表

<table>
<tr><td colspan="2">预计收取的费用及可回收比率</td></tr>
<tr><td colspan="2">预计审计收费：<br>预计成本（计算过程）：<br><br>可回收比率：</td></tr>
<tr><td colspan="2">20. 其他方面的意见：</td></tr>
<tr><td colspan="2"></td></tr>
<tr><td>项目负责合伙人：<br>基于上述方面，我们________（接受或不接受）此项业务。<br>签名________________<br>日期________________</td><td>风险管理负责人（必要时）：<br>基于上述方面，我们______（接受或不接受）此项业务。<br>签名________________<br>日期________________</td></tr>
<tr><td colspan="2">最终结论：<br><br>签名： 日期：</td></tr>
</table>

## 实训二 签订审计业务约定书

### 实训目的

1. 通过本实训，使用学生了解业务承接环节中应该考虑的问题，能够根据客户的环境、风险及要求，结合本会计师事务所的时间、资源、专业胜任能力、独立性及审计收费等情况，评价是否应该接受审计委托。

2. 熟悉并填写《审计业务承接评价表》。

3. 熟悉并填写《审计业务约定书》。

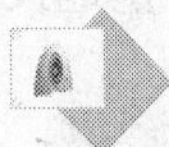

### 实训环境

审计实验室或大教室，配有《审计业务承接评价表》、《审计业务约定书》等相关审计工作底稿。

## 实训资料

由任课教师提供或学生设计。

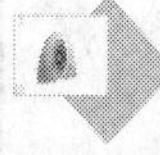

## 实训要求

1. 将学生分成若干组，进行角色扮演。每组中，一部分扮演业务委托人（客户），一部分扮演会计师事务所的工作人员。

2. 通过情况交流，会计师事务所的工作人员应该填写《审计业务承接评价表》（格式见表1-1-1）。

3. 如果会计师事务所接受委托，双方填写《审计业务约定书》。

### 审计业务约定书

**索引号：AC**

甲方：S公司

乙方：××会计师事务所

兹由甲方委托乙方对20××年度财务报表进行审计，经双方协商，达成以下约定：

**一、业务范围与审计目标**

1. 乙方接受甲方委托，对甲方按照企业会计准则和《××会计制度》编制的20××年12月31日的资产负债表，20××年度的利润表、股东权益变动表和现金流量表以及财务报表附注（以下统称财务报表）进行审计。

2. 乙方通过执行审计工作，对财务报表的下列方面发表审计意见：（1）财务报表是否按照企业会计准则和《××会计制度》的规定编制；（2）财务报表是否在所有重大方面公允反映甲方的财务状况、经营成果和现金流量。

**二、甲方的责任与义务**

**（一）甲方的责任**

1. 根据《中华人民共和国会计法》及《企业财务会计报告条例》，甲方及甲方负责人有责任保证会计资料的真实性和完整性。因此，甲方管理层有责任妥善保存和提供会计记录（包括但不限于会计凭证、会计账簿及其他会计资料），这些记录必须真实、完整地反映甲方的财务状况、经营成果和现金流量。

2. 按照企业会计准则和《××会计制度》的规定编制财务报表是甲方管理层的责任，这种责任包括：（1）设计、实施和维护与财务报表编制相关的内部控制，以使财务报表不存在由于舞弊或错误而导致的重大错报；（2）选择和运用恰当的会计政策；（3）作出合理的会计估计。

（二）甲方的义务

1. 及时为乙方的审计工作提供其所要求的全部会计资料和其他有关资料（在20××年×月×日之前提供审计所需的全部资料），并保证所提供资料的真实性和完整性。

2. 确保乙方不受限制地接触任何与审计有关的记录、文件和所需的其他信息。

[下段适用于集团财务报表审计业务，使用时需按每位客户/约定项目的特定情况而修改，如果加入此段，应相应修改下面其他条款编号。]

【3. 为满足乙方对甲方合并财务报表发表审计意见的需要，甲方须确保：

乙方和为组成部分执行审计的其他会计师事务所的注册会计师（以下简称其他注册会计师）之间的沟通不受任何限制。

组成部分是指甲方的子公司、分部、分公司、合营企业、联营企业等。

如果甲方管理层、负责编制组成部分财务信息的管理层（以下简称组成部分管理层）对其他注册会计师的审计范围施加了限制，或客观环境使其他注册会计师的审计范围受到限制，甲方管理层和组成部分管理层应当及时告知乙方。

乙方及时获悉其他注册会计师与组成部分治理层和管理层之间的重要沟通（包括就内部控制重大缺陷进行的沟通）。

乙方及时获悉组成部分治理层和管理层与监管机构就财务信息事项进行的重要沟通。

在乙方认为必要时，允许乙方接触组成部分的信息、组成部分管理层或其他注册会计师（包括其他注册会计师的审计工作底稿），并允许乙方对组成部分的财务信息实施审计程序】

3. 甲方管理层对其作出的与审计有关的声明予以书面确认。

4. 为乙方派出的有关工作人员提供必要的工作条件和协助，主要事项将由乙方于外勤工作开始前提供清单。

5. 按本约定书的约定及时足额支付审计费用以及乙方人员在审计期间的交通、食宿和其他相关费用。

三、乙方的责任和义务

（一）乙方的责任

1. 乙方的责任是在实施审计工作的基础上对甲方财务报表发表审计意见。乙方按照中国注册会计师审计准则（以下简称审计准则）的规定进行审计。审计准则要求注册会计师遵守职业道德规范，计划和实施审计工作，以对财务报表是否不存在重大错报获取合理保证。

[下段适用于集团财务报表审计业务，使用时需按每位客户/约定项目的特定情况而修改，如果加入此段，应相应修改下面其他条款编号。]

【2. 乙方不对非由乙方审计的组成部分的财务信息单独出具审计报告；有关的责任由对该组成部分执行审计的其他注册会计师及其所在的会计师事务所承担】

2. 审计工作涉及实施审计程序，以获取有关财务报表金额和披露的审计证据。选择的审计程序取决于乙方的判断，包括对由于舞弊或错误导致的财务报表重大错报风险的评估。在进行风险评估时，乙方考虑与财务报表编制相关的内部控制，以设计恰当的审计程序，但目的并非对内部控制的有效性发表意见。审计工作还包括评价管理层选用会计政策的恰当性和作出会计估计的合理性，以及评价财务报表的总体列报。

3. 乙方需要合理计划和实施审计工作，以使乙方能够获取充分、适当的审计证据，为甲方财务报表是否不存在重大错报获取合理保证。

4. 乙方有责任在审计报告中指明所发现的甲方在某重大方面没有遵循企业会计准则和《××会计制度》编制财务报表且未按乙方的建议进行调整的事项。

5. 由于测试的性质和审计的其他固有限制，以及内部控制的固有局限性，不可避免地存在着某些重大错报在审计后可能仍然未被乙方发现的风险。

6. 在审计过程中，乙方若发现甲方内部控制存在乙方认为的重要缺陷，应向甲方提交管理建议书。但乙方在管理建议书中提出的各种事项，并不代表已全面说明所有可能存在的缺陷或已提出所有可行的改善建议。甲方在实施乙方提出的改善建议前应全面评估其影响。未经乙方书面许可，甲方不得向任何第三方提供乙方出具的管理建议书。

7. 乙方的审计不能减轻甲方及甲方管理层的责任。

**（二）乙方的义务**

1. 按照约定时间完成审计工作，出具审计报告。乙方应于20××年×月×日前出具审计报告。

2. 除下列情况外，乙方应当对执行业务过程中知悉的甲方信息予以保密：（1）取得甲方的授权；（2）根据法律法规的规定，为法律诉讼准备文件或提供证据，以及向监管机构报告发现的违反法规行为；（3）接受行业协会和监管机构依法进行的质量检查；（4）监管机构对乙方进行行政处罚（包括监管机构处罚前的调查、听证）以及乙方对此提起行政复议。

**四、审计收费**

1. 本次审计服务的收费是以乙方各级别工作人员在本次工作中所耗费的时间为基础计算的。乙方预计本次审计服务的费用总额为人民币××万元。

2. 甲方应于本约定书签署之日起××日内支付×%的审计费用，其余款项于［审计报告草稿完成日］结清。

3. 如果由于无法预见的原因，致使乙方从事本约定书所涉及的审计服务实际时间较本约定书签订时预计的时间有明显的增加或减少时，甲乙双方应通过协商，相应调整本约定书第四条第1项下所述的审计费用。

4. 如果由于无法预见的原因，致使乙方人员抵达甲方的工作现场后，本约定书所涉及的审计服务不再进行，甲方不得要求退还预付的审计费用；如上述情况发生于乙方人员完成现场审计工作，并离开甲方的工作现场之后，甲方应另行向乙方支付人民币××元的补偿费，该补偿费应于甲方收到乙方的收款通知之日起××日内支付。

5. 与本次审计有关的其他费用（包括交通费、食宿费等）由甲方承担。

**五、审计报告和审计报告的使用**

1. 乙方按照《中国注册会计师审计准则第1501号——审计报告》和《中国注册会计师审计准则第1502号——非标准审计报告》规定的格式和类型出具审计报告。

2. 乙方向甲方致送审计报告一式××份。

3. 甲方在提交或对外公布审计报告时，不得修改乙方出具的审计报告及其后附的已审计财务报表。当甲方认为有必要修改会计数据、报表附注和所作的说明时，应当事先通知乙方，乙方将考虑有关的修改对审计报告的影响，必要时，将重新出具审计报告。

**六、本约定书的有效期间**

本约定书自签署之日起生效，并在双方履行完毕本约定书约定的所有义务后终止。但其中第三（二）2、四、五、八、九、十项并不因本约定书终止而失效。

**七、约定事项的变更**

如果出现不可预见的情况，影响审计工作如期完成，或需要提前出具审计报告，甲、乙双方均可要求变更约定事项，但应及时通知对方，并由双方协商解决。

**八、终止条款**

1. 如果根据乙方的职业道德及其他有关专业职责、适用的法律法规或其他任何法定的要求，乙方认为已不适宜继续为甲方提供本约定书约定的审计服务时，乙方可以采取向甲方提出合理通知的方式终止履行本约定书。

2. 在终止业务约定的情况下，乙方有权就其于本约定书终止之日前对约定的审计服务项目所做的工作收取合理的审计费用。

**九、违约责任**

甲、乙双方按照《中华人民共和国合同法》的规定承担违约责任。

**十、适用法律和争议解决**

本约定书的所有方面均应适用中华人民共和国法律进行解释并受其约束。本约定书履行地为乙方出具审计报告所在地，因本约定书所引起的或与本约定书有关的任何纠纷或争议（包括关于本约定书条款的存在、效力或终止，或无效之后果），双方选择以下第________种解决方式：

1. 向有管辖权的人民法院提起诉讼；

2. 提交××仲裁委员会仲裁。

**十一、双方对其他有关事项的约定**

本约定书一式两份，甲、乙方各执一份，具有同等法律效力。

| | |
|---|---|
| 甲方：S 公司（盖章） | 乙方：××会计师事务所（盖章） |
| 授权代表：（签名并盖章） | 授权代表：（签名并盖章） |
| 二〇××年×月×日 | 二〇××年×月×日 |

# 制定审计计划

## 实训一　了解审计策略的制定

### 实训目的

1. 通过本实训，使学生了解在业务承接后应该考虑的问题之一，能够根据客户的环境、风险及要求，结合本会计师事务所的时间、资源、专业胜任能力、独立性及审计收费等情况，制定总体审计策略。

2. 熟悉《总体审计策略步骤表》。

### 实训环境

审计实验室或大教室，配有《总体审计策略步骤表》、《风险评估程序表》等相关审计工作底稿。

### 实训资料

注册会计师肖勇和少军对 ABC 股份有限公司（以下简称 ABC 公司）2011 年度报表进行审计，该公司主要经营中、小型机电类产品的生产和销售，采用用友计算机软件进行日常的账务核算，2011 年度未发生购并、分立和债务重组行为，供产销形式与上年相当。甲和乙于 2011 年 12 月 1 日至 12 月 15 日对 ABC 公司的总体情况进行了了解，得知前任注册会计师对该公司 2010 年度的财务报表出具了保留意见，原因是该公司未按账龄分析法计提应收账款坏账准备，而是发生坏账时直接冲销，不符合相关会计准则的规定。

### 实训要求

1. 将学生分成若干组，进行角色扮演。

2. 了解讨论《总体审计策略步骤表》（格式参见表2-2-8）的编写。

## 实训二 制定审计策略

### 实训目的

1. 通过本实训，使学生能够根据客户的具体环境、风险及要求，结合本会计师事务所的时间、资源、专业胜任能力、独立性及审计收费等情况，制定总体审计策略和具体审计计划。

2. 熟悉并填写《总体审计策略步骤表》。

### 实训环境

审计实验室或大教室，配有《被审计单位基本情况表》、《总体审计策略表》等相关审计工作底稿。

### 实训资料

北京靓丽服装公司委托中财网会计师事务所对其2010年度财务报表进行审计。2011年1月15日双方签订了审计业务约定书。

中财网会计师事务所根据业务需要组织审计小组。该项目由审计部经理肖勇负责，成员有注册会计师李欣、少军、袁梦、刘华。肖勇指派袁梦、刘华于2011年1月25日进驻北京靓丽服装公司开始初步审计工作。

在初步审计过程中，注册会计师就审计的性质、被审计单位应该提供的资料及其他事宜与被审计单位进行了充分的沟通，被审计单位也给定了很好的配合。以下是注册会计师袁梦、刘华收集和了解的有关资料。

1. 北京靓丽服装公司概况。

企业名称：北京靓丽服装公司

注册资本：498 万元

投资人：北京市丰台区新大街街道办事处

地址：北京市丰台区东大街甲 8 号

电话：010—63969866

纳税人登记号：110102200197003

开户行：工商银行东大街分理处

账号：397543006

经营范围：

主营：服装加工、销售

兼营：旅店、餐饮、娱乐、服务业

法人代表：张小军

企业性质：股份有限公司

注册日期：2000 年 8 月 ~2030 年 8 月

开始生产日期：2000 年 8 月

企业人数 182 人，其中：

| | |
|---|---|
| 一车间 | 60 人 |
| 二车间 | 75 人 |
| 销售部 | 4 人 |
| 技术设计部 | 12 |
| 管理部门 | 15 人 |
| 医务室 | 3 人 |
| 保卫部 | 5 人 |
| 其他人工 | 8 人 |

2. 公司主要财务制度。

（1）生产部门原材料按照实际成本法核算。

（2）坏账准备：应收账款账龄在 1 年以内的按照年末余额的 5% 计提，1 ~3 年的按 15% 计提，3 年以上的按 30% 计提。

（3）固定资产按机器设备和房屋建筑分类计提折旧。

（4）辅助生产费用按耗用原材料比分配核算。

（5）发出材料按照领料部门归集各产品耗用的主要材料实际成本结转。辅料成本按各产品耗用的主要材料费用比例分配。

（6）期末完工产品成本按约当产量法计算。原材料系生产开始时一次投入，各车间产品完工程度为 50%。

（7）增值税税率 17%，服务业营业税税率 5%，娱乐业营业税税率 10%，城市维护建设税税率 7%，教育费附加 3%，所得税税率 25%。

（8）利润分配方案：按净利润的 10% 计提一般盈余公积金，按净利润的 5% 计提公益金，剩余利润的 60% 向投资者分配。

3. 公司各项法律文件。

公司章程、成立时的审计报告、验资报告、营业执照、税务登记证、对外投资合同、无形资产受让合同、借款合同、购销合同等文件均符合规定（文件略）。

4. 公司财务报表资料包括：资产负债表（见表2－2－1）、利润表（见表2－2－2）。

**表2－2－1**　　资产负债表　　**会企01表**

编制单位：北京靓丽服装有限公司　　2010年12月31日　　单位：元

| 资　　产 | 行次 | 期末余额 | 年初余额 | 负债和所有者权益（或股东权益） | 行次 | 期末余额 | 年初余额 |
|---|---|---|---|---|---|---|---|
| 流动资产： | | | | 流动负债： | | | |
| 货币资金 | | 768 745 | 1 406 300 | 短期借款 | | 50 000 | 300 000 |
| 交易性金融资产 | | 110 000 | 15 000 | 交易性金融负债 | | | |
| 应收票据 | | 46 000 | 246 000 | 应付票据 | | 100 000 | 200 000 |
| 应收账款 | | 598 200 | 299 100 | 应付账款 | | 953 800 | 953 800 |
| 预付账款 | | 100 000 | 100 000 | 预收账款 | | | |
| 应收股利 | | | | 应付职工薪酬 | | 180 000 | 110 000 |
| 应收利息 | | | | 应交税费 | | 212 830.88 | 36 600 |
| 其他应收款 | | 5 000 | 5 000 | 应付利息 | | 160 000 | |
| 存货 | | 2 572 900 | 2 580 000 | 应付股利 | | 50 000 | |
| 其中：消耗性生物资产 | | | | 其他应付款 | | 50 000 | 50 000 |
| 待摊费用 | | | 100 000 | 预提费用 | | 0 | 1 000 |
| 一年内到期非流动资产 | | | | 预计负债 | | 200 000 | 200 000 |
| 其他流动资产 | | | | 一年内到期的非流动负债 | | 600 000 | 1 000 000 |
| 流动资产合计 | | 4 200 845 | 4 751 400 | 其他流动负债 | | | |
| 非流动资产： | | | | 流动负债合计 | | 2 556 630.88 | 2 851 400 |
| 可供出售金融资产 | | | | 非流动负债： | | | |
| 持有至到期投资 | | | | 长期借款 | | 400 000 | 600 000 |
| 投资性房地产 | | | | 应付债券 | | | |
| 长期股权投资 | | 276 000 | 276 000 | 长期应付款 | | | |
| 长期应收款 | | | | 专项应付款 | | | |
| 固定资产 | | 2 375 000 | 1 244 000 | 递延所得税负债 | | 3 300 | |
| 在建工程 | | 578 000 | 1 500 000 | 其他非流动负债 | | | |

续表

| 资　　产 | 行次 | 期末余额 | 年初余额 | 负债和所有者权益（或股东权益） | 行次 | 期末余额 | 年初余额 |
|---|---|---|---|---|---|---|---|
| 工程物资 | | 150 000 | | 非流动负债合计 | | 403 300 | |
| 固定资产清理 | | 0 | | 负债合计 | | 2 959 930.88 | 3 451 400 |
| 生产性生物资产 | | | | 所有者权益（或股东权益）： | | | |
| 油气资产 | | | | 实收资本（或股本） | | 5 000 000 | 5 000 000 |
| 无形资产 | | 540 000 | 600 000 | 资本公积 | | | |
| 开发支出 | | | | 盈余公积 | | 124 804.25 | 99 928.75 |
| 商誉 | | | | 未分配利润 | | 223 238.25 | 49 358.75 |
| 长摊待摊费用 | | 160 000 | 200 000 | 减：库存股 | | | |
| 递延所得税资产 | | 28 128.38 | 29 287.5 | 所有者权益（或股东权益）合计 | | 5 348 042.5 | 5 149 287.5 |
| 其他非流动资产 | | | | | | | |
| 非流动资产合计 | | 4 107 128.38 | 3 849 287.5 | | | | |
| 资产总计 | | 8 307 973.38 | 8 600 687.5 | 负债和所有者（股东权益）合计 | | 8 307 973.38 | 8 600 687.5 |

单位负责人：刘红　　财务负责人：张春艳　　复核：李丽　　制表：张涛

**表 2-2-2**　　利润表　　**会企 02 表**

编制单位：北京靓丽服装有限公司　　2010 年　　单位：元

| 项　　目 | 行次 | 本年金额 | 上年金额 |
|---|---|---|---|
| 一、营业收入 | | 1 250 000 | 1 178 000 |
| 减：营业成本 | | 750 000 | 735 000 |
| 营业税费 | | 2 000 | 2 150 |
| 销售费用 | | 20 000 | 18 000 |
| 管理费用 | | 147 100 | 124 600 |
| 财务费用（收益以“-”号填列） | | 41 500 | 39 500 |
| 资产减值损失 | | 2 700 | 2 900 |
| 加：公允价值变动净收益（净损失以“-”号填列） | | 10 000 | -8 000 |
| 投资净收益（净损失以“-”号填列） | | 29 500 | 25 800 |
| 二、营业利润（亏损以“-”号填列） | | 326 200 | 238 050 |
| 加：营业外收入 | | 50 000 | 48 000 |

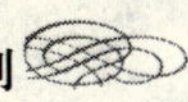

续表

| 项　　目 | 行次 | 本年金额 | 上年金额 |
|---|---|---|---|
| 减：营业外支出 | | 19 700 | 21 500 |
| 其中：非流动资产处置净损失（净收益以“－”号填列） | | 19 700 | 15 500 |
| 三、利润总额（亏损总额以“－”号填列） | | 356 500 | 264 550 |
| 减：所得税 | | 107 745 | 66 137. 5 |
| 四、净利润（净亏损以“－”号填列） | | 248 755 | 198 412. 5 |
| 五、每股收益： | | | |
| （一）基本每股收益 | | 0. 050 | |
| （二）稀释每股收益 | | 略 | |
| 注：基本每股收益＝248 755/5 000 000＝0. 050 元 | | | |

单位负责人：刘红　　　　财务负责人：张春艳　　　　复核：李丽　　　　制表：张涛

## 实训要求

1. 将学生分成若干组，进行角色扮演，并讨论审计重要性水平的确定。

2. 完成“分析性程序工作底稿”（见表2－2－3，表2－2－4，表2－2－5，表2－2－6，表2－2－7），《总体审计策略表》（见表2－2－8）。

**表2－2－3**　　　　资产负债表纵向趋势分析表　　　　**索引号：F19－1**

单位名称：　　　　　　　　　　年度　　　　　　　　　　单位：元

| 会计报表项目 | 年 | | 年 | | 增减数 | 说明 |
|---|---|---|---|---|---|---|
| | 已审数 | % | 已审数 | % | | |
| | | | | | | |
| | | | | | | |
| | | | | | | |
| | | | | | | |
| | | | | | | |
| | | | | | | |
| | | | | | | |
| | | | | | | |
| | | | | | | |
| | | | | | | |
| | | | | | | |
| | | | | | | |
| | | | | | | |
| | | | | | | |
| | | | | | | |
| | | | | | | |
| | | | | | | |
| | | | | | | |

编制人：　　　　日期：　　　　复核人：　　　　日期：

表 2－2－4　　损益表纵向趋势分析表　　索引号：F19－2

单位名称：　　年度　　单位：元

| 会计报表项目 | 年 | | 年 | | 增减数 | 说明 |
|---|---|---|---|---|---|---|
| | 已审数 | % | 已审数 | % | | |
| 一、主营业务收入 | | | | | | |
| 减：营业成本 | | | | | | |
| 销售费用 | | | | | | |
| 管理费用 | | | | | | |
| 财务费用 | | | | | | |
| 经营费用 | | | | | | |
| 营业税金及附加 | | | | | | |
| 二、主营业务收入 | | | | | | |
| 加：其他业务利润 | | | | | | |
| 三、营业利润 | | | | | | |
| 加：投资收益 | | | | | | |
| 营业外收入 | | | | | | |
| 补贴收入 | | | | | | |
| 减：营业外支出 | | | | | | |
| 四、利润总额 | | | | | | |
| 减：所得税 | | | | | | |
| 五、净利润 | | | | | | |
| 补贴收入 | | | | | | |

编制人：　　日期：　　复核人：　　日期：

表 2－2－5　　横向趋势分析表　　索引号：F19－3

被审计单位名称：　　年度　　单位：元

| 会计报表项目 | 年 | 年 | 年比　年增 | | 说明 |
|---|---|---|---|---|---|
| | 已审数 | 已审数 | 金额 | 比例 | |
| | | | | | |
| | | | | | |
| | | | | | |
| | | | | | |
| | | | | | |
| | | | | | |
| | | | | | |
| | | | | | |
| | | | | | |
| | | | | | |
| | | | | | |
| | | | | | |
| | | | | | |

编制人：　　日期：　　复核人：　　日期：

表 2-2-6　　比率趋势分析表　　索引号：F19-4

单位名称：　　年度　　单位：元

| 比率指标 | 计算公式 | 年 | 年 | 增减数 | 说明 |
|---|---|---|---|---|---|
| 偿债能力比率 | | | | | |
| 1. 流动比率 | 流动资产/流动负债 | | | | |
| 2. 速动比率 | 速动资产/流动负债 | | | | |
| 财务杠杆比率 | | | | | |
| 1. 负债比率 | 资产总额/负债总额 | | | | |
| 2. 权益负债率 | 资本额/负债总额 | | | | |
| 3. 利息保障系数 | (税前利润 + 利息支出)/利息支出 | | | | |
| 经营效益比率 | | | | | |
| 1. 存货周转率 | 销售成本/平均存货 | | | | |
| 2. 应收账款周转率 | 营业收入/平均应收账款 | | | | |
| 3. 总资产周转率 | 营业收入/平均总资产 | | | | |
| 获利能力比率 | | | | | |
| 1. 销售利润率 | 利润总额/营业收入 | | | | |
| 2. 资产报酬率 | 净利润/平均净资产 | | | | |
| 3. 总资产报酬率 | 净利润/平均总资产 | | | | |

编制人：　　日期：　　复核人：　　日期：

表 2-2-7　　分析性测试情况汇总表　　索引号：F19

被审计单位名称：　　年度

| 索引号 | 工作项目 | 是否适用 | 执行人 | 日期 | 重要事项说明 |
|---|---|---|---|---|---|
| F19-1 | 资产负债表纵向趋势分析 | | | | |
| F19-2 | 损益表纵向趋势分析 | | | | |
| F19-3 | 横向趋势分析 | | | | |
| F19-4 | 比率趋势分析 | | | | |
| | | | | | |
| | | | | | |
| | | | | | |

复核人：　　日期：

表 2-2-8　　总体审计策略表

| 被审计单位： | 索　引　号：BE |
|---|---|
| 项　目：总体审计策略 | 财务报表截止日/期间： |
| 编　制： | 复　核： |
| 日　期： | 日　期： |
| 一、审计范围 | |
| 报告要求 | |
| 适用的会计准则和相关会计制度 | |

续表

| 适用的审计准则 | |
|---|---|
| 与财务报告相关的行业特别规定 | 例如：监管机构发布的有关信息披露法规、特定行业主管部门发布的与财务报告相关的法规等 |
| 需审计的集团内组成部分的数量及所在地点 | |
| 需要阅读的含有已审计财务报表的文件中的其他信息 | 例如：上市公司年报 |
| 制定审计策略需考虑的其他事项 | 例如：单独出具报告的子公司范围等 |
| 二、审计业务时间安排 | |
| （一）对外报告时间安排 | |
| （二）执行审计时间安排 | |
| 执行审计时间安排 | 时间 |
| 1. 期中审计 | |
| （1）制定总体审计策略 | |
| （2）制定具体审计计划 | |
| …… | |
| | |
| 2. 期末审计 | |
| （1）存货监盘 | |
| …… | |
| | |
| （三）沟通的时间安排 | |
| 所需沟通 | 时间 |
| 与管理层及治理层的会议 | |
| 项目组会议（包括预备会和总结会） | |
| 与专家或有关人士的沟通 | |
| 与其他注册会计师沟通 | |
| 与前任注册会计师沟通 | |
| …… | |
| | |
| 三、影响审计业务的重要因素 | |
| （一）重要性 | |
| 确定的重要性水平 | 索引号 |
| | |
| （二）可能存在较高重大错报风险的领域 | |
| 可能存在较高重大错报风险的领域 | 索引号 |
| | |
| | |
| | |
| | |
| | |
| （三）重要的组成部分和账户余额 | |

续表

| 填写说明：<br>1. 记录所审计的集团内重要的组成部分；<br>2. 记录重要的账户余额，包括本身具有重要性的账户余额（如存货），以及评估出存在重大错报风险的账户余额。 | |
|---|---|
| 重要的组成部分和账户余额 | 索引号 |
| 1. 重要的组成部分 | |
| …… | |
| | |
| 2. 重要的账户余额 | |
| …… | |
| | |

四、人员安排

（一）项目组主要成员的责任

| 职位 | 姓名 | 主要职责 |
|---|---|---|
| | | |
| | | |
| | | |
| | | |
| | | |
| | | |
| | | |

注：在分配职责时可以根据被审计单位的不同情况按会计科目划分，或按交易类别划分。

（二）与项目质量控制复核人员的沟通（如适用）

复核的范围

| 沟通内容 | 负责沟通的项目组成员 | 计划沟通时间 |
|---|---|---|
| 风险评估、对审计计划的讨论 | | |
| 对财务报表的复核 | | |
| …… | | |
| | | |
| | | |
| | | |
| | | |

五、对专家或有关人士工作的利用（如适用）

说明：如果项目组计划利用专家或有关人士的工作，需要记录其工作的范围和涉及的主要会计科目等。另外，项目组还应按照相关审计准则的要求对专家或有关人士的能力、客观性及其工作等进行考虑及评估。

（一）对内部审计工作的利用

| 主要报表项目 | 拟利用的内部审计工作 | 索引号 |
|---|---|---|
| 存货 | 内部审计部门对各仓库的存货每半年至少盘点一次。在中期审计时，项目组已经对内部审计部门盘点步骤进行观察，其结果满意，因此项目组将审阅其年底的盘点结果，并缩小存货监盘的范围。 | |

续表

| 主要报表项目 | 拟利用的内部审计工作 | 索引号 |
| --- | --- | --- |
| …… | | |
| | | |
| | | |
| | | |

（二）对其他注册会计师工作的利用

| 其他注册会计师名称 | 利用其工作范围及程度 | 索引号 |
| --- | --- | --- |
| | | |
| | | |
| | | |
| | | |
| | | |

（三）对专家工作的利用

| 主要报表项目 | 专家名称 | 主要职责及工作范围 | 利用专家工作的原因 | 索引号 |
| --- | --- | --- | --- | --- |
| | | | | |
| | | | | |
| | | | | |
| | | | | |
| | | | | |

（四）对被审计单位使用服务机构的考虑

| 主要报表项目 | 服务机构名称 | 服务机构提供的相关服务及其注册会计师出具的审计报告意见及日期 | 索引号 |
| --- | --- | --- | --- |
| | | | |
| | | | |
| | | | |
| | | | |
| | | | |
| | | | |

# 风险评估程序

## 实训一　风险评估调查

### 实训目的

1. 通过本实训，使学生进一步了解审计风险的影响因素、了解并熟悉重大错报风险的识别、评估以及应对程序。

2. 熟练掌握风险评估的各个步骤和方法，并能够根据被审计单位的实际情况，对审计风险给出初步的执业判断。

3. 熟练掌握了解、识别、评估重大错报风险程序中各类审计工作底稿的编制。

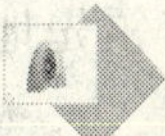

### 实训环境

审计实验室或模拟会计师事务所，有相关审计工作底稿。

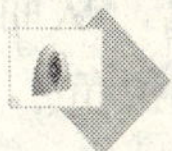

### 实训资料

中建××局第××建筑工程有限公司，国有企业，非上市公司，没有董事会，没有审计委员会，也没有监事会。公司下设南方、厦门、上海、武汉、华北等分公司。主要业务范围为各类工业民用建筑安装，机电设备安装，钢结构，消防设施，建筑行业等；目前执行新会计准则。市场需求旺盛国家固定资产投资较多，中国的房地产发展都很快，市场容量大，价格竞争比较激烈。公司快速稳步发展。业务的增长率最近 4 年保持 20% 以上，高于同行业的平均水平。存在重大调整经营的政策，与大市场，大业主为经营理念，主要承接一些大高尖的项目，同时我们加强拉管理，使规模和效益都逐步的提升。行业受经济周期波动影响，公司采取了加强管理提高核心竞争力的行为使波动的影响最小化。本行业属于高危行业，劳动安全对单位影响较大，所以，出台了《质量/环境/职业健康安全管理手册》。公司销售对象是少量的大客户，500 万以下的都不予考虑。由于项目所在地的变动而变动，没有固定的供应商。

行业状况及其他外部因素：

近些年，中国的房地产事业发展很快，市场需求旺盛，国家固定资产投资较多，市场容量大，行业内竞争比较激烈。

公司处于快速稳步发展阶段，业务的增长率最近四年保持 20% 以上，高于同行业的平均水平。公司正在进行重大经营政策的调整，以“大市场，大业主”为经营理念，主要承接一些大、高、尖的项目，同时强化管理，使规模和效益都逐步提升。根据公司“十一五”规划，未来五年内公司人将保持合同额，营业额和利润年增长 20% 以上，公司力争在 2010 年前合同额达 12 亿元，营业额达 10 亿元，效益达 1 亿元，利润达 2 000 万元。但行业受经济周期波动影响较大，公司采取了加强管理提高核心竞争力的相关措施和行为，使波动的影响达到最小化。行业产品平均价格无法统计，建筑行业产品单一，产量也无法统一，国家公布了一个 GDP 是全国性质的。具体资料如下：

1. 公司竞争者有国内各行业的安装公司以及各省市的安装公司，但他们所占的市场份额暂时无法统计。

2. 行业内上下游关系非常不错，北方市场因气候原因冬季基本停工。

3. 公司的主要竞争优势是技术，人才，资金，管理，业绩，资质。本行业的核心技术是专业技术人才以及施工管理技术，并且受技术发展的影响不是很大。

4. 由于竞争比较激烈，竞争对手在招投标的时候会压低投标价格，如果公司工程中标对项目的盈利能力有一定的影响。一般遇到这种情况，公司就会采取各种措施，弥补在竞争当中的压价。

5. 公司也在积极开发新技术，如焊接技术不需要手工；某些技术在我国具有领先地位，如硫化金安装国家级工法。各项研发支出占 2% 左右，在同行业处于中上水平。

6. 公司在生产经营中主要消耗汽油和电，仅占成本的 1% ~2%，所以能源价格的上涨对企业成本影响不大。

7. 货币政策影响固定资产投资，房地产投资，但利率变化对安装公司的影响不大，安装公司无贷款。国家的资金供应实行紧缩的货币政策，会影响投资单位的资金状况，从而影响资金的收款，但不会受到汇率变化的影响。税务法规对公司有利，可减轻公司税负。

单位的性质：

1. 公司隶属于中国建筑第 × × 工程局的全资子公司，每年总公司根据实际情况下达年度企业责任目标书，公司管理层的任免，经营的布局和区域以及财务报表都会受到母公司的影响。

2. 公司在经营发展的过程中的目标是低成本竞争，高品质管理，力争做国内一流的安装企业。公司连续 18 年获得贵州省重合同守信用单位。近期正在扩展业务，主攻广东大市场。

3. 对外，公司有一些合作项目，如西塔项目是联合体项目，安装公司占 30% 的股份。外包基本上是外包给有这方面资质的劳务公司施工。

4. 在互联网发达的今天，公司非常重视通过互联网销售产品，公司有自己的网站，有自己的管理平台，为社会提供服务或从事营销活动。

5. 建筑行业的客户往往在一定时期内存在，但是变动性较大。曾做过的大客户主要有厦门太古飞机维修中心，茅台酒厂，西塔项目等。

6. 公司没有长期的固定的供应商，所有供应商都需要经过考察，检验。付款按签订的采购合同来执行，一般情况下都没有折扣。原材料供应易受重大价格变动影响。

7. 公司有比较稳定的长期合作的劳务队伍。工资水平属于行业和当地的平均水平之上，福利按照国家规定，奖金有效益奖金，公司和分公司的管理层根据目标的完成情况来进行年度兑现。国家的相关规定全部适用，但因行业特殊，不适合国家规定的 8 小时工作时间安排（总公司刚签订的一份新文件）。

8. 公司的关联方交易，一切服从国家规定。

9. 公司安排投资活动比较活跃，每年都有新增固定资产，如运输设备，没有无形资产投资。最近正在进军安居房，准备投资 1 000 万。公司与银行长期合作，银企关系很好，融资条件以及利率比同行业稍低，公司重诚信。2008 年获得交通银行 1.5 亿的综合信用，可以满足营运资金的需要。没有固定资产租赁。

10. 公司出台了《公司机关岗位考核管理办法》以及《公司薪酬管理暂行办法》等一系列考核和激励办法。

## 实训要求

1. 组成多个审计小组，并根据风险评估程序的要求进行人员分工。

2. 要求每个审计人员就自己分工的领域开展工作，根据公司和行业的情况，对审计风险作出初步判断。

3. 按顺序完成下列工作，并完成《审计风险评估调查结果表》（见表 3－1－1）。

**表 3－1－1**　　审计风险评估调查结果表

| （一）审计目标 | | | |
|---|---|---|---|
| （二）行业状况、法律环境与监管环境以及其他外部因素 | | | |
| 1. 实施的风险评估程序 | | | |
| 风险评估程序* | 执行人 | 执行时间 | 索引号 |
| 向被审计单位销售总监询问其主要产品、行业发展状况等信息 | | | |
| 查阅××券商编写的关于被审计单位及其所处行业的研究报告 | | | |
| 将被审计单位的关键业绩指标（销售毛利率、市场占有率等）与同行业中规模相近的企业进行比较 | | | |
| …… | | | |
| 2. 了解的内容和评估出的风险 | | | |

续表

| 这里评估出的风险，最终应汇总至《风险评估结果汇总表》 | |
|---|---|
| （1）所在行业的市场供求与竞争 | |
| 调查项目 | 调查结果（请学生完成） |
| ①被审计单位的主要产品是什么？所处什么行业？ | |
| ②行业的总体发展趋势是什么？ | |
| ③行业处于哪一总体发展阶段（例如：起步、快速成长、成熟或衰退阶段）？ | |
| ④市场需求、市场容量和价格竞争如何？ | |
| ⑤行业上下游关系如何？ | 行业上下游关系非常不错 |
| ⑥谁是被审计单位最重要的竞争者，他们所占的市场份额是多少？ | 主要是国内的各行业的安装公司以及各省市的安装公司，他们所占的市场份额暂时无法统计 |
| ⑦被审计单位及其竞争者主要的竞争优势是什么？ | |
| …… | |
| （2）生产经营的季节性和周期性 | |
| 调查项目 | 调查结果（请学生完成） |
| ①行业是否受经济周期波动影响，以及采取了什么行动使波动的影响最小化？ | |
| ②行业生产经营和销售是否受季节影响？ | 在北方市场受季节的影响，冬季大部分停工 |
| …… | |
| （3）产品生产技术的变化 | |
| 调查项目 | 调查结果（请学生完成） |
| ①本行业的核心技术是什么？ | |
| ②受技术发展影响的程度如何？ | |
| ③行业是否开发了新的技术？ | |
| ④被审计单位在技术方面是否具有领先地位？ | |
| …… | |
| （4）能源供应与成本 | |
| 调查项目 | 调查结果（请学生完成） |
| ①能源消耗在成本中所占比重，能源价格的变化对成本的影响 | |
| …… | |
| （5）行业的关键指标和统计数据 | |
| 调查项目 | 调查结果（请学生完成） |
| ①行业产品平均价格、产量是多少？ | |
| ②被审计单位业务的增长率和财务业绩与行业的平均水平及主要竞争者相比如何，存在重大差异的原因是什么？ | |
| ③竞争者是否采取了某些行动，如购并活动、降低销售价格、开发新技术等，从而对被审计单位的经营活动产生影响？ | |
| …… | |

续表

| (6) 适用的会计准则、会计制度和行业特定惯例 | |
|---|---|
| 调查项目 | 调查结果（请学生完成） |
| ①被审计单位是属于上市公司、外商投资企业还是其他企业，相应的适用的会计准则或会计制度是什么，例如，是《企业会计准则》还是《企业会计制度》？或者是《小企业会计制度》？ | |
| ②是否仍采用行业核算办法？ | |
| …… | |
| (7) 对经营活动产生重大影响的法律法规及监管活动 | |
| 调查项目 | 调查结果（请学生完成） |
| ①国家对该行业是否有特殊监管要求？ | |
| …… | |
| (8) 对开展业务产生重大影响的政府政策，包括货币、财政、税收和贸易等政策 | |
| 调查项目 | 调查结果（请学生完成） |
| ①现行货币政策、财政政策、关税和贸易限制或税务法规对被审计单位经营活动产生怎样影响？ | |
| …… | |
| (9) 与被审计单位所处行业和所从事经营活动相关的环保要求 | |
| 调查项目 | 调查结果（请学生完成） |
| ①是否存在新出台的法律法规（如新出台的有关产品责任、劳动安全或环境保护的法律法规等），对被审计单位有何影响？ | |
| …… | |
| (10) 国际经济环境和汇率变动 | |
| 调查项目 | 调查结果（请学生完成） |
| ①当前的宏观经济状况如何（萧条、景气），以及未来的发展趋势？ | |
| ②利率和资金供求状况如何影响被审计单位的经营活动？ | |
| ③目前国内或本地区的经济状况（如增长率、通货膨胀、失业率、利率等）如何影响被审计单位的经营活动？ | |
| ④被审计单位的经营活动是否受到汇率波动或全球市场力量的影响？ | |
| …… | |
| (11) 其他外部因素。包括：宏观经济的景气度；利率和资金供求状况；通货膨胀水平及币值变动等 | |
| (三) 被审计单位的性质 | |

续表

| 1. 实施的风险评估程序<br>这里应详细记录了解被审计单位及其环境时实施的风险评估程序，包括询问、观察、检查和分析程序。记录的内容应包括实施审计程序的性质、时间和范围 | |
|---|---|

| 风险评估程序* | 执行人 | 执行时间 | 索引号 |
|---|---|---|---|
| 向董事长等高管人员询问被审计单位所有权结构、治理结构、组织结构、近期主要投资、筹资情况 | | | |
| 向销售人员询问相关市场信息，如主要客户和合同、付款条件、主要竞争者、定价政策、营销策略等 | | | |
| 查阅组织结构图、治理结构图、公司章程，主要销售、采购、投资、债务合同等 | | | |
| 实地察看被审计单位主要生产经营场所 | | | |
| …… | | | |

2. 了解的内容和评估出的风险
这里评估出的风险，最终应汇总至《风险评估结果汇总表》

1）所有权结构

（1）所有权性质（请在以下的性质前□中打“√”选择）：
□ 国有企业
□ 外商投资企业
□ 民营企业
□ 其他类型

（2）所有者和其他人员或单位的名称，以及与被审计单位之间的关系

| 所有者 | 主要描述（法人/自然人，企业类型，自然人的主要社会职务，企业所属地区、规模等） | 与被审计单位之间的关系 |
|---|---|---|
| 中国建筑第××工程局 | 控股母公司，国有企业，没有自然人的主要社会职务，XX 地区，国有大型企业 | 母子公司 |

（3）控股母公司

| 调查项目 | 调查结果（请学生完成） |
|---|---|
| ①控股母公司的所有权性质，管理风格及其对被审计单位经营活动及财务报表可能产生的影响 | |
| ②控股母公司与被审计单位在资产、业务、人员、机构、财务等方面是否分开，是否存在占用资金等情况 | |
| ③控股母公司是否施加压力，要求被审计单位达到其设定的财务业绩目标 | |
| …… | |

2）治理结构

（1）获取或编制被审计单位治理结构图

| 调查项目 | 调查结果（请学生完成） |
|---|---|
| ①董事会的构成和运作情况 | |

续表

<table>
<tr><td>②董事会内部是否有独立董事，独立董事的人员构成</td><td></td></tr>
<tr><td>③治理结构中是否设有审计委员会或监事会及其运作情况等</td><td></td></tr>
<tr><td>……</td><td></td></tr>
<tr><td colspan="2">（2）对图示内容作出详细解释说明。无说明</td></tr>
<tr><td colspan="2">3）组织结构</td></tr>
<tr><td colspan="2">（1）获取或编制被审计单位组织结构图。<br>（2）对图示内容作出详细解释说明（例如：组织结构是否复杂，是否可能导致重大错报风险，包括财务报表合并、商誉减值、长期股权投资核算以及特殊目的实体核算等问题？</td></tr>
<tr><td colspan="2">4）经营活动</td></tr>
<tr><td colspan="2">（1）主营业务的性质：______<br>（2）主要产品及描述：______<br>（3）与生产产品或提供劳务相关的市场信息</td></tr>
<tr><td>调查项目</td><td>调查结果（请学生完成）</td></tr>
<tr><td>主要客户和合同、付款条件、利润率、市场份额、竞争者、出口、定价政策、产品声誉、质量保证、营销策略和目标等</td><td></td></tr>
<tr><td>……</td><td></td></tr>
<tr><td colspan="2">（4）业务的开展情况</td></tr>
<tr><td>调查项目</td><td>调查结果（请学生完成）</td></tr>
<tr><td>①业务分部的设立情况</td><td></td></tr>
<tr><td>②产品和服务的交付情况</td><td></td></tr>
<tr><td>③衰退或扩展的经营活动情况</td><td></td></tr>
<tr><td>……</td><td></td></tr>
<tr><td colspan="2">（5）联盟、合营与外包情况。西塔项目是联合体项目，安装公司占30%的股份。外包基本上是外包给有这个资质的劳务公司施工</td></tr>
<tr><td colspan="2">（6）从事电子商务的情况</td></tr>
<tr><td>调查项目</td><td>调查结果（请学生完成）</td></tr>
<tr><td>①是否通过互联网销售产品，提供服务或从事营销活动？</td><td></td></tr>
<tr><td>……</td><td></td></tr>
<tr><td colspan="2">（7）地区与行业分布</td></tr>
<tr><td>调查项目</td><td>调查结果（请学生完成）</td></tr>
<tr><td>（1）是否涉及跨地区经营和多种经营，各个地区和各行业分布的相对规模以及相互之间是否存在依赖关系？</td><td></td></tr>
<tr><td>……</td><td></td></tr>
<tr><td colspan="2">（8）生产设施、仓库的地理位置及办公地点：生产设施、仓库的地理位置及办公地点都在贵阳市</td></tr>
<tr><td colspan="2">（9）关键客户</td></tr>
</table>

续表

| 调查项目 | 调查结果（请学生完成） |
| --- | --- |
| ①销售对象是少量的大客户还是众多的小客户？ | |
| ②是否有被审计单位高度依赖的特定客户（如超过销售总额10%的顾客）？ | |
| ③是否有造成高回收性风险的若干客户或客户类别（如正处在一个衰退市场中的客户）？ | |
| ④是否与某些客户订立了不寻常的销售条款或条件？ | |
| …… | |
| (10) 重要供应商 | |
| 调查项目 | 调查结果（请学生完成） |
| ①主要供应商名单 | |
| ②是否签订长期供应合同？ | |
| ③原材料供应的可靠性和稳定性如何？ | |
| ④付款条件？ | |
| ⑤原材料是否受重大价格变动的影响？ | |
| …… | |
| (11) 劳动用工情况 | |
| 调查项目 | 调查结果（请学生完成） |
| ①分地区用工情况怎样？ | |
| ②劳动力供应情况？ | |
| ③工资水平、退休金和其他福利、股权激励或其他奖金是怎样安排的？ | |
| ④适用的劳动用工事项相关法规有哪些？ | |
| …… | |
| (12) 研究与开发活动及其支出 | |
| 调查项目 | 调查结果（请学生完成） |
| ①从事哪些研究与开发活动？ | |
| ②研发支出占收入比重？ | |
| ③与同行业相比情况？ | |
| …… | |
| (13) 关联方交易 | |
| 调查项目 | 调查结果（请学生完成） |
| ①哪些客户或供应商是关联方？ | |
| ②对关联方和非关联方是否采用不同的销售和采购条款？ | |
| ③关联方交易以及定价政策如何？ | |
| …… | |
| 5）投资活动 | |
| (1) 近期拟实施或已实施的并购活动与资产处置情况 | |

续表

| 调查项目 | 调查结果（请学生完成） |
| --- | --- |
| ①被审计单位的并购活动或某些业务的终止，如何与目前的经营业务相协调，并考虑其是否会引发进一步的经营风险？ | |
| …… | |
| （2）证券投资、委托贷款的发生与处置：没有证券投资、委托贷款 | |
| （3）资本性投资活动 | |
| 调查项目 | 调查结果（请学生完成） |
| ①固定资产和无形资产投资情况？ | |
| ②有没有近期发生的或计划发生的投资变动？ | |
| ③重大的资本承诺情况 | |
| …… | |
| （4）不纳入合并范围的投资 | |
| 调查项目 | 调查结果（请学生完成） |
| 有没有联营、合营或其他投资，包括近期计划的投资项目？ | |
| …… | |
| 6）筹资活动 | |
| （1）债务结构和相关条款，包括担保情况及表外融资 | |
| 调查项目 | 调查结果（请学生完成） |
| ①获得的信贷额度是否可以满足营运需要？ | |
| ②得到的融资条件及利率是否与竞争对手相似，如不相似，原因何在？ | |
| ③是否存在违反借款合同中限制性条款的情况？ | |
| ④是否承受重大的汇率与利率风险？ | |
| …… | |
| （2）固定资产的租赁：没有通过融资租赁方式进行的筹资活动 | |
| （3）关联方融资：本公司没有关联方融资 | |
| （4）实际受益股东 | |
| 调查项目 | 调查结果（请学生完成） |
| 被审计单位实际受益股东的名称，国籍，商业声誉和经验，以及可能对被审计单位产生的影响 | |
| …… | |
| （5）衍生金融工具的运用：本公司没有衍生金融工具 | |

（四）被审计单位对会计政策的选择和运用

1. 实施的风险评估程序

| 风险评估程序* | 执行人 | 执行时间 | 索引号 |
| --- | --- | --- | --- |
| 向财务总监询问被审计单位采用的主要会计政策、会计政策变更的情况、财务人员配备和构成情况等 | | | |
| 查阅被审计单位会计工作手册、操作指引等财务资料和内部报告 | | | |
| …… | | | |

续表

| 2. 了解的内容和评估出的风险 | | |
|---|---|---|
| (1) 被审计单位选择和运用的会计政策 | | |
| 重要的会计政策 | 被审计单位选择和运用的会计政策 | 对会计政策选择和运用的评价 |
| 发出存货成本的计量 | 历史成本 | 严格执行 |
| 长期股权投资的后续计量 | | |
| 没有固定资产的初始计量 | | |
| 无形资产的确定 | | |
| 非货币性资产交换的计量 | | |
| 收入的确认 | | |
| 借款费用的处理 | | |
| 合并政策 | | |
| …… | | |

(2) 会计政策变更的情况

| 原会计政策 | 变更后会计政策 | 变更日期 | 变更原因 | 对变更的处理（调整、列报等） | 对变更的评价 |
|---|---|---|---|---|---|
| 企业会计制度 | 企业会计政策 | 2011－1－1 | 财政部发布新的会计准则 | 调整 | 好 |
| …… | | | | | |

(3) 披露

| 调查项目 | 调查结果 |
|---|---|
| ①被审计单位是否按照适用的会计准则和会计制度对会计政策的选择和运用进行了恰当的披露? | 是 |
| …… | |

(五) 被审计单位的目标、战略以及相关经营风险

1. 实施的风险评估程序

| 风险评估程序* | 执行人 | 执行时间 | 索引号 |
|---|---|---|---|
| 向董事长等高级管理人员询问被审计单位实施的或准备实施的目标和战略查阅被审计单位经营规划和其他文件 | | | |
| …… | | | |

2. 了解的内容和评估出的风险

(1) 目标、战略

| 调查项目 | 调查结果（请学生完成） |
|---|---|
| ①目标 | |
| ②经营战略 | |
| …… | |

(2) 相关经营风险

| 调查项目 | 调查结果（请学生完成） |
|---|---|
| 国家的产业政策，货币政策，管理层的敬业精神，人才队伍的建设，管理水平持续的改进 | |

(3) 被审计单位的风险评估过程。经过审计小组的了解、识别、测试等环节对审计风险进行评估

(六) 被审计单位财务业绩的衡量和评价

续表

| 1. 实施的风险评估程序 | | | |
|---|---|---|---|
| 风险评估程序* | 执行人 | 执行时间 | 索引号 |
| 查阅被审计单位管理层和员工业绩考核与激励性报酬政策、分布信息与不同层次部门的业绩报告等 | | | |
| 实施分析程序，将内部财务业绩指标与被审计单位设定的目标值进行比较，与竞争对手的业绩进行比较，分析业绩趋势等 | | | |
| …… | | | |

| 2. 了解的内容和评估出的风险 | |
|---|---|
| 调查项目 | 调查结果（请学生完成） |
| ①关键业绩指标 | 合同额7个亿，营业额5.5个亿，利润1 700万 |
| ②业绩趋势 | 2008年合同额8个亿，营业额6个亿，利润保持去年水平 |
| ③预测、预算和差异分析 | |
| ④管理层和员工业绩考核与激励性报酬政策 | |
| ⑤分部信息与不同层次部门的业绩报告 | |
| ⑥与竞争对手的业绩比较 | |
| ⑦外部机构提出的报告 | |
| ⑧报表调整发表调整情况 | |
| …… | |
| 注：*此处应详细记录了解被审计单位及其环境时实施的风险评估程序，包括询问、观察、检查和分析程序。记录的内容应包括实施审计程序的性质、时间和范围。 | |

# 实训二　风险评估汇总

## 实训目的

1. 熟练掌握风险评估的各个步骤和方法，并能够根据被审计单位的实际情况，对审计风险给出初步的执业判断。

2. 根据调查了解与识别的风险，进行综合判断，并填写《风险评估结果汇总表》。

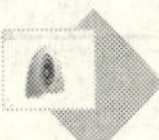

## 实训环境

审计实验室或模拟会计师事务所，有相关审计工作底稿。

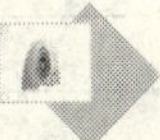

## 实训资料

1. 本单元实训一资料。

2. 本单元实训一的小组讨论结果。

## 实训要求

1. 各审计小组根据前面的了解和识别，进行讨论，并填写《讨论纪要》（见表3－2－1）。

2. 各小组根据前面的了解和识别，经讨论后填写《风险评估结果汇总表》（见表3－2－2，表3－2－3，表3－2－4，表3－2－5）。

**表3－2－1** 项目组讨论纪要——风险评估

| | | | |
|---|---|---|---|
| 被审计单位： | | 索引号： | BC |
| 项目： | 项目组讨论纪要——风险评估 | 财务报表截止日/期间： | |
| 编制： | | 复核： | |
| 日期： | | 日期： | |
| 会议日期： | 会议地点： | 参加人员： | 讨论内容记录： |
| 1. 被审计单位的总体情况和报告要求；<br>2. 对于连续审计业务，总结上年审计工作情况以识别重要问题；<br>3. 被审计单位及其环境的重大变化；<br>4. 财务报表容易发生错报的领域及发生错报的方式；<br>5. 重要审计事项和风险领域；<br>6. 发生舞弊导致的重大错报风险的可能性；<br>7. 重要性水平的设定；<br>8. 总体审计策略。 | | | |

**表3－2－2** 识别的重大错报风险汇总表

| 识别的重大错报风险 | 索引号 | 属于财务报表层次还是认定层次 | 是否属于特别风险 | 是否属于仅通过实质性程序无法应对的重大错报风险 | 受影响的交易类别、账户余额和列报认定 |
|---|---|---|---|---|---|
| | | | | | |
| | | | | | |
| | | | | | |

**表3－2－3** 财务报表层次风险应对方案表

| 财务报表层次重大错报风险 | 索引号 | 总体应对措施 |
|---|---|---|
| | | |
| | | |
| | | |
| | | |
| | | |

**表 3 – 2 – 4　　特别风险应对措施及结果汇总表**

| 项　目 | 举　　例 | 备 注 |
|---|---|---|
| 经营目标 | 被审计单位通过发展中小城市的新客户和放宽授信额度争取销售收入比上一年度增长 25% | |
| 经营风险 | 不严格执行对新客户的信用记录调查和筛选、放宽授信额度会增加坏账风险 | |
| 特别风险 | 应收账款坏账准备的计提可能不足 | |
| 管理层应对或控制措施 | (1) 财务部每月编制账龄分析报告；<br>(2) 对超过一年未收回的账款由销售人员与客户签订还款协议，其条款须经区域销售经理和销售经理批准；<br>(3) 销售部每月编制逾期应收账款还款协议签订及执行情况报告，经销售总监审阅并决定是否降低授信额度或暂停供货；<br>(4) 财务经理根据该报告并结合账龄分析报告，对有可能难以收回的应收账款计提坏账准备 | |
| 财务报表项目及认定 | 应收账款<br>（相关认定：计价和分摊） | |
| 审计措施 | (1) 与销售经理讨论所执行的坏账风险评估程序；<br>(2) 与财务经理讨论坏账准备的计提；<br>(3) 审阅账龄分析报告和还款协议签订及执行报告；<br>(4) 抽查还款协议和货款收回情况 | |
| 向被审计单位报告的事项 | 无或详见与管理层或治理层沟通函 | |

填写说明：

1. “经营目标”一栏填写对当期审计有影响的经营目标；
2. “经营风险”一栏填写那些对当期审计有影响的经营风险，或注册会计师认为对未来审计产生影响并有必要向被审计单位报告的经营风险；
3. “特别风险”一栏填写源自经营风险的特别风险，或在审计过程中发现的并非由经营目标和经营风险导致的特别风险；
4. “管理层应对或控制措施”一栏填写管理层认为有助于降低特别风险的控制及其评价。如果评价结果显示注册会计师不能依赖这些内部控制，应相应调整；
5. “财务报表项目及认定”一栏填写受特别风险影响的财务报表项目和认定；
6. “审计措施”一栏填写应对特别风险的审计措施，即综合性方案或实质性方案。根据控制测试和实质性程序的结果对本栏内容予以更新。

**表 3 – 2 – 5　　对重要账户和交易采取的进一步审计程序方案（计划矩阵）**

| 业务循环涉及的重要账户或列报 | 识别的重大错报风险 | | | | | | | | | 相关控制预期是否有效 | 拟实施的总体方案 | | | | |
|---|---|---|---|---|---|---|---|---|---|---|---|---|---|---|---|
| | 重大错报风险水平 | 是否为特别风险 | 相关认定* | | | | | | | | 总体方案 | 控制测试 | 控制测试索引号 | 实质性程序 | 实质性程序索引号 |
| | | | 存在/发生 | 完整性 | 权利和义务 | 计价和分摊/准确性 | 截止 | 分类 | 列报 | | | | | | |
| 采购与付款循环 | | | | | | | | | | | | | | | |
| | | | | | | | | | | | | | | | |

续表

| 业务循环涉及的重要账户或列报 | 识别的重大错报风险 | | | | | | | | | 相关控制预期是否有效 | 拟实施的总体方案 | | | | |
|---|---|---|---|---|---|---|---|---|---|---|---|---|---|---|---|
| | 重大错报风险水平 | 是否为特别风险 | 相关认定* | | | | | | | | 总体方案 | 控制测试 | 控制测试索引号 | 实质性程序 | 实质性程序索引号 |
| | | | 存在/发生 | 完整性 | 权利和义务 | 计价和分摊/准确性 | 截止 | 分类 | 列报 | | | | | | |
| | | | | | | | | | | | | | | | |
| | | | | | | | | | | | | | | | |
| | | | | | | | | | | | | | | | |
| 销售与收款循环 | | | | | | | | | | | | | | | |
| | | | | | | | | | | | | | | | |
| | | | | | | | | | | | | | | | |
| | | | | | | | | | | | | | | | |
| | | | | | | | | | | | | | | | |
| …… | | | | | | | | | | | | | | | |
| | | | | | | | | | | | | | | | |
| 注：*根据账户余额、各类交易和列报选择适用的认定。 | | | | | | | | | | | | | | | |

# 控制测试

## 实训一　了解及评价被审计单位的采购与付款循环

### 实训目的

1. 通过本实训，使用学生掌握了解及评价被审计单位采购与付款循环时应该考虑的问题，能够根据控制目标，对该循环执行穿行测试，并根据测试中识别的风险设计拟采取的应对措施。

2. 熟悉并填写《了解评价内部控制——采购与付款循环表》。

### 实训环境

上课教室，本章授课结束之后，由主讲教师布置，配有《了解评价内部控制——采购与付款循环表》。

### 实训资料

甲和乙注册会计师对 ABC 股份有限公司（以下简称 ABC 公司）2011 年度报表进行审计，该公司主要经营中、小型机电类产品的生产和销售，采用用友计算机软件进行日常的账务核算，2011 年度未发生购并、分立和债务重组行为，供产销形式与上年相当。甲和乙于 2011 年 12 月 1 日至 12 月 15 日对 ABC 公司的采购与付款循环进行了解，并已完成相关调查问卷的填写，资料如下：

**表4-1-1** 采购及付款循环调查表

单位名称：ABC公司

| 问卷问题 | 是 | 否 | 不适用 | 经办人签名 | 说明 | 索引号 |
|---|---|---|---|---|---|---|
| 一、采购管理 | | | | | | |
| （一）内部控制制度是否订有书面的采购循环及相关办法 | √ | | | | | |
| （二）此采购循环是否包括请购、采购、验收、退货、处理、应付供应商负债及记录、付款、备用金等作业 | √ | | | | | |
| 二、采购作业 | | | | | | |
| （一）采购是否与下列职能分立 | | | | | | |
| 1. 请购、运送及验收 | √ | | | | | |
| 2. 生产及仓储 | | √ | | | | |
| 3. 会计及付款 | √ | | | | | |
| （二）所有采购是否均有请购单或生产指示单方可受理采购事宜 | √ | | | | | |
| （三）请购单是否经适当主管核准？（索取核准人员名单）核准内容是否包括是否已达采购点或是否为经济采购量等内容 | √ | | | | | |
| （四）是否所有购货皆使用采购单？（小额除外）其是否预编顺号 | | √ | | | | |
| （五）是否备有供应商档案，且定期更新 | | √ | | | | |
| （六）是否采投标方式购货或均经询价、比价等程序方可下订单 | | √ | | | | |
| （七）是否与厂商签订采购合约 | √ | | | | | |
| （八）采购单是否由采购部门以外人员定期复查 | | √ | | | | |
| （九）是否为避免与供应商勾结而轮调采购人员（索取轮调政策） | | √ | | | | |
| （十）单一采购单但需分次装运的是否记载清楚，以防重复付款 | √ | | | | | |
| （十一）量差及价差是否经由会计部门详细审查 | | √ | | | | |
| （十二）采购单是否适当核准与记载 | √ | | | | | |
| （十三）预付费用是否先检查相关合约，并经核准后方支付？预付费用支付后，是否在采购单上注明 | √ | | | | | |
| （十四）采购单遗漏或作废者是否经过适当处理 | √ | | | | | |
| 三、验收 | | | | | | |
| （一）验收部门是否与下列职能分立 | | | | | | |
| 1. 运送 | | | √ | | | |
| 2. 生产及仓储 | | √ | | | | |
| 3. 会计 | √ | | | | | |

续表

| 问卷问题 | 是 | 否 | 不适用 | 经办人签名 | 说明 | 索引号 |
|---|---|---|---|---|---|---|
| （二）采购单是否抄送验收部门，其中数量栏略去不写，以利于以确实验收 | √ | | | | | |
| （三）验收报告是否直接送会计部？并与发票核对 | √ | | | | | |
| （四）验收报告是否预编顺号？经验收人签章、主管核准，并加注验收日期 | | √ | | | | |
| （五）验收报告遗失或作废是否经适当处理 | √ | | | | | |
| （六）对于短收或损坏品是否制定清偿程序 | | √ | | | | |
| （七）购货退回是否立即通知会计部及采购部门？并由会计部签发进货退回通知单给供应商 | | √ | | | | |
| （八）会计部所签发的进货退回通知单是否与供应商的送货单相核对 | | √ | | | | |
| 四、记录 | | | | | | |
| （一）取得发票入账之前，是否经下列步骤用以编制应付凭单供出纳付款之用 | | | | | | |
| 1. 核对发票与采购单重要内容 | √ | | | | | |
| 2. 核对发票与验收报告 | √ | | | | | |
| 3. 确认发票符合税法规定 | √ | | | | | |
| 4. 加盖核销章避免重复付款 | | √ | | | | |
| 5. 由非采购与请购部门人员之核准 | | √ | | | | |
| （二）是否按月与供应商对账单进行调节或定期付账 | √ | | | | | |
| （三）是否按月调节应付账款明细分类账与总账 | | √ | | | | |
| （四）负责费用明细账人员是否不经管总账 | √ | | | | | |
| （五）是否在验收单上注明发票号码或应冲销的预付货款 | √ | | | | | |
| 五、付款 | | | | | | |
| 参见现金收入及支出流程 | | | | | | |
| 调查人员：王某 | 日期： | 复核人员：李某 | | | 日期 | |

**表4－1－2** 现金收入及支出调查表

单位名称：

| 问卷问题 | 是 | 否 | 不适用 | 经办人签名 | 说明 | 索引号 |
|---|---|---|---|---|---|---|
| 一、授权及控制 | | | | | | |
| （一）负责财务或保管现金之职员是否不涉及 | | | | | | |
| 1. 开立入账凭证 | √ | | | | | |
| 2. 管理应收账款账册 | √ | | | | | |
| 3. 登记现金交易 | √ | | | | | |

续表

| 问卷问题 | 是 | 否 | 不适用 | 经办人签名 | 说明 | 索引号 |
|---|---|---|---|---|---|---|
| （二）公司是否订有支票领用管理办法（如有，请取得书面文件） | √ | | | | | |
| （三）支票签章人是否经董事会授权（索取授权书及支票签章样式） | √ | | | | | |
| （四）各支票签章人是否经授权签发某额度内的支票（索取限额） | √ | | | | | |
| （五）银行间转拨是否明载于账簿内，银行间转拨是否经核准（索取有权核准人名单） | | √ | | | | |
| （六）出纳人员是否投保信用险 | | √ | | | | |
| （七）出纳人员是否觅具保证人 | | √ | | | | |
| 二、支票审查及控制 | | | | | | |
| （一）所有支出交易（除备用金）是否均有支票并取得支付凭证 | | √ | | | 存在现金支出交易 | |
| （二）作废支票是否： | | | | | | |
| 1. 注销 | √ | | | | | |
| 2. 顺号保存 | √ | | | | | |
| （三）是否严加禁止： | | | | | | |
| 1. 签章空白支票 | √ | | | | | |
| 2. 以支票兑取现金（备用金除外） | √ | | | | | |
| （四）未使用的支票是否由非支票签章人另行保存 | | √ | | | | |
| （五）支票是否依支票簿序号开立，且有完整的记录 | √ | | | | | |
| （六）支票收付时是否均为抬头画线 | √ | | | | | |
| （七）支票签发时是否有禁止转让背书 | √ | | | | | |
| （八）所有支出交易是否于签发支票或付款时于原始凭证或传票上注销以防止重复付款 | √ | | | | | |
| （九）支票的寄发或领取是否均有签收或邮寄记录防止支票遗失或被挪用 | √ | | | | | |
| （十）收到现金是否即日（或次日）存入银行 | | √ | | | | |
| （十一）收取支票是否立即加盖“禁止背书转让”戳记 | | √ | | | | |
| （十二）是否每日编制现金收支日报表 | √ | | | | | |
| 三、银行往来调节表 | | | | | | |
| （一）是否对各银行账户按月编制银行往来调节表 | √ | | | | | |
| （二）编制银行往来调节表的职员是否与经管现金或现金记录无关 | | √ | | | | |
| （三）银行调节表与其中的特殊调节项目的审核与核准是否由不经管收支的职员负责，且复核后的调节表属实是否经复核人员签章 | √ | | | | | |

续表

| 问卷问题 | 是 | 否 | 不适用 | 经办人签名 | 说明 | 索引号 |
|---|---|---|---|---|---|---|
| （四）付款凭证是否先经审核（索取审核人员名单），一经付款，是否即予以注记 | √ | | | | | |
| 四、备用金 | | | | | | |
| （一）是否制定备用金管理及拨补办法并采用定额制 | √ | | | | | |
| （二）定额是否合理，如金额有变动时是否有经过适当核准 | √ | | | | | |
| （三）备用金是否指派专人保管 | | √ | | | | |
| （四）保管备用金者是否不准收款 | √ | | | | | |
| （五）每笔零星支出是否设定最高限额 | √ | | | | | |
| （六）是否派员不定期抽点 | | √ | | | | |
| （七）备用金支出是否有经适当核准的凭证 | √ | | | | | |
| （八）是否按定额基础定期拨补报销 | √ | | | | | |
| （九）支出凭证是否予以注记以防重复报支 | √ | | | | | |
| 调查人员：王某　　日期： | 复核人员：李某　　日期 | | | | | |

## 实训要求

1. 你作为该项目的负责人，在对采购与付款循环进行控制测试前你会如何处理？

2. 除了上述给出的《采购及付款循环调查表》、《现金收入及支出调查表》所提供的资料，你还需要客户提供哪些资料？

3. 根据你的判断，并结合以下表格中的有关了解情况及相关填写说明，完成下面的《了解评价内部控制——采购与付款循环表》（见表4－1－3，表4－1－4，表4－1－5，表4－1－6，表4－1－7，表4－1－8，表4－1－9）。

**表4－1－3**　　采购与付款循环——了解内部控制

| | |
|---|---|
| 被审计单位： | 索引号：C22 |
| 项目：了解内部控制 | 财务报表截止日/期间： |
| 编制： | 复核： |
| 日期： | 日期： |

续表

| 了解本循环内部控制的工作包括：<br>1. 了解被审计单位采购与付款循环与财务报告相关的内部控制的设计，并纪录获得的了解。<br>2. 针对采购与付款循环的控制目标，记录相关控制活动，以及受该控制活动影响的交易和账户余额及其认定。<br>3. 执行穿行测试，证实对交易流程和相关控制的了解，并确定相关控制是否得到执行。<br>4. 记录在了解和评价采购与付款循环的控制设计和执行过程中识别的风险，以及拟采取的应对措施。<br>了解本循环内部控制，形成下列审计工作底稿：<br>1. C221：了解内部控制汇总表；<br>2. C222：了解内部控制设计—控制流程；<br>3. C223：评价内部控制设计—控制目标及控制活动；<br>4. C224：确定控制是否得到执行（穿行测试）。 |
|---|
| 编制说明：<br>1. 在了解控制的设计并确定其是否得到执行时，应当使用询问、观察和检查程序，并记录所获取的信息和审计证据来源。<br>2. 如果拟利用以前审计获取的有关控制运行有效性的审计证据，应当考虑被审计单位的业务流程和相关控制自上次测试后是否发生重大变化。<br>3. 审计工作底稿用以记录下列内容：<br>（1）C221：汇总对本循环内部控制了解的主要内容和结论；<br>（2）C222：记录通过询问、观察和检查程序了解到的本循环涉及的主要交易的控制流程；<br>（3）C223：记录与实现控制目标相关并计划执行穿行测试的控制活动；<br>（4）C224：记录穿行测试的过程和结论。 |

**表 4－1－4　　采购与付款循环——了解内部控制汇总表**

| 被审计单位： | 索引号：C221 |
|---|---|
| 项目：了解内部控制汇总表 | 财务报表截止日/期间： |
| 编制： | 复核： |
| 日期： | 日期： |
| 1. 受本循环影响的相关交易和账户余额 | |
| 应付账款 | 金额 |
| 管理费用 | |
| 销售费用 | |
| | |
| 注：①此处仅列示主要交易和账户余额，注册会计师应当根据被审计单位的实际情况确定受本循环影响的交易和账户余额。例如，受本循环影响的账户余额可能还包括预付账款。②现金、银行存款等货币资金账户余额受多个业务循环的影响，不能完全归属于任何单一的业务循环。在实务中，在考虑与货币资金有关的内部控制对实质性程序的影响时，注册会计师应当综合考虑各相关业务循环内部控制的影响；对于未能在相关业务循环涵盖的货币资金内部控制，注册会计师可以在货币资金具体审计计划中记录对其进行的了解和测试工作。 | |
| 2. 主要业务活动 | |
| 主要业务活动 | 是否在本循环中进行了解 |
| 采购 | 是 |
| 记录应付账款 | 是 |
| 付款 | 是 |
| 维护供应商档案 | 是 |

续表

<table>
<tr><td colspan="4">注：注册会计师通常应在本循环中了解与上述业务活动相关的内部控制，如果计划在其他业务循环中对上述一项或多项业务活动的控制进行了解，应在此处说明原因。</td></tr>
<tr><td colspan="4">3. 了解交易流程</td></tr>
<tr><td colspan="4">根据对交易流程的了解，记录如下：</td></tr>
<tr><td colspan="4">（1）被审计单位是否委托服务机构执行主要业务活动？如果被审计单位使用服务机构，将对审计计划产生哪些影响？</td></tr>
<tr><td colspan="4"></td></tr>
<tr><td colspan="4">（2）是否制定了相关的政策和程序以保持适当的职责分工？这些政策和程序是否合理？</td></tr>
<tr><td colspan="4"></td></tr>
<tr><td colspan="4">（3）自前次审计后，被审计单位的业务流程和控制活动是否发生重大变化？如果已发生变化，将对审计计划产生哪些影响？</td></tr>
<tr><td colspan="4"></td></tr>
<tr><td colspan="4">（4）是否识别出本期交易过程中发生的控制偏差？如果已识别出控制偏差，产生偏差的原因是什么，将对审计计划产生哪些影响？</td></tr>
<tr><td colspan="4"></td></tr>
<tr><td colspan="4">（5）是否识别出非常规交易或重大事项？如果已识别出非常规交易或重大事项，将对审计计划产生哪些影响？</td></tr>
<tr><td colspan="4"></td></tr>
<tr><td colspan="4">（6）是否进一步识别出其他风险？如果已识别出其他风险，将对审计计划产生哪些影响？</td></tr>
<tr><td colspan="4"></td></tr>
<tr><td colspan="4">4. 信息系统</td></tr>
<tr><td colspan="4">（1）应用软件</td></tr>
<tr><td>信息系统名称</td><td>计算机运作环境</td><td>来源</td><td>初次安装日期</td></tr>
<tr><td></td><td></td><td></td><td></td></tr>
<tr><td></td><td></td><td></td><td></td></tr>
<tr><td colspan="4">（2）初次安装后对信息系统进行的任何重大修改、开发与维护</td></tr>
<tr><td>信息系统名称</td><td colspan="2">重大修改、开发与维护</td><td>更新日期</td></tr>
<tr><td></td><td colspan="2"></td><td></td></tr>
<tr><td></td><td colspan="2"></td><td></td></tr>
<tr><td colspan="4">（3）拟于将来实施的重大修改、开发与维护计划</td></tr>
<tr><td colspan="4"></td></tr>
<tr><td colspan="4">（4）本年度对信息系统进行的重大修改、开发与维护及其影响</td></tr>
<tr><td colspan="4"></td></tr>
<tr><td colspan="4">5. 初步结论</td></tr>
<tr><td colspan="4"></td></tr>
<tr><td colspan="4">注：根据了解本循环控制的设计并评估其执行情况所获取的审计证据，注册会计师对控制的评价结论可能是：①控制设计合理，并得到执行；②控制设计合理，未得到执行；③控制设计无效或缺乏必要的控制。</td></tr>
<tr><td colspan="4">6. 沟通事项</td></tr>
<tr><td colspan="4">是否需要就已识别出的内部控制设计或执行方面的重大缺陷，与适当层次的管理层或治理层进行沟通？</td></tr>
</table>

表4-1-5 采购与付款循环——了解内部控制设计—控制流程

| 被审计单位： | | 索引号： | C222 |
|---|---|---|---|
| 项目： | 了解内部控制设计—控制流程 | 财务报表截止日/期间： | |
| 编制： | | 复核： | |
| 日期： | | 日期： | |

编制说明：

1. 注册会计师应当采用文字叙述、问卷、核对表和流程图等方式，或几种方式相结合，记录对控制流程的了解。对重要业务活动控制流程的记录应涵盖自交易开始至与其他业务循环衔接为止的整个过程。记录的内容包括但不限于：

（1）交易如何生成，包括电子数据交换（EDI）和其他电子商务形式的性质和使用程度；

（2）内部控制采用人工系统、自动化系统或两种方式同时并存；

（3）控制由被审计单位人员执行、第三方（例如服务机构）执行或两者共同执行，涉及人员的姓名及其执行的程序；

（4）处理交易采用的重要信息系统，包括初次安装信息、已实施和计划实施的重大修改、开发与维护；

（5）与其他信息系统之间的链接，包括以计算机为基础的应用系统和人工操作的应用系统之间衔接的时点，以及任何相关的手工调节过程（如编制调节表）；

（6）与处理财务信息相关的政策和程序；

（7）会计记录及其他支持性信息；

（8）使用的重要档案和表格；

（9）主要输出信息（包括以纸质、电子或其他介质形式存在的信息）及用途；

（10）输入交易信息并过至明细账和总账的程序；

（11）会计分录的生成、记录和处理程序，包括将非标准会计分录过至明细账和总账的程序。

2. 本审计工作底稿对采购与付款循环控制流程的记录，涉及控制活动的内容应索引至采购与付款循环控制测试（CGC）的审计工作底稿。

3. 如果被审计单位针对不同类型的采购与付款业务分别采用不同的控制流程和控制活动，例如，被审计单位对大宗原材料采购和日常费用支出实施不同的控制活动，应分别予以记录。

采购与付款业务涉及的主要人员

| 职务 | 姓名 |
|---|---|
| | |
| | |
| | |
| | |
| | |
| | |
| | |
| | |

我们采用询问、观察和检查等方法，了解并记录了采购与付款循环的主要控制流程，并与×××、×××等确认下列所述内容。

1. 有关职责分工的政策和程序

注：此处应记录被审计单位建立的有关职责分工的政策和程序，并评价其是否有助于建立有效的内部控制。

2. 主要业务活动介绍

续表

| 注：此处应记录对本循环主要业务活动的了解。例如：被审计单位主要采购内容和采购方式、相关文件记录、对采购与付款政策的制定和修改程序、对职责分工政策的制定和修改程序等。 |
|---|
| （1）采购 |
| |
| |
| 注：①此处应记录对被审计单位请购、审批、采购流程的了解。例如，请购与审批、询价、采购合同的订立和审批、采购合同管理等。②验收环节控制活动记录于生产与仓储循环的审计工作底稿（SCL）。 |
| （2）记录应付账款 |
| |
| |
| 注：此处应记录对存货验收后至应付账款确认流程的了解。例如，取得供应商发票、退货及折扣、单据流转及核对、处理及审批程序、与供应商对账及对不符事项的调查和处理等。 |
| （3）付款 |
| |
| |
| 注：此处应记录对付款业务流程的了解。例如，付款申请及审批、办理支付、付款方式以及期末对付款情况的监控等。 |
| （4）维护供应商档案 |
| |
| |
| 注：①此处应记录对供应商档案维护流程的了解。例如，维护申请、审批、处理以及期末审核等。②供应商档案是指记录经批准的供应商详细信息的文件，包括供应商名称、银行账户、发货地址、邮寄地址、联系方式、赊销信用额度、付款折扣条件，过去期间的交易情况等。 |

**表4－1－6** 控制流程记录示例

| 编制说明：<br>本审计工作底稿提供的示例，系以采购业务较为单一的中型被审计单位为例，并进行适当简化，仅为说明控制流程的记录内容。在执行财务报表审计业务时，注册会计师应运用职业判断，结合被审计单位的实际情况进行适当修改，不可一概照搬。<br>本循环中其他审计工作底稿记录的内容均以下述示例为依据进行填写，并非对所有可能出现情况的全面描述。本示例采用文字叙述方式记录所了解的控制流程，注册会计师也可以采用其他方式，例如，采用问卷、核对表和流程图等方式进行记录。 | |
|---|---|
| ABC公司是一家生产和销售电子产品的中型企业，其现行的采购政策和程序业经董事会批准，如果需对该项政策和程序作出任何修改，均应经董事会批准后方能执行。本年度该项政策和程序没有发生变化。<br>ABC公司生产所需的原材料主要包括电子元器件、贵金属及包装材料。其中，约计60%的大宗原材料是向六家经选择的国外供应商采购。通常情况下，ABC公司与这些供应商签订为期一年的采购合同，并于每年年初时续签。续签之前董事会应审批重要合同条款，并授权由总经理签署合同。对其他材料和服务，ABC公司均向国内供应商采购。<br>ABC公司采用Y系统处理采购与付款交易，自动生成记账凭证和供应商清单，并过至应付账款明细账和总账。 | |
| 采购与付款业务涉及的主要人员 | |
| 职　务 | 姓　名 |
| 总经理 | ××× |
| 财务经理 | ××× |

续表

| 职　　务 | 姓　　名 |
|---|---|
| 会计主管 | ××× |
| 出纳员 | ××× |
| 应付账款记账员 | ××× |
| 应付账款主管 | ××× |
| 采购经理 | ××× |
| 采购员 | ××× |
| 采购信息管理员 | ××× |
| 生产经理 | ××× |
| …… | …… |

我们采用询问、观察和检查等方法，了解并记录了ABC公司采购与付款循环的主要控制流程，并已与财务经理×××、采购经理×××确认下列所述内容。

1. 有关职责分工的政策和程序

ABC公司建立了下列职责分工政策和程序

（1）不相容职务相分离。主要包括：询价与确定供应商、采购合同的订立和审批、采购与验收、实物资产的保管与会计记录、付款审批与执行等职务相分离。

（2）各相关部门之间相互牵制并在其授权范围内履行职责，同一部门或个人不得处理采购与付款业务的全过程。

2. 主要业务活动介绍

（1）采购

①材料采购。

生产部门收到填写请购单（一式三联），经生产经理×××签字审批。

采购部门收到请购单后，对金额在人民币×××元以下的请购单由采购经理×××负责审批；金额在人民币×××元至人民币×××元的请购单由总经理×××负责审批；金额超过人民币×××元的请购单需经董事会审批。

根据经恰当审批的请购单，采购信息管理员×××将有关信息输入Y系统，系统将自动生成连续编号的采购订单（此时系统显示为“待处理”状态）。每周，采购信息管理员×××核对本周内生成的采购订单，将请购单和采购订单存档管理，对任何不连续编号的情况将进行检查。

采购员×××根据系统显示的“待处理”采购订单信息，安排供应商发货、开具采购发票以及仓储验收等事宜。

每周，财务部门应付账款记账员×××汇总本周内生成的所有采购订单并与请购单核对，编制采购信息报告。如采购订单与请购单核对相符，应付账款记账员×××即在采购信息报告上签字。如有不符，应付账款记账员×××将通知采购信息管理员×××，与其共同调查该事项。应付账款记账员×××还需在采购信息报告中注明不符事项及其调查结果。

ABC公司未发生退货交易。

②费用支出。

需发生销售（管理）费用支出的部门填写费用申请单，其部门经理可以审批金额人民币×××元以下的费用；金额在人民币×××元至人民币×××元的费用由总经理×××负责审批；金额在人民币×××元以上的费用则需得到董事会的批准。

（2）记录应付账款

①材料采购。

收到采购发票后，应付账款记账员×××将发票所载信息和验收单、采购订单进行核对。如所有单据核对一致，应付账款记账员×××在发票上加盖“相符”印戳并将有关信息输入系统，此时系统自动生成记账凭证过至明细账和总账，采购订单的状态也由“待处理”自动更改为“以处理”。

每月终了，如果采购的材料已经运达ABC公司，供应商已提供采购发票，但材料尚未验收入库，则应付账款记账员×××将采购发票单独存放，待下一月份收到验收单时再按上述流程输入系统。

续表

| |
|---|
| ②费用支出。<br>发生销售（管理）费用的部门收到费用发票后，其部门经理签字确认并交至应付账款记账员×××。<br>应付账款记账员×××对收到的费用发票、费用申请单和其他单据进行核对，核对内容包括有关单据是否经恰当人员审批，金额是否相符等。如所有单据核对一致，应付账款记账员×××在发票上加盖“相符”印戳并将有关信息输入系统，此时系统自动生成记账凭证过至明细账和总账。<br>每月终了，对已经发生但尚未收到费用发票的支出，ABC公司不进行账务处理。 |
| ③核对及差异处理。<br>应付账款记账员×××如果发现任何差异，将立即通知采购经理×××或发生费用支出部门的经理，以实施进一步调查。如果采购经理×××或发生费用支出部门的经理认为该差异可以合理解释，需在发票上签字并注明原因，特别批准授权应付账款记账员×××将该发票输入系统。<br>每月末，应付账款主管×××编制应付账款账龄分析报告，其内容还应包括应付账款总额与应付账款明细账合计数，以及应付账款明细账与供应商对账单的核对情况。如有差异，应付账款主管×××将立即进行调查，如调查结果表明需调查账簿记录，应付账款主管×××将编制应付账款调节表和调整建议，附同应付账款账龄分析报告一并交至会计主管×××复核，经财务经理×××批准后方可进行账务处理。 |
| （3）付款 |
| ①材料采购。<br>在采购合同约定的付款日期到期前（视付款期限而定），应付账款记账员×××编制付款凭证，并附相关单证，如采购订单、采购发票及验收单等，提交会计主管×××审批。 |
| ②费用支出。<br>申请付款时，费用支出部门需填写付款申请单，并经部门经理审批。应付账款记账员×××收到经批准的付款申请单后，与应付账款明细账记录进行核对。如核对相符，应付账款记账员×××编制付款凭证，并附相关单证，如费用申请单、费用发票及付款申请单等，提交会计主管×××审批。<br>在完成对付款凭证及相关单证的复核后，会计主管×××在付款凭证上签字，作为复核证据，并在所有单证上加盖“核销”印戳。<br>出纳员×××根据经复核无误的付款凭证办理付款，并及时登记现金和银行存款日记账。<br>每月末，由会计主管×××指定出纳员×××以外的人员核对银行存款日记账和银行对账单，编制银行存款余额调节表，并提交给财务经理×××复核，财务经理×××在银行存款余额调节表上签字作为其复核的证据。 |
| （4）维护供应商档案 |
| 如需要对系统内的供应商信息作出修改，采购员填写更改申请表，经采购经理×××审批后，由采购信息管理员×××负责对更改申请表预先连续编号并在系统内进行更改。<br>采购信息管理员×××每月复核供应商档案。对两年内未与ABC公司发生业务往来的供应商，采购员×××填写更改申请表，经采购经理×××审批后交采购信息管理员删除该供应商档案。<br>每月末，采购信息管理员×××编制月度供应商信息更改报告，附同更改申请表的编号记录交由财务经理×××复核。<br>财务经理×××核对月度供应商更改信息报告、检查实际更改情况和更改申请表是否一致、所有变更是否得到适当审批以及编号记录表是否正确，在月度供应商信息更改报告和编号记录表上签字作为复核的证据。如发现任何异常情况，将进一步调查处理。<br>每半年，采购经理×××复核供应商档案。 |

## 表4-1-7 采购与付款循环——评价内部控制设计—控制和目标及控制活动

| 被审计单位： | | 索　　引　　号： | C223 |
|---|---|---|---|
| 项　　目： | 评价内部控制设计—控制和目标及控制活动 | 财务报表截止日/期间： | |
| 编　　制： | | 复　　核： | |
| 日　　期： | | 日　　期： | |

编制说明：

1. 本审计工作底稿中列示的控制活动，仅为说明有关表格的使用方法，并仅针对C222中的示例所设计，并非对所有控制目标、受该目标影响的交易和账户余额及其认定以及控制的全面列示。在执行财务报表审计业务时，注册会计师应运用职业判断，结合被审计单位的实际情况了解和测试能确保实现控制目标的控制活动。

2. 本审计工作底稿用以记录采购与付款循环中主要业务活动的控制目标、受该目标影响的相关交易和账户余额及其认定、常用的控制活动以及被审计单位的控制活动。其中，"常用的控制活动"一栏列示了在实务中为实现相关控制常用的控制活动，在实际编写审计工作底稿时应予以删除；对"受影响的相关交易和账户余额及其认定"一栏，注册会计师应根据被审计单位的实际情况分析填写。

3. 如果多项控制活动能够实现同一控制目标，注册会计师不必了解与该控制目标相关的每项控制活动。本审计工作底稿记录的控制活动，仅为实现有关控制目标可能采用控制活动中的一种，被审计单位也可能采用其他控制活动实现有关控制目标，注册会计师应根据被审计单位的实际情况进行填写。

4. 注册会计师应关注被审计单位采取的控制活动是否能够完全实现相关的控制目标。在某些情况下，在某些控制活动单独执行时，并不能完全实现控制目标，这时注册会计师需要识别与该特定目标相关的其他控制活动，并对其进行测试，以获取实现控制目标的足够的保证程度。

5. 一项控制活动可能实现多个控制目标。为提高审计效率，如存在可以同时实现多个控制目标的控制活动，注册会计师可以考虑优先测试该控制活动。

6. 如果某一控制目标没有相关的控制活动或控制活动设计不合理，注册会计师应考虑被审计单位控制的有效性及其对拟采取的审计方案的影响。

7. 如果注册会计师拟信赖以前审计获取的有关本循环控制活动运行有效性的审计证据，应当通过实施询问并结合观察或者检查程序，获取该等控制是否已发生变化的审计证据，并予以记录。

| 主要业务活动 | 控制目标 | 受影响的相关交易和账户余额及其认定 | 常用的控制活动 | 被审计单位的控制活动（请学生完成） | 控制活动对实现控制目标是否有效（请学生完成） |
|---|---|---|---|---|---|
| 采购 | 只有经过核准的采购订单、费用申请单才能发给供货商 | 应付账款：存在<br>管理费用：发生<br>销售费用：发生 | 管理层必须核准所有采购订单，对非经常性和超过特定金额的采购，以及其他特殊的采购事项，应取得较高层次管理层的核准，并适当记录 | | |
| | 已记录的采购订单内容准确 | 应付账款：计价和分摊<br>管理费用：准确性、分类<br>销售费用：准确性、分类 | 由不负责输入采购订单的人员比较采购订单数据与支持性文件（如请购单）是否相符 | | |
| | 采购订单均得到处理 | 应付账款：完整性 | 采购订单连续编号，采购订单的顺序已被核对 | | |

续表

| 主要业务活动 | 控制目标 | 受影响的相关交易和账户余额及其认定 | 常用的控制活动 | 被审计单位的控制活动（请学生完成） | 控制活动对实现控制目标是否有效（请学生完成） |
|---|---|---|---|---|---|
| 记录应付账款 | 已记录的采购均确已收到物品 | 应付账款：存在、权利和义务 | 对采购发票和验收单不符的事项进行调查；如果付款金额与采购发票金额不符，应经适当层次管理层核准 | | |
| 记录应付账款 | 已记录的采购均确已接受劳务 | 应付账款：存在、权利和义务<br>管理费用：发生<br>销售费用：发生 | 对不符事项进行调查，并经适当层次管理层核准，对已接受劳务的发票进行授权并附有适当的支持性文件 | | |
| | 已记录的采购交易计价正确 | 应付账款：计价和分摊<br>管理费用：准确性、分类 | 定期与供应商对账，如有差异应及时进行调查和处理 | | |
| 记录应付账款 | 与采购物品相关的义务均已确认并记录至应付账款 | 销售费用：准确性、分类<br>应付账款：完整性<br>管理费用：完整性<br>销售费用：完整性 | 定期与供应商对账，如有差异应及时进行调查和处理 | | |
| | 与接受劳务相关的义务均已确认并记录至应付账款 | 应付账款：完整性<br>管理费用：完整性<br>销售费用：完整性 | 定期与供应商对账，如有差异应及时进行调查和处理 | | |
| 记录应付账款 | 采购物品交易记录于适当期间 | 应付账款：存在、完整性 | | | |
| | 接受劳务交易记录于适当期间 | 应付账款：完整性<br>管理费用：截止<br>销售费用：截止 | 检查资产负债表日前后已接受的劳务以确保其完整并记录于适当期间 | | |
| 记录应付账款 | 仅对已记录的应付账款办理支付 | 应付账款：完整性 | 管理层在核对付款前复核支持性文件。在签发支票后注销相关文件 | | |
| | 准确记录付款 | 应付账款：计价和分摊 | 管理层在核对付款前复核支持性文件。在签发支票后注销相关文件 | | |
| | 付款均已记录 | 应付账款：存在 | 定期将日记账中付款记录与银行对账单进行核对 | | |
| | 付款均于恰当期间进行记录 | 应付账款：存在、完整性 | 定期将日记账中付款记录与银行对账单进行核对 | | |

续表

| 主要业务活动 | 控制目标 | 受影响的相关交易和账户余额及其认定 | 常用的控制活动 | 被审计单位的控制活动（请学生完成） | 控制活动对实现控制目标是否有效（请学生完成） |
|---|---|---|---|---|---|
| 维护供应商档案 | 对供应商档案的变更均为真实和有效的 | 应付账款：存在、完整性<br>管理费用：发生、完整性<br>销售费用：发生、完整性 | 核对供应商档案变更记录和原始授权文件，确定已正确处理 | | |
| | 供应商档案变更均已进行处理 | 应付账款：完整性<br>管理费用：完整性<br>销售费用：完整性 | 对供应商档案变更应连续编号，编号顺序已被核对 | | |
| 维护供应商档案 | 对供应商档案的变更均为准确的 | 应付账款：计价和分摊<br>管理费用：准确性、分类<br>销售费用：准确性、分类 | 核对供应商档案变更记录和原始授权文件，确定已正确处理 | | |
| | 对供应商档案变更均已与适当期间进行处理 | 应付账款：完整性<br>管理费用：完整性<br>销售费用：完整性 | 对供应商档案变更应连续编号，编号顺序已被核对 | | |
| 维护供应商档案 | 确保供应商档案数据及时更新 | 应付账款：权利和义务、存在、完整性<br>管理费用：完整性、发生<br>销售费用：完整性、发生 | 管理层定期复核供应商档案的正确性并确保其及时更新 | | |

编制说明：

在了解本循环控制流程中，我们注意到：每月终了，对已经接受劳务而尚未取得费用发票的支出，ABC公司未设计相应的控制活动以确保费用的完整性。

我们认为，该项控制活动的缺失将对费用的截止认定产生重大影响。

2011年4月2日，我们将该项缺陷告知财务经理×××，并得到其确认。他认为这主要是发生费用支出的部门未能取得费用发票所致，财务部门无法准确统计该类费用支出金额，但通常金额并不重大。

我们认为，针对“接受劳务交易均确认并记录于适当期间”目标，ABC公司没有设计控制活动，可能对财务报表产生重大影响，应列入与治理层沟通事项。

**表4-1-8** 采购与付款循环——确定控制是否得到执行（穿行测试）

| 被审计单位： | | 索引号： | C224 |
|---|---|---|---|
| 项目： | 确定控制是否得到执行（穿行测试） | 财务报表截止日/期间： | |
| 编制： | | 复核： | |
| 日期： | | 日期： | |

编制说明：

1. 本审计工作底稿记录的穿行测试内容，针对C222中的示例设计，仅为说明应对执行的穿行测试程序记录的内容。在执行财务报表审计业务时，注册会计师应运用职业判断，结合被审计单位的实际情况设计和执行穿行测试。

2. 注册会计师通常应执行穿行测试程序，以取得控制是否得到执行的审计证据，并记录测试过程和结论，注册会计师可以保留与所测试的控制活动相关的文件或记录的复印件，并与审计工作底稿进行索引。

3. 注册会计师应对整个流程执行穿行测试，涵盖交易自发生至记账的整个过程。

4. 如拟实施控制测试，在本循环中执行穿行测试检查的项目也可以作为控制测试的测试项目之一。

1. 采购与付款循环穿行测试——与采购材料有关的业务活动的控制

| 主要业务活动 | 测试内容 | 测试结果 |
|---|---|---|
| 采购 | 请购单编号#（日期） | |
| | 请购内容 | |
| | 请购单是否得到适当审批（是/否） | |
| | 采购订单编号#（日期） | |
| 记录应付账款 | 采购发票编号#（日期） | |
| | 验收单编号# | |
| | 采购发票所载内容与采购订单、验收单的内容是否相符（是/否） | |
| | 发票上是否加盖“相符”章（是/否） | |
| | 转账凭证编号#（日期） | |
| | 是否记入应付账款贷方（是/否） | |
| 付款 | 付款凭证编号#（日期） | |
| | 付款凭证是否得到会计主管的适当审批（是/否） | |
| | 有关支持行文件上是否加盖“核销”章（是/否） | |
| | 支票编号#/信用证编号#（日期） | |
| | 收款人名称 | |
| | 支票/信用证是否已支付给恰当的供应商（是/否） | |

2. 采购与付款循环穿行测试——与采购材料有关的业务活动的控制

| 主要业务活动 | 测试内容 | 测试结果 |
|---|---|---|
| 申请 | 费用申请单编号#（日期） | |
| | 申请内容 | |
| | 费用申请单是否得到适当审批（是/否） | |
| | 供应商名称 | |

续表

| 主要业务活动 | 测试内容 | 测试结果 |
| --- | --- | --- |
| 记录应付账款 | 发票编号#（日期） | |
| | 发票是否得到适当审批（是/否） | |
| | 费用申请单、发票与其他支持性文件所载内容是否相符（是/否） | |
| | 发票上是否加盖“相符”章（是/否） | |
| | 转账凭证编号#（日期） | |
| | 是否记入应付账款贷方（是/否） | |
| 付款 | 付款凭证编号#（日期） | |
| | 付款凭证是否得到会计主管的适当审批（是/否） | |
| | 有关支持性文件上是否加盖“核销”章（是/否） | |
| | 支票编号#/信用证编号#（日期） | |
| | 收款人名称 | |
| | 支票/信用证是否已支付给恰当的供应商（是/否） | |

3. 采购与付款循环穿行测试——与比较采购信息报告和相关文件（请购单）是否相符有关的业务活动的控制

| 序号 | 选择的采购信息报告期间 | 应付账款记账员是否已复核采购信息报告 | 采购订单是否连续编号（是/否） | 如有不符，是否已进行调查 | 对不符事项是否已进行处理 |
| --- | --- | --- | --- | --- | --- |
| | | | | | |
| | | | | | |
| | | | | | |
| | | | | | |
| | | | | | |
| | | | | | |

4. 采购与付款循环穿行测试——与应付账款调节表有关的业务活动的控制

| 序号 | 供应商名称 | 应付账款调节表编号#（日期） | 是否与支持文件相符（是/否） | 是否经过适当审批 | 是否已调节应付账款 |
| --- | --- | --- | --- | --- | --- |
| | | | | | |
| | | | | | |
| | | | | | |
| | | | | | |
| | | | | | |

5. 采购与付款循环穿行测试——与银行存款余额调节表有关的业务活动的控制

| 序号 | 月份 | 银行对账单金额（人民币） | 银行存款日记账金额（人民币） | 编制人是否签名（是/否） | 复核人是否签名 | 调节项目是否真实 |
| --- | --- | --- | --- | --- | --- | --- |
| | | | | | | |
| | | | | | | |
| | | | | | | |
| | | | | | | |
| | | | | | | |
| | | | | | | |

续表

6. 采购与付款循环穿行测试——与供应商档案更改记录有关的业务活动的控制

| 序号 | 更改申请表号码 | 更改申请表是否经过适当审批（是/否） | 是否包含在月度供应商信息更改报告中（是/否） | 月度供应商信息更改报告是否经适当复核（是/否） | 更改申请表号码是否包含在编号记录表中 | 编号记录表是否经复核（是/否） |
|---|---|---|---|---|---|---|
| | | | | | | |
| | | | | | | |
| | | | | | | |
| | | | | | | |
| | | | | | | |
| | | | | | | |

7. 采购与付款循环穿行测试——与应付账款调节表有关的业务活动的控制

| 序号 | 供应商名称 | 档案编号 | 最近一次与公司发生交易的时间 | 是否已按照规定对供应商档案进行维护（是/否） |
|---|---|---|---|---|
| | | | | |
| | | | | |
| | | | | |
| | | | | |
| | | | | |
| | | | | |

**表 4－1－9** 采购与付款循环控制执行情况的评价结果

编制说明：

1. 本审计工作底稿中的“主要业务活动”、“控制目标”、“受影响的相关交易和账户余额及其认定”、“被审计单位的控制活动”以及“控制活动对实现控制目标是否有效”栏目的内容来自 C223，注册会计师只需根据穿行测试的结果，在本表中填写对有关控制活动是否得到执行的评价。

2. 对“是否测试该控制活动运行有效性”一栏，应根据审计方案予以填写，如果某项控制设计不合理或虽然设计合理，但未得到执行，注册会计师不拟测试该控制活动运行的有效性，则应在“是否测试该控制活动运行有效性”一栏中填写“否”，并注明理由。

3. 如果注册会计师拟信赖以前审计获取的某些控制活动运行有效性的审计证据，本期不再对该项控制活动实施控制测试，则应在“是否测试该控制活动运行有效性”一栏中填写“否”，并注明理由。

| 主要业务活动（C224） | 控制目标（C224） | 受影响的相关交易和账户余额及其认定（C224）（请学生完成） | 被审计单位的控制活动（C224）（请学生完成） | 控制活动对实现控制目标是否有效（请学生完成） | 控制活动是否得到执行（请学生完成） | 是否测试该控制活动运行有效性（请学生完成） |
|---|---|---|---|---|---|---|
| | 只有经过核准的采购订单、费用申请单才能发给供应商 | | | | | |

续表

| 主要业务活动（C224） | 控制目标（C224） | 受影响的相关交易和账户余额及其认定（C224）（请学生完成） | 被审计单位的控制活动（C224）（请学生完成） | 控制活动对实现控制目标是否有效（请学生完成） | 控制活动是否得到执行（请学生完成） | 是否测试该控制活动运行有效性（请学生完成） |
|---|---|---|---|---|---|---|
| 采购 | 已记录的采购订单内容准确 | | | | | |
| | 采购订单均已得到处理 | | | | | |
| 应付账款 | 已记录的采购均已收到物品 | | | | | |
| | 已记录的采购均已接收劳务 | | | | | |
| | 已记录的采购交易计价正确 | | | | | |
| | 与采购物品相关的义务均已确认并记录至应付账款 | | | | | |
| | 与接收劳务相关的义务均已确认并记录至应付账款 | | | | | |
| | 采购物品交易记录于适当期间 | | | | | |
| | 接收劳务交易记录于适当期间 | | | | | |
| 付款 | 仅对已记录的应付账款办理支付 | | | | | |
| | 准确记录付款 | | | | | |
| | 付款均已记录 | | | | | |
| | 付款均记录于恰当期间 | | | | | |
| 维护供应商档案 | 对供应商档案的变更均为真实和有效的 | | | | | |
| | 供应商档案变更已进行处理 | | | | | |
| | 对供应商档案变更均为准确的 | | | | | |

续表

| 主要业务活动（C224） | 控制目标（C224） | 受影响的相关交易和账户余额及其认定（C224）（请学生完成） | 被审计单位的控制活动（C224）（请学生完成） | 控制活动对实现控制目标是否有效（请学生完成） | 控制活动是否得到执行（请学生完成） | 是否测试该控制活动运行有效性（请学生完成） |
|---|---|---|---|---|---|---|
| 维护供应商档案 | 对供应商档案变更均已于适当期间进行处理 | | | | | |
| | 确保供应商档案数据及时更新 | | | | | |

编制说明：

ABC公司规定应由出纳员×××以外的人员核对银行存款日记账和对账单，编制银行余额调节表，并提交给财务经理×××复核，财务经理×××在银行存款余额调节表上签字作为其复核的证据。

我们随机抽取ABC公司2011年4月银行存款余额调节表进行检查，发现该调节表由出纳员×××编制，财务经理×××已复核该调节表并签字确认。我们向出纳员×××进行了解，她解释因会计主管×××临时出差，未安排由其他人员进行此项工作，她本人核对了银行存款日记账和银行对账单，并编制银行存款余额调节表，送交财务经理×××复核，财务经理×××浏览后认为差异并不重大，随即签字并返还给她，并且，她认为其他月份也存在这样的情况。

2011年4月2日，我们就该情况于财务经理×××和会计主管×××进行了沟通，并得到他们确认。

我们认为该项控制并未得到执行，拟将该项内部控制重大缺陷列入与治理层沟通事项，并在执行货币资金实质性程序时详细检查调节事项，以获取足够的保证程度支出我们将发表的审计意见。

# 实训二　了解及评价被审计单位的工薪与人事循环

## 实训目的

1. 通过本实训，使用学生掌握了解及评价被审计单位工薪与人事循环时应该考虑的问题，能够根据控制目标，对该循环执行穿行测试，并根据测试中识别的风险设计拟采取的应对措施。

2. 熟悉并填写《了解内部控制——工薪与人事循环表》。

## 实训环境

上课教室，本章授课结束之后，由主讲教师布置，配有《了解内部控制——工薪与人事循环表》。

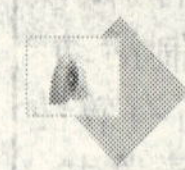

## 实训资料

甲和乙注册会计师对ABC股份有限公司（以下简称ABC公司）2011年度报表进行审计，该公司主要经营中、小型机电类产品的生产和销售，采用用友计算机软件进行日常的账务核算，2011年度未发生购并、分立和债务重组行为，供产销形式与上年相当。甲和乙于2011年12月1日至12月15日对ABC公司的工资与人事循环进行了解，并已完成相关调查问卷的填写，资料如下：

**表4-2-1** 工资与人事循环调查表

单位名称：ABC公司

| 问卷问题 | 是 | 否 | 不适用 | 经办人签名 | 说明 | 索引号 |
|---|---|---|---|---|---|---|
| 一、工资管理 | | | | | | |
| （一）公司于其内部控制制度中是否订有书面的工资资循环及相关管理办法？ | √ | | | | | |
| （二）工资循环是否包括人事资料、人力资源规划及招募、训练、考核及升迁、工资表编制及工资发放等？ | √ | | | | | |
| 二、人事雇用、异动、辞退 | | | | | | |
| （一）是否明订有书面化的职务授权制度及人事管理办法、加班核准办法等（索取上述各项办法） | √ | | | | | |
| （二）公司是否订有组织图及各部门主管职掌表，职责划分是否清楚（索取组织图）？ | √ | | | | | |
| （三）所有人事及薪资变动是否经适当主管核准？（索取核准人员名单） | √ | | | | | |
| （四）人事资料的内容是否包括下列各事项？ | | | | | | |
| 1. 人事变动？ | √ | | | | | |
| 2. 薪资及津贴级距与标准？ | √ | | | | | |
| 3. 所属部门及工作？ | √ | | | | | |
| 4. 薪资扣抵？ | √ | | | | | |
| （五）管理人事资料人员是否未经管下列工作？ | | | | | | |
| 1. 记录工时？ | √ | | | | | |
| 2. 编制薪资表？ | √ | | | | | |
| 3. 核准薪资？ | √ | | | | | |
| 4. 分送薪资支票？ | √ | | | | | |
| （六）所有人事方面的调动文件是否立即通知薪资计算人员？ | | √ | | | | |
| （七）人事部门是否审查离职人员应补退款项？ | √ | | | | | |
| （八）人事资料是否保存职员签章？ | | √ | | | | |

续表

| 问卷问题 | 是 | 否 | 不适用 | 经办人签名 | 说明 | 索引号 |
| --- | --- | --- | --- | --- | --- | --- |
| (九) 公司是否依相关法令订定员工福利政策，以提高人事管理效率? | | √ | | | | |
| (十) 公司是否订有员工退休办法? 是否依法提列退休金? | √ | | | | | |
| (十一) 公司是否替管理现金、有价证券及其他资产员工投保员工忠诚险或保证险? | | √ | | | | |
| 三、训练、考核及升迁 | | | | | | |
| (一) 是否订有内部员工职前训练或作业手册以协助新进人员早日进入工作状况? | √ | | | | | |
| (二) 是否订有内部员工在职训练办法及训练计划以提升员工素质? | | √ | | | | |
| (三) 管理人员是否对部属给予适当之指导及协助? | √ | | | | | |
| (四) 负责安排与设计训练课程的人员是否适当? | √ | | | | | |
| (五) 训练计划及结果是否定期检讨或更新? | | √ | | | | |
| (六) 训练结果是否列入升迁的参考? | √ | | | | | |
| (七) 是否制定合理的绩效考核办法以协助考核员工绩效? | √ | | | | | |
| 四、工时记录 | | | | | | |
| (一) 工时记录? | | | | | | |
| 1. 是否记载累计工时? | √ | | | | | |
| 2. 是否将工时适当地依生产批次计划，成本中心分摊? | √ | | | | | |
| (二) 是否经由领班核准工时? | √ | | | | | |
| (三) 是否由编薪资表者保存? | | √ | | | | |
| (四) 加班工时是否有翔实的记录并经适当核准? | | √ | | | | |
| 五、薪资表的编制及科目分类 | | | | | | |
| (一) 编表者是否未涉及聘雇及撤职之责? | √ | | | | | |
| (二) 编表者是否不负责分发薪资支票或发放薪资? | √ | | | | | |
| (三) 薪资表是否经主管批准? | √ | | | | | |
| (四) 薪资科目分类是否由非薪资部门的人员专管? | | √ | | | | |
| (五) 是否每月编制薪资账列数与扣缴数调节表? | | √ | | | | |
| 六、发放 | | | | | | |
| (一) 支付薪资是否由下列以外人员负责: | | | | | | |
| 1. 编制薪资表者? | | √ | | | | |
| 2. 主管聘雇或撤职者? | √ | | | | | |
| 3. 主管工时者? | √ | | | | | |
| (二) 在将薪资存放员工存款账户时，是否取得银行出具的证明? | √ | | | | | |
| (三) 设专户以支票支付时，专户往来是否按月调节? | √ | | | | | |
| (四) 薪资的发放若以现金或支票支付时，是否设有薪资印领清册，由员工领取时签名盖章? | √ | | | | | |
| (五) 未领薪资支票或现金是否退回保管者? | √ | | | | | |
| (六) 未领薪资支票或现金是否通知会计部? | √ | | | | | |

调查人员：王某　　日期：　　复核人员：李某　　日期：

## 实训要求

（1）你作为该项目的负责人，在对工薪与人事循环进行控制测试前你会如何处理？

（2）除了上述给出的《工资与人事循环调查表》所提供的资料，你还需要客户提供哪些资料？

（3）根据你的判断，并结合以下表格中的有关了解情况和相关填写说明，请完成下面的《了解内部控制——工薪与人事循环表》（见表4-2-2，表4-2-3，表4-2-4，表4-2-5，表4-2-6，表4-2-7，表4-2-8，表4-2-9）。

表4-2-2　　了解内部控制——工薪与人事循环表

| 项目名称：工薪与人事循环 | |
|---|---|
| 被审计单位名称： | |
| 财务报表截止日/期间： | |
| 编制人： | |
| 编制日期： | |
| 复核人： | |
| 复核日期： | |
| 表　样 | 索引号 |
| 了解内部控制 | C23 |
| 了解内部控制汇总表 | C231 |
| 了解内部控制设计——控制流程 | C232 |
| 评价内部控制设计——控制目标及控制活动 | C233 |
| 确定控制是否得到执行——穿行测试表 | C234 |
| …… | …… |

表4-2-3　　工薪与人事循环——了解内部控制

| 被审计单位： | | 索　引　号： | C23 |
|---|---|---|---|
| 项　　目： | 工薪与人事循环 | 财务报表截止日/期间： | |
| 编　　制： | | 复　　核： | |
| 日　　期： | | 日　　期： | |

了解本循环内部控制的工作包括：

1. 了解被审计单位工薪与人事循环和财务报告相关的内部控制的设计，并记录获得的了解。

2. 执行穿行测试，证实对交易流程和相关控制的了解，并确定相关控制是否得到执行。

3. 记录在了解和测试工薪与人事循环的控制设计和执行过程中识别的风险，以及拟采取的应对措施。

续表

| 了解本循环内部控制形成下列审计工作底稿：<br>1. C231：了解内部控制汇总表。<br>2. C232：了解内部控制设计——控制流程。<br>3. C233：评价内部控制设计——控制目标及控制活动。<br>4. C234：确定控制是否得到执行（穿行测试）。 |
|---|
| 编制说明：<br>1. 在了解控制的设计并确定其是否得到执行时，应当使用询问、检查和观察程序，并记录所获取的信息和审计证据来源。<br>2. 如果拟利用以前审计获取的有关控制运行有效性的审计证据，应当考虑被审计单位的业务流程和相关控制自上次测试后是否发生重大变化。<br>3. 审计工作底稿用以记录下列内容：<br>（1）C231：汇总对本循环内部控制了解的主要内容和结论；<br>（2）C232：记录通过询问、观察和检查程序了解到的本循环涉及的重要交易的控制流程；<br>（3）C233：记录与实现控制目标相关并计划执行穿行测试的控制活动；<br>（4）C234：记录穿行测试的过程和结论。 |

**表 4-2-4　　工薪与人事循环——了解内部控制汇总表**

| 被审计单位： | 索引号：C231 |
|---|---|
| 项目：工薪与人事循环： | 财务报表截止日/期间： |
| 编制： | 复核： |
| 日期： | 日期： |

1. 受本循环影响的相关交易和账户余额

| 应付职工薪酬 | 金额 |
|---|---|
| | |
| | |
| 应交税费——应交个人所得税 | |

注：①此处仅列示主要的交易和账户余额，注册会计师应根据被审计单位的实际情况确定受本循环影响的交易和账户余额。②现金、银行存款等货币资金账户余额受多个业务循环的影响，不能完全归属于任何单一的业务循环。在实务中，在考虑与货币资金有关的内部控制对其实质性程序的影响时，注册会计师应当综合考虑各相关业务循环内部控制的影响；对于未能在相关业务循环涵盖的货币资金内部控制，注册会计师可以在货币资金具体计划中记录对其进行的了解和测试工作。

2. 主要业务活动

| 主要业务活动 | | 是否在本循环中进行了解 |
|---|---|---|
| 员工聘用与离职 | | 是 |
| 工作时间记录 | | 是 |
| 工资计算和记录 | | 是 |
| 工资支付 | | 是 |
| 常备数据维护 | | 是 |

3. 了解交易流程

根据对交易流程的了解，记录如下内容：

（1）是否委托其他服务机构执行主要业务活动，如果被审计单位使用其他服务机构，将对审计计划产生哪些影响

（2）是否制定了相关的政策和程序以保持适当的职责分工，这些政策和程序是否合理

续表

<table>
<tr><td colspan="5"></td></tr>
<tr><td colspan="5">(3) 自前次审计后，被审计单位的业务流程和控制活动是否发生重大变化；如果已发生变化，将对审计计划产生哪些影响</td></tr>
<tr><td colspan="5"></td></tr>
<tr><td colspan="5">(4) 是否识别出本期交易过程中发生的控制偏差；如果已识别出控制偏差，产生偏差的原因是什么，将对审计计划产生哪些影响</td></tr>
<tr><td colspan="5"></td></tr>
<tr><td colspan="5">(5) 是否识别出非常规交易或重大事项；如果已识别出非常规交易或重大事项，将对审计计划产生哪些影响</td></tr>
<tr><td colspan="5"></td></tr>
<tr><td colspan="5">(6) 是否进一步识别出其他风险；如果已识别出其他风险，将对审计计划产生哪些影响</td></tr>
<tr><td colspan="5"></td></tr>
<tr><td colspan="5">4. 信息系统</td></tr>
<tr><td colspan="5">(1) 应用软件</td></tr>
<tr><td>信息系统名称</td><td></td><td>计算机运作环境</td><td>来源</td><td>初次安装日期</td></tr>
<tr><td></td><td></td><td></td><td></td><td></td></tr>
<tr><td></td><td></td><td></td><td></td><td></td></tr>
<tr><td colspan="5">(2) 初次安装后对信息系统进行的任何重大修改、开发与维护</td></tr>
<tr><td>信息系统名称</td><td></td><td colspan="2">重大修改、开发与维护</td><td>更新日期</td></tr>
<tr><td></td><td></td><td colspan="2"></td><td></td></tr>
<tr><td></td><td></td><td colspan="2"></td><td></td></tr>
<tr><td colspan="5">(3) 拟于将来实施的重大修改、开发与维护计划</td></tr>
<tr><td colspan="5"></td></tr>
<tr><td colspan="5">(4) 本年度对信息系统进行的重大修改、开发与维护及其影响</td></tr>
<tr><td colspan="5"></td></tr>
<tr><td colspan="5">5. 初步结论</td></tr>
<tr><td colspan="5"></td></tr>
<tr><td colspan="5">注：根据了解本循环控制的设计并评估其执行情况所获取的审计证据，注册会计师对控制的评价结论可能是：①控制设计合理，并得到执行；②控制设计合理，未得到执行；③控制设计无效或缺乏必要的控制。</td></tr>
<tr><td colspan="5">6. 沟通事项</td></tr>
<tr><td colspan="5">是否需要就已识别出的内部控制设计或执行方面的重大缺陷，与适当层次的管理层或治理层进行沟通?</td></tr>
</table>

**表 4－2－5　工薪与人事循环——了解内部控制设计——控制流程**

| 被审计单位： | 索　引　号：C231　C232 |
|---|---|
| 项　目：工薪与人事循环 | 财务报表截止日/期间： |
| 编　制： | 复　核： |
| 日　期： | 日　期： |

续表

<table>
<tr><td colspan="6">编制说明：<br>1. 注册会计师应当采用文字叙述、问卷、核对表和流程图等方式，或几种方式相结合，记录对控制流程的了解。对重要业务活动控制流程的记录应涵盖自交易开始至与其他业务循环衔接为止的整个过程。记录的内容包括但不限于：<br>（1）交易如何生成，包括电子数据交换（EDI）和其他电子商务形式的性质和使用程度；<br>（2）内部控制采用人工系统、自动化系统或两种方式同时并存；<br>（3）控制由被审计单位人员执行、第三方（例如服务机构）执行或两者共同执行，涉及人员的姓名及其执行的程序；<br>（4）处理交易采用的重要信息系统，包括初次安装信息、已实施和计划实施的重大修改、开发与维护；<br>（5）与其他信息系统之间的链接，包括以计算机为基础的应用系统和以人工进行的应用系统之间衔接的时点，以及任何相关的手工调节过程（如编制调节表）；<br>（6）与处理财务信息相关的政策和程序；<br>（7）会计记录及其他支持性信息；<br>（8）使用的重要档案和表格；<br>（9）主要输出信息（包括以纸质、电子或其他介质形式存在的信息）及用途；<br>（10）输入交易信息并过至明细账和总账的程序；<br>（11）会计分录的生成、记录和处理程序，包括将非标准会计分录过至明细账和总账的程序。<br>2. 本审计工作底稿对工薪与人事循环控制流程的记录，涉及控制活动的内容应索引至工薪与人事循环控制测试（GXC）的审计工作底稿。<br>3. 如果被审计单位对不同类型的工薪与人事业务分别采用不同的控制流程和控制活动，应根据被审计单位的实际情况分别予以记录。</td></tr>
<tr><td colspan="6">工薪与人事业务涉及的主要人员</td></tr>
<tr><td>职　务</td><td></td><td></td><td></td><td></td><td>姓　名</td></tr>
<tr><td></td><td></td><td></td><td></td><td></td><td></td></tr>
<tr><td></td><td></td><td></td><td></td><td></td><td></td></tr>
<tr><td></td><td></td><td></td><td></td><td></td><td></td></tr>
<tr><td colspan="6">我们采用询问、观察和检查等方法，了解并记录了工薪与人事循环的主要控制流程，并已与×××、×××等确认下列所述内容。</td></tr>
<tr><td colspan="6">1. 有关职责分工的政策和程序</td></tr>
<tr><td colspan="6"></td></tr>
<tr><td colspan="6">注：此处应记录被审计单位建立的有关职责分工的政策和程序，并评价其是否有助于建立有效的内部控制。</td></tr>
<tr><td colspan="6">2. 主要业务活动介绍</td></tr>
<tr><td colspan="6"></td></tr>
<tr><td colspan="6">注：此处记录对本循环主要业务活动的了解。例如：员工人数、工作时间记录方法、工资计算和记录方法、工资费用支付与核算程序、文件记录、对工薪与人事政策的制定和修改程序等。</td></tr>
<tr><td colspan="6">（1）员工聘用与离职</td></tr>
<tr><td colspan="6"></td></tr>
<tr><td colspan="6">注：此处记录对被审计单位员工聘用与离职流程的了解。例如：编制用人计划、招聘、签订劳动合同，以及终止劳动合同等。</td></tr>
<tr><td colspan="6">（2）工作时间记录</td></tr>
<tr><td colspan="6"></td></tr>
</table>

续表

| 注：此处记录对被审计单位管理考勤和工作时间流程的了解。例如：工作时间的记录、核对与批准、工作时间的处理，以及对加班时间的控制等。 |
|---|
| (3) 工资计算和记录 |
| |
| 注：此处记录对被审计单位工资计算和记录流程的了解。例如：工资的计算（包括对各项扣除项目的计算）、工资费用分配、处理和审批程序，以及对异常金额的调查等。 |
| (4) 工资支付 |
| |
| 注：此处记录对被审计单位工资支付流程的了解。例如：工资支付审批、付款的记录、付款方式，以及期末对工资支付情况的监督等。 |
| (5) 常备数据维护 |
| |
| 注：此处记录对被审计单位工薪与人事常备数据的维护程序的了解，例如：更改申请、审批，以及修改权限等。 |

表4-2-6　　控制流程记录示例

编制说明：

本审计工作底稿提供的示例，系以工薪与人事业务较为单一的中型被审计单位为例，并进行适当简化，仅为说明控制流程的记录内容。在执行财务报表审计业务时，注册会计师应运用职业判断，结合被审计单位的实际情况进行适当修改，不可一概照搬。

本循环中其他审计工作底稿记录的内容均以下述示例为依据进行填写，并非对所有可能出现的情况的全面描述。

本示例采用文字叙述方式记录所了解的控制流程，注册会计师也可以采用其他方式，例如，采用问卷、核对表和流程图等方式进行记录。

ABC公司现行的工薪与人事政策和程序已经董事会审批，如果需对该项政策和程序作出任何修改，均应经董事会批准后方能执行。本年度该项政策和程序没有发生变化。

ABC公司现有员工100名，其中生产工人70名，销售、人事、财务等管理人员30名。生产工人按其实际工时计薪，管理人员按出勤日计薪。每月5日发放上月工资。

ABC公司使用Y系统处理工薪和人事业务，该系统可以自动生成工资汇总表和记账凭证，并过账至总账和明细账。

工薪与人事业务涉及的主要人员

| 职　务 | | | | | 姓　名 |
|---|---|---|---|---|---|
| 总经理 | | | | | ××× |
| 财务经理 | | | | | ××× |
| 会计主管 | | | | | ××× |
| 出纳员 | | | | | ××× |
| 应付职工薪酬记账员 | | | | | ××× |
| 生产成本记账员 | | | | | ××× |
| 生产经理 | | | | | ××× |
| 人事经理 | | | | | ××× |
| 薪资主管 | | | | | ××× |
| 人事信息管理员 | | | | | ××× |
| …… | | | | | …… |

续表

| 我们采用询问、观察和检查等方法，了解并记录了 ABC 公司工薪与人事循环的主要控制流程，并已与财务经理×××、人事经理×××确认下列所述内容。 |
| --- |
| 1. 有关职责分工的政策和程序 |
| ABC 公司建立了下列职责分工政策和程序： |
| （1）不相容职务相分离。主要包括：人事、工作时间记录、薪酬计算、薪酬支付、薪酬核算等职务相分离。<br>（2）各相关部门之间相互控制并在其授权范围内履行职责，同一部门或个人不得处理工薪与人事业务的全过程。 |
| 2. 主要业务活动介绍 |
| （1）员工聘用与离职 |
| ①聘用。<br>每年 11 月，各部门根据下年度用人需求填写用人计划审批表，经人事经理×××复核，交总经理×××和董事会审批。<br>各用人部门和人力资源部共同负责招聘工作。对决定录用的人员填写拟用人员审批表，经人事经理×××和总经理×××签字批准，与新员工签订劳动合同书。<br>人事信息管理员×××将新员工的信息输入 Y 系统的员工档案，系统自动生成连续编号的新入职人员通知单，由用人部门复核后交财务部，作为发放工资依据。 |
| ②离职。<br>员工离职时，应填写解除、终止劳动合同审批表，经所在部门经理、人事经理×××、总经理×××签字后，与 ABC 公司解除、终止劳动合同。<br>人事信息管理员×××根据经适当审批的解除、终止劳动合同审批表，将离职员工的信息输入系统员工档案，并生成连续编号的离职人员通知单，由用人部门复核后交财务部，作为停止发放工资的依据。 |
| （2）工作时间记录 |
| 生产工人每天进出厂区时必须将自己的考勤卡插入打卡机以便记录工作时间。人事信息管理员×××将打卡机每天记载的每个工人的工时按照标准工时（每天 8 小时）和加班工时（超出 8 小时的工时）记录在用 Excel 编制的工时记录单，月末交给生产经理×××复核批准后输入 Y 系统，系统生成《工时统计表》。<br>管理人员每月填写当月工作时间表（包括出勤、休假等具体情况），由所在部门主管/经理审批签字后，在次月第一个工作日结束之前交给人事信息管理员×××。如果当月管理人员加班，须填写加班申请表并由部门经理/主管审核批准，与当月的工作时间表一并交给人事信息管理员×××，由其负责输入 Y 系统，系统生成《出勤统计表》。<br>在完成上述录入后，Y 系统自动将已录入当月工作时间的员工名单和系统内员工档案名册自动核对。如有遗漏或不符，系统将进行提示。人事信息管理员×××将解决该项问题。<br>人事信息管理员×××将经生产经理×××签字的工时记录单以及经所在部门主管/经理签字的管理人员工作时间表交给薪资主管×××，薪资主管×××检查输入 Y 系统的工作时间是否与《工时统计表》和《出勤统计表》一致。 |
| （3）工资计算和记录 |
| Y 系统的工资模块根据已核对无误的工时和出勤记录，计算所有员工的当月工资金额（包括工资、加班费、奖金、各项补贴、社会保险费扣除金额、个人所得税扣除金额等），并汇总各部门员工的各项工资费用总额，自动生成《员工工资明细表》和《员工工资汇总表》。经人事经理×××签字批准后，薪资主管×××填写《工资支付申请表》。<br>同时，Y 系统还将自动计算当月应缴纳的各项社会保险费（包括个人缴纳部分和企业缴纳部分），人事经理×××审核签字后交财务经理×××，安排办理缴纳。<br>每月末，薪资主管×××编写员工变动及工资费用分析报告，经人事经理×××、财务经理×××复核后，上报总经理×××和董事会审阅。 |

续表

| (4) 工资支付 |
| --- |
| 财务经理×××审核《员工工资明细表》、《员工工资汇总表》和《工资支付申请表》，将《工资支付申请表》交给总经理×××签字批准。<br>应付职工薪酬记账员×××根据经批准的工资支付申请表编制付款凭证，并附相关单证，提交会计主管×××审批。<br>在完成对付款凭证及相关单证的复核后，会计主管×××在付款凭证上签字，作为复核证据，并在所有单证上加盖"核销"印戳。<br>出纳员×××根据经复核无误的付款凭证办理付款，由银行转入员工个人账户，并及时登记银行存款日记账。<br>应付职工薪酬记账员×××根据《员工工资汇总表》编制工资费用分录，经会计主管×××复核后，将工资费用分别记入生产成本、制造费用、管理费用和销售费用等科目。 |
| (5) 常备数据维护 |
| 人事信息管理员×××定期取得社会劳动保障局公布的各项社保基金扣缴费比例（包括个人缴纳部分与公司缴纳部分），上年度职工平均工资（以其60%～300%作为计算各项基金的基数）及有关规定和信息，将其交薪资主管×××审核。<br>如果需要修改员工社保基金的适用基数和扣除率，或是需要对生产工人每工时工资率、职员月工资及各项补贴标准、每小时加班费、公司缴纳社保费比率等基准进行调整，应由董事会批准。<br>经批准后，薪资主管×××填写工资信息输入/更改申请单，经人事经理×××批准后输入或修改Y系统内的信息，并经人事经理×××核对后在Y系统中电子批准后生效。<br>只有人事经理×××和薪资主管×××有权限接触Y系统里的工资信息。人事信息管理员×××有权限作时间记录的输入和员工档案维护。 |

## 表4－2－7 工薪与人事循环——评价内部控制设计——控制目标及控制活动

| 被审计单位： | 索　　引　　号：C233 |
| --- | --- |
| 项　　目：工薪与人事循环 | 财务报表截止日/期间： |
| 编　　制： | 复　　核： |
| 日　　期： | 日　　期： |
| 编制说明：<br>1. 本审计工作底稿中列示的控制活动，仅为说明有关表格的使用方法，并仅针对GXL－2中的示例所设计，并非对所有控制目标、受该目标影响的交易和账户余额及其认定以及控制活动的全面列示。在执行财务报表审计业务时，注册会计师应运用职业判断，结合被审计单位的实际情况选择能够确保实现控制目标的控制活动。<br>2. 本审计工作底稿用以记录工薪与人事循环中主要业务活动的控制目标、受该目标影响的相关交易和账户余额及其认定、常用的控制活动以及被审计单位的控制活动。其中，"常用的控制活动"一栏列示了在实务中为实现相关控制目标常用的控制活动，在实际编写审计工作底稿时应予以删除；对"受影响相关交易和账户余额及其认定"一栏，注册会计师应根据被审计单位的实际情况分析填写。<br>3. 如果多项控制活动能够实现同一控制目标，注册会计师不必了解与该项控制目标相关的每项控制活动。本审计工作底稿记录的控制活动，仅为实现有关控制目标可能采用控制活动中的一种，被审计单位也可能采用其他控制活动达到有关控制目标，注册会计师应根据被审计单位的实际情况进行填写。<br>4. 注册会计师应关注被审计单位采取的控制活动是否能够完全达到相关的控制目标。在某些情况下，某些控制活动单独执行时，并不能完全达到控制目标，这时注册会计师需要识别与该特定目标相关的额外的控制活动，并对其进行测试，以获取达到控制目标的足够的保证程度。<br>5. 一项控制活动可能可以达到多个控制目标。为提高审计效率，如存在可以同时达到多个控制目标的控制活动，注册会计师可以考虑优先测试该控制活动。 | |

续表

6. 如果某一项控制目标没有相关的控制活动或控制活动设计不合理，注册会计师应考虑被审计单位控制的有效性以及其对拟采取的审计策略的影响。

7. 如果注册会计师拟信赖前期审计获取的有关本循环控制活动运行有效性的审计证据，应通过询问并结合观察或者检查程序，获取该控制活动未发生变化的审计证据，并予以记录。

| 主要业务活动 | 控制目标 | 受影响的相关交易和账户余额及其认定（请学生完成） | 常用的控制活动 | 被审计单位的控制活动（请学生完成） | 控制活动对实现控制目标是否有效（请学生完成） |
|---|---|---|---|---|---|
| 员工聘用与离职 | 员工名册新增项目均为真实有效的 | | 员工名册的变更与支持性文件核对一致以确保输入正确 | | |
| | 新增员工均确已记入员工名册 | | 员工名册变更连续编号，以确保所有变更都已处理 | | |
| | 离职员工均确已从员工名册中删除 | | 员工名册变更连续编号，以确保所有变更都已处理 | | |
| | 员工名册删除项目均为真实有效的 | | 员工名册变更与支持性文件核对一致，以确保输入正确 | | |
| 工作时间记录 | 用以计算工资的工作时间数据均为真实发生的 | | 员工必须记录实际工作时间，并经适当管理层复核 | | |
| | 用以计算工资的工作时间数据均为真实发生的 | | 员工必须记录实际工作时间，并经适当管理层复核 | | |
| | 员工工作时间均确以完整记录和输入 | | 核实所有员工工作时间均得以记录，如发现差异，应及时调查并处理 | | |
| | 输入系统的时间记录均为准确的 | | 由不负责输入工作时间记录的人员比较输入数据与支持性文件是否相符 | | |
| 工资计算和记录 | 准确计算和记录工资费用 | | 以标准软件系统执行工资计算和记录 | | |
| | 准确计算和记录工资费用 | | 工资费用记录在正确的账户中，并经适当管理层复核 | | |
| | 工资费用于适当期间进行记录 | | 管理层定期复核工资变动情况 | | |
| 工资支付 | 支付的工资与实际工时记录相关 | | 工资支付需经适当管理层批准 | | |
| 常备数据维护 | 常备数据变动均为真实和准确的，并及时处理 | | 常备数据变动应经适当管理层批准，并准确输入 | | |
| | 只有经适当授权的人员才能接触工薪数据 | | 只有经过适当授权的人员才能接触工薪数据 | | |

**表 4-2-8　工薪与人事循环——确定控制是否得到执行（穿行测试）**

| 被审计单位： | | 索　引　号： | C234 |
|---|---|---|---|
| 项　　目： | 确定控制是否得到执行（穿行测试） | 财务报表截止日/期间： | |
| 编　　制： | | 复　　核： | |
| 日　　期： | | 日　　期： | |

编制说明：

1. 本审计工作底稿记录的穿行测试内容，系针对 C233 中的示例设计，仅为说明应对执行的穿行测试程序记录的内容。在执行财务报表审计业务时，注册会计师应运用职业判断，结合被审计单位的实际情况设计和执行穿行测试。

2. 注册会计师通常应执行穿行测试程序，以取得控制是否得到执行的审计证据，并记录测试过程和结论，注册会计师可以保留与所测试的控制活动相关的文件或记录的复印件，并与审计工作底稿进行索引。

3. 注册会计师应对整个流程执行穿行测试，涵盖交易自发生至记账的整个过程。

4. 如拟实施控制测试，在本循环中执行穿行测试检查的项目也可以作为控制测试的测试项目之一。

1. 工薪与人事循环穿行测试——与员工聘用与离职有关的业务活动的控制

| 主要业务活动 | 测试内容 | 测试结果 |
|---|---|---|
| 聘用 | 员工姓名 | |
| | 拟用人员审批表是否得到适当审批（是/否） | |
| | 劳动合同编号# | |
| | 系统内是否已建立该员工档案（是/否） | |
| | 新入职人员通知单编号# | |
| | 新入职人员通知单是否得到适当复核（是/否） | |
| | 员工工资明细表中是否有该员工姓名（是/否） | |
| 离职 | 员工姓名 | |
| | 解除、终止劳动合同审批表是否得到适当审批（是/否） | |
| | 系统内是否已删除该员工档案（是/否） | |
| | 离职人员通知单编号# | |
| | 离职人员通知单是否得到适当复核（是/否） | |
| | 员工工资明细表中是否有该员工姓名（是/否） | |

2. 工薪与人事循环穿行测试——与生产工人工作时间记录有关的业务活动的控制

| 序号 | 生产工人考勤卡序号# | 测试日期 | 工时记录单日期 | 生产工人考勤卡是否记录在工时记录单中（是/否） | 工时记录单是否经过生产经理××× 复核批准 | 工时记录单是否包含在系统生成工时统计表中（是/否） |
|---|---|---|---|---|---|---|
| | | | | | | |

3. 工薪与人事循环穿行测试——与管理人员工作时间记录有关的业务活动的控制

续表

| 主要业务活动 | 测试内容 | 测试结果 |
|---|---|---|
| 管理人员工作时间记录 | 管理人员姓名 | |
| | 测试期间 | |
| | 工作时间表编号# | |
| | 工作时间表是否经由所在部门主管/经理审批签字（是/否） | |
| | 加班申请表编号# | |
| | 加班申请表日期 | |
| | 加班申请表是否经过部门经理/主管审核批准（是/否） | |
| | 工作时间和加班时间是否记录在出勤统计表中（是/否） | |
| | 出勤统计表记录的工时总数 | |
| | 工作时间表和加班申请表记录的工时总数 | |

4. 工薪与人事循环穿行测试——与工作时间记录核对有关的业务活动的控制

| 主要业务活动 | 测试内容 | 测试结果 |
|---|---|---|
| 工作时间记录核对 | 测试期间 | |
| | 员工工资明细表中记录的员工人数 | |
| | 系统员工档案名册人数 | |
| | 员工姓名是否核对一致（是/否） | |
| | 工时统计表记录的工时总数 | |
| | 工时记录单记录的工时总数 | |
| | 工时记录单与工时统计表是否一致（是/否） | |
| | 出勤统计表记录的工时总数 | |
| | 工作时间表和加班申请表记录的工时总数 | |
| | 出勤统计表与工作时间表、加班申请表记录是否一致（是/否） | |
| | 员工姓名 | |
| | 该员工在工时统计表/出勤统计表记录的工时总数 | |
| | 该员工在工时记录单/工作时间表记录的工时总数 | |
| | 薪资主管是否将有关工作时间记录表单与系统核对（是/否） | |

5. 工薪与人事循环穿行测试——与工资计算有关的业务活动的控制

对与工资计算有关的控制活动的穿行测试，我们利用计算机专家的工作，相关工作底稿见信息系统审计部分（信息系统审计工作底稿略）

6. 工薪与人事循环穿行测试——与工资记录有关的业务活动的控制

续表

| 主要业务活动 | 测试内容 | 测试结果 |
| --- | --- | --- |
| 工资记录 | 测试期间 | |
| | 员工工资汇总表总额 | |
| | 其中：生产成本人员工资 | |
| | 辅助生产人员工资 | |
| | 销售人员工资 | |
| | 管理人员工资 | |
| | 记账凭证编号# | |
| | 其中：生产成本 | |
| | 制造费用 | |
| | 销售费用 | |
| | 管理费用 | |
| | 记账凭证是否经适当审批（是/否） | |

7. 工薪与人事循环穿行测试——与编制员工变动及工资费用分析报告有关的业务活动的控制

| 测试期间 | 是否编制员工变动及工资费用分析报告（是/否） | 人事经理是否复核该报告（是/否） | 财务经理是否复核该报告（是/否） | 是否交更高层次管理层审阅（是/否） |
| --- | --- | --- | --- | --- |
| | | | | |

8. 工薪与人事循环穿行测试——与工资支付有关的业务活动的控制

| 主要业务活动 | 测试内容 | 测试结果 |
| --- | --- | --- |
| 支付 | 测试期间 | |
| | 财务经理是否复核员工工资明细表、员工工资汇总表以及工资支付申请表（是/否） | |
| | 总经理是否复核员工工资明细表、员工工资汇总表以及工资支付申请表（是/否） | |
| | 付款凭证编号# | |
| | 付款凭证是否得到会计主管的适当审批（是/否） | |
| | 有关支持性文件上是否盖“核销”印戳（是/否） | |
| | 支票编号#（日期） | |

9. 工薪与人事循环穿行测试——与常备数据维护有关的业务活动的控制

| 主要业务活动 | 测试内容 | 测试结果 |
| --- | --- | --- |
| 数据维护 | 是否定期取得各项与社保基金有关的规定和信息（是/否） | |
| | 董事会是否批准基准费率的调整（是/否） | |
| | 董事会批准日期 | |
| | 工资信息输入/更改申请单编号#（日期） | |
| | 人事经理是否复核批准工资信息输入/更改申请单（是/否） | |
| | 人事经理复核日期 | |
| | 系统变更是否在人事经理核对后以电子签名批准后生效（是/否） | |
| | 人事经理在系统内电子签名日期 | |
| | 系统变更生效日期 | |

注：对与工薪数据维护权限设置相关的控制活动的穿行测试，我们利用计算机专家的工作，相关工作底稿见信息系统审计部分（信息系统审计工作底稿略）。

表4-2-9 工薪与人事循环控制执行情况的评价结果

编制说明：

1. 本审计工作底稿中的“主要业务活动”、“控制目标”、“受影响的相关交易和账户余额及其认定”、“被审计单位的控制活动”以及“控制活动对实现控制目标是否有效”栏目的内容为GXL-3中的记录，注册会计师只需根据穿行测试的结果，在本表中填写对有关控制活动是否得到执行的评价。

2. 对“是否测试该控制活动运行有效性”一栏，应根据具体审计计划予以填写，如果某项控制设计不合理或虽然设计合理，但未得到执行，注册会计师拟不测试该控制活动运行的有效性，则应在“是否测试该控制活动运行有效性”一栏中填写“否”，并注明理由。

3. 如果注册会计师拟信赖以前审计获取的某些控制活动运行有效性的审计证据，本期不再对该项控制活动实施控制测试，则应在“是否测试该控制活动运行有效性”一栏中填写“否”，并注明理由。

| 主要业务活动 | 控制目标 | 受影响的相关交易和账户余额及其认定（请学生完成） | 被审计单位的控制活动（请学生完成） | 控制活动对实现控制目标是否有效（请学生完成） | 控制活动是否得到执行（请学生完成） | 是否测试该控制活动运行的有效性（请学生完成） |
|---|---|---|---|---|---|---|
| 员工聘用与离职 | 员工名册新增项目均为真实有效的 | | | | | |
| | 新增员工均确已记入员工名册 | | | | | |
| | 离职员工均确已从员工名册中删除 | | | | | |
| | 员工名册删除项目均为真实有效的 | | | | | |
| 工作时间记录 | 用以计算工资的工作时间数据均为真实发生的 | | | | | |
| | 用以计算工资的工作时间数据均为真实发生的 | | | | | |
| | 员工工作时间均确以完整记录和输入 | | | | | |
| | 输入系统的时间记录均为准确的 | | | | | |
| 工资计算和记录 | 准确计算和记录工资费用 | | | | | |
| | 工资费用于适当期间进行记录 | | | | | |
| | 支付的工资与实际工时记录相关 | | | | | |
| 常备数据维护 | 常备数据变动均为真实和准确的，并及时处理 | | | | | |
| | 只有经适当授权的人员才能接触工薪数据 | | | | | |

# 实训三　了解及评价被审计单位的生产与仓储循环

## 实训目的

1. 通过本实训，使用学生掌握了解及评价被审计单位生产与仓储循环时应该考虑的问题，能够根据控制目标，对该循环执行穿行测试，并根据测试中识别的风险设计拟采取的应对措施。

2. 熟悉并填写《了解评价内部控制——生产与仓储循环表》。

## 实训环境

上课教室，本章授课结束之后，由主讲教师布置，配有《了解评价内部控制——生产与仓储循环表》。

## 实训资料

甲和乙注册会计师对ABC股份有限公司（以下简称ABC公司）2011年度报表进行审计，该公司主要经营中、小型机电类产品的生产和销售，采用用友计算机软件进行日常的账务核算，2011年度未发生购并、分立和债务重组行为，供产销形式与上年相当。甲和乙于2011年12月1日至12月15日对ABC公司的存货及生产循环进行了解，并已完成相关调查问卷的填写，资料如下：

**表4－3－1**　　存货及生产循环调查表

单位名称：ABC公司

| 问卷问题 | 是 | 否 | 不适用 | 经办人签名 | 说明 | 索引号 |
|---|---|---|---|---|---|---|
| 一、生产管理及计划 | | | | | | |
| （一）公司于其内部控制制度是否订有书面的生产循环及其相关系统、办法 | √ | | | | | |
| （二）该生产控制制度是否包括领料、生产、品管、成品出入库、存货管理、存货记录等作业 | √ | | | | | |

续表

| 问卷问题 | 是 | 否 | 不适用 | 经办人签名 | 说明 | 索引号 |
|---|---|---|---|---|---|---|
| 二、存货管理 | | | | | | |
| （一）是否设置存货管理或储存办法，并由专职人员管理存货 | √ | | | | | |
| （二）上述专职人员是否与下列各职能分立 | | | | | | |
| 1. 生产及采购 | √ | | | | | |
| 2. 存货记录 | √ | | | | | |
| 3. 运送及验收 | √ | | | | | |
| （三）是否设置守卫 | | √ | | | | |
| （四）仓库是否根据经核准的出货单或领料单出货或出料 | √ | | | | | |
| （五）领料单或出货单是否预编顺号 | | √ | | | | |
| （六）领料单或出货单是否经适当主管核准，更改是否亦经核准 | √ | | | | | |
| （七）是否整理滞用存货或损坏存货 | | √ | | | | |
| （八）是否适当控制下脚料及废品 | | √ | | | | |
| （九）存货放置于保税仓库、经销商、其他处所，是否经常核账 | | | √ | | | |
| （十）其他公司寄销的存货是否与自有存货划分清楚 | | √ | | | 混存 | |
| （十一）委托加工原料的进出是否有委托加工单控制 | | √ | | | | |
| （十二）在制品完工后是否经品质测试无误后填写入库单转入成品仓库 | √ | | | | | |
| （十三）入库单是否预编顺号使用并经主管核准 | √ | | | | | |
| （十四）是否将原材料或商品依一定的编号标准对各项存货进行编号并按存货品类放置存货卡，并定期核对存货明细账 | | √ | | | | |
| （十五）存货盘点程序是否 | | | | | | |
| 1. 每年是否至少全面盘点存货一次 | √ | | | | | |
| 2. 事先订有盘点计划 | √ | | | | | |
| 3. 盘点卡预编顺号并适当管制 | √ | | | | | |
| 4. 经过预盘，存货放置与划分有序 | | √ | | | | |
| 5. 保管存货者未参与盘点或填写盘点清单 | | √ | | | | |
| 6. 存货进出经适当截止 | √ | | | | | |
| （十六）重大的盘盈、盘亏差异是否深入追查原因 | √ | | | | | |
| 三、存货记录 | | | | | | |
| （一）存货总账的记录是否由经管存货数量及明细记录以外人员处理 | √ | | | | | |
| （二）是否采用永续盘存制 | √ | | | | | |
| （三）永续盘存记录是否包括下列资料 | | | | | | |
| 1. 数量、存货地点及完成阶段 | √ | | | | | |

续表

| 问卷问题 | 是 | 否 | 不适用 | 经办人签名 | 说明 | 索引号 |
|---|---|---|---|---|---|---|
| 2. 单位成本及总成本 | √ | | | | | |
| 3. 最高及最低存量 | | √ | | | | |
| （四）平时是否以实地抽点数量与永续记录相互核对 | √ | | | | | |
| （五）永续盘存记录是否就下列各类存货予以设置 | | | | | | |
| 1. 原材料 | √ | | | | | |
| 2. 辅助材料 | | √ | | | | |
| 3. 在产品 | √ | | | | | |
| 4. 产成品 | √ | | | | | |
| （六）永续盘存记录是否定期与存货总账核对 | √ | | | | | |
| （七）是否定期检视呆滞（Slow-Moving）存货，并适时处理 | √ | | | | | |
| （八）寄销、承销货品是否适当记录 | | √ | | | | |
| （九）制造过程中的在产品成本是否随完工程度而计算 | √ | | | | | |
| （十）入账单据是否取得且妥善保管（领料单、入库单、出货单） | √ | | | | | |
| （十一）生产是否必须依据生产指示单 | | √ | | | | |
| （十二）生产是否与销货部门密切协调 | √ | | | | | |
| 四、成本 | | | | | | |
| （一）是否依产品制订生产计划或生产指示单来决定原物料领用清单或生产安排 | √ | | | | | |
| （二）进料成本是否包括可供使用全部成本在内，进料单位成本是否按全部成本计算 | | √ | | | | |
| （三）生产成本是否皆基于生产指示单而发生 | | √ | | | | |
| （四）直接生产成本是否正确记入永续盘存记录 | √ | | | | | |
| （五）直接生产成本是否与直接材料、直接人工、直接费用账户等相关科目按月调节 | √ | | | | | |
| （六）间接生产成本分摊率是否 | | | | | | |
| 1. 足以作为各生产过程分摊间接成本的基础 | √ | | | | | |
| 2. 基于合理的单位计算 | √ | | | | | |
| 3. 预定分摊率的分摊基础是否与实际数定期调节 | | √ | | | | |
| 4. 多分摊或少分摊的间接生产成本是否合理分摊至销货成本及存货 | | √ | | | | |
| （七）在产品转产成品 | | | | | | |
| 1. 在产品转产成品是否依据核准的生产报告 | √ | | | | | |
| 2. 生产损坏、废料和重修所发生费用是否采用合理方法处理 | √ | | | | | |
| （八）是否采用标准成本，如是，则 | | | | | | |
| 1. 标准是否依据各种合理方法研究而来 | √ | | | | | |

续表

| 问卷问题 | 是 | 否 | 不适用 | 经办人签名 | 说明 | 索引号 |
|---|---|---|---|---|---|---|
| 2. 是否定期修正（将修正期限列入底稿） | | √ | | | | |
| 3. 订购及生产数量是否依实际经验以确定其合理性 | √ | | | | | |
| 4. 成本差异是否列入存货计价 | √ | | | | | |

调查人员：王某　　　　复核人员：李某

调查日期：　　　　　　复核日期：

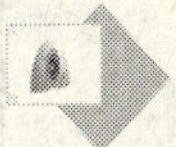

## 实训要求

（1）你作为该项目的负责人，在对生产与仓储循环进行控制测试前你会如何处理？

（2）除了上述给出的《存货及生产循环调查表》所提供的资料，你还需要客户提供哪些资料？

（3）根据你的判断，并结合以下表格中的有关情况及相关填写说明，请完成下面的《了解评价内部控制——生产与仓储循环表》（见表 4－3－2，表 4－3－3，表 4－3－4，表 4－3－5，表 4－3－6，表 4－3－7，表 4－3－8，表 4－3－9）。

**表 4－3－2**　　了解评价内部控制——生产与仓储循环表

| 项目名称：被审计单位业务流程层面了解和评价内部控制——生产与仓储循环 | |
|---|---|
| 被审计单位名称： | |
| 财务报表截止日/期间： | |
| 编制人： | |
| 编制日期： | |
| 复核人： | |
| 复核日期： | |
| 表　　样 | 索引号 |
| 了解内部控制 | C24 |
| 了解内部控制汇总表 | C241 |
| 了解内部控制设计——控制流程 | C242 |
| 了解内部控制设计——控制目标及控制活动 | C243 |
| 确定控制是否得到执行——穿行测试 | C244 |
| …… | …… |

**表 4-3-3　　生产与仓储循环——了解内部控制**

<table>
<tr><td>被审计单位：</td><td>索　引　号：C24</td></tr>
<tr><td>项　　目：了解内部控制</td><td>财务报表截止日/期间：</td></tr>
<tr><td>编　　制：</td><td>复　　核：</td></tr>
<tr><td>日　　期：</td><td>日　　期：</td></tr>
<tr><td colspan="2">了解本循环内部控制的工作包括：<br>1. 了解被审计单位生产与仓储循环及财务报告相关的内部控制的设计，并记录获得的了解。<br>2. 针对生产与仓储循环的控制目标，记录相关的控制活动，以及受该控制活动影响的交易和账户余额及其认定。<br>3. 执行穿行测试，证实对交易流程和相关控制的了解，并确定相关控制是否得到执行。<br>4. 记录在了解和评价生产与仓储循环的控制设计和执行过程中识别的风险，以及拟采取的应对措施。<br>了解本循环内部控制，形成下列审计工作底稿：<br>1. C241：了解内部控制汇总表。<br>2. C242：了解内部控制设计——控制流程。<br>3. C243：评价内部控制设计——控制目标及控制活动。<br>4. C244：确定控制是否得到执行（穿行测试）。</td></tr>
<tr><td colspan="2">编制说明：<br>1. 在了解控制的设计并确定其是否得到执行时，应当使用询问、观察和检查程序，并记录所获取的信息和审计证据来源。<br>2. 如果拟利用以前审计获取的有关控制运行有效性的审计证据，应当考虑被审计单位的业务流程和相关控制自上次测试后是否发生重大变化。<br>3. 审计工作底稿用以记录下列内容：<br>（1）C241：汇总对本循环内部控制了解的主要内容和结论；<br>（2）C242：记录通过询问、观察和检查程序了解到的本循环涉及的重要交易的控制流程；<br>（3）C243：记录与实现控制目标相关并计划执行穿行测试的控制活动；<br>（4）C244：记录穿行测试的过程和结论。</td></tr>
</table>

**表 4-3-4　　生产与仓储循环——了解内部控制汇总表**

<table>
<tr><td>被审计单位：</td><td>索　引　号：C241</td></tr>
<tr><td>项　　目：了解内部控制汇总表</td><td>财务报表截止日/期间：</td></tr>
<tr><td>编　　制：</td><td>复　　核：</td></tr>
<tr><td>日　　期：</td><td>日　　期：</td></tr>
<tr><td colspan="2">1. 受本循环影响的相关交易和账户余额</td></tr>
<tr><td>存货</td><td>金额</td></tr>
<tr><td>主营业务成本</td><td></td></tr>
<tr><td></td><td></td></tr>
<tr><td></td><td></td></tr>
<tr><td colspan="2">注：①此处仅列示了主要的交易和账户余额，注册会计师应根据被审计单位的实际情况确定受本循环影响的交易和账户余额。②现金、银行存款等货币资金账户余额受多个业务循环的影响，不能完全归属于任何单一的业务循环。在实务中，在考虑与货币资金有关的内部控制对其实质性程序的影响时，注册会计师应当综合考虑各相关业务循环内部控制的影响；对于未能在相关业务循环涵盖的货币资金内部控制，注册会计师可以在货币资金具体审计计划中记录对其进行的了解和测试工作。</td></tr>
<tr><td colspan="2">2. 主要业务活动</td></tr>
<tr><td>主要业务活动</td><td>是否在本循环中进行了解</td></tr>
<tr><td>材料验收和仓储</td><td>是</td></tr>
</table>

续表

| 主要业务活动 | 是否在本循环中进行了解 |
|---|---|
| 计划和安排生产 | 是 |
| 生产与发运 | 是 |
| 存货管理 | 是 |

注：注册会计师通常应在本循环中了解与上述业务活动相关的内部控制，如果计划在其他业务循环中对上述一项或多项业务活动的控制进行了解，应在此处说明原因。

3. 了解交易流程

根据对交易流程的了解，记录如下：

（1）被审计单位是否委托服务机构执行主要业务活动？如果被审计单位使用服务机构，将对审计计划产生哪些影响？

（2）是否制定了相关的政策和程序以保持适当的职责分工？这些政策和程序是否合理？

（3）自前次审计后，被审计单位的业务流程和控制活动是否发生重大变化？如果已发生变化，将对审计计划产生哪些影响？

（4）是否识别出本期交易过程中发生的控制偏差？如果已识别出控制偏差，产生偏差的原因是什么？将对审计计划产生哪些影响？

（5）是否识别出非常规交易或重大事项？如果已识别出非常规交易或重大事项，将对审计计划产生哪些影响？

（6）是否进一步识别出其他风险？如果已识别出其他风险，将对审计计划产生哪些影响？

4. 信息系统

（1）应用软件

| 信息系统名称 | 计算机运作环境 | 来源 | 初次安装日期 |
|---|---|---|---|
| | | | |

（2）初次安装后对信息系统进行的任何重大修改、开发与维护

| 信息系统名称 | 重大修改、开发与维护 | 更新日期 |
|---|---|---|
| | | |
| | | |

（3）拟于将来实施的重大修改、开发与维护计划

（4）本年度对信息系统进行的重大修改、开发与维护及其影响

5. 初步结论

续表

| |
|---|
| 注：根据了解本循环控制的设计并评估其执行情况所获取的审计证据，注册会计师对控制的评价结论可能是：①控制设计合理，并得到执行；②控制设计合理，未得到执行；③控制设计无效或缺乏必要的控制。 |
| 6. 沟通事项 |
| 是否需要就已识别的内部控制设计或执行方面的重大缺陷，与适当层次的管理层或治理层进行沟通？ |
| |

**表 4-3-5　生产与仓储循环——了解内部控制设计——控制流程**

| | |
|---|---|
| 被审计单位： | 索　引　号：C242 |
| 项　　目：了解内部控制设计——控制流程 | 财务报表截止日/期间： |
| 编　　制： | 复　　核： |
| 日　　期： | 日　　期： |

编制说明：

1. 注册会计师应当采用文字叙述、问卷、核对表和流程图等方式，或几种方式相结合，记录对控制流程的了解。对重要业务活动控制流程的记录应涵盖自交易开始至与其他业务循环衔接为止的整个过程。记录的内容包括但不限于：

(1) 交易如何生成，包括电子数据交换（EDI）和其他电子商务形式的性质和使用程度；

(2) 内部控制采用人工系统、自动化系统或两种方式同时并存；

(3) 控制由被审计人员执行、第三方（例如服务机构）执行或两者共同执行，涉及人员的姓名及其执行的程序；

(4) 处理交易采用的重要信息系统，包括初次安装信息、已实施和计划实施的重大修改、开发与维护；

(5) 与其他信息系统之间的链接，包括以计算机为基础的应用系统和人工进行的应用系统之间衔接的时点，以及任何相关的手工调节过程（如《编制调节表》）；

(6) 与处理财务信息相关的政策和程序；

(7) 会计记录及其他支持性信息；

(8) 使用的重要档案和表格；

(9) 主要输出信息（包括以纸质、电子或其他介质形式存在的信息）及用途；

(10) 输入交易信息并过至明细账和总账的程序；

(11) 会计分录的生成、记录和处理程序，包括将非标准会计分录过至明细账和总账的程序。

2. 本审计工作底稿对生产与仓储循环控制流程的记录，涉及控制活动的内容应索引至生产与仓储循环控制测试（SCC）的审计工作底稿。

3. 如果被审计单位针对不同类型的生产与仓储业务分别采用不同的控制流程和控制活动，例如，被审计单位对生产成本归集与分配实施不同的控制活动，应分别予以记录。

生产与仓储业务涉及的主要人员

| 职　务 | 姓　名 |
|---|---|
| | |
| | |

我们采用询问、观察和检查等方法，了解并记录了生产与仓储循环的主要控制流程，并已与×××、×××等确认下列所述内容。

1. 有关职责分工的政策和程序

| |
|---|
| |
| |

续表

| 注：此处应记录被审计单位建立的有关职责分工的政策和程序，并评价其是否有助于建立有效的内部控制。 |
| --- |
| 2. 主要业务活动介绍 |
| |
| |
| 注：此处应记录对本循环主要业务活动的了解。例如，被审计单位生产成本的归集及分配方法、相关文件记录、库存材料/商品管理制度制定和修改程序、对职责分工政策的制定和修改程序等。 |
| （1）材料验收与仓储 |
| |
| |
| 注：此处应记录对被审计单位材料验收和仓储管理流程的了解。例如，与采购订单的核对、签发验收单据、材料入库、单据流转及核对等。 |
| （2）计划与安排生产 |
| |
| |
| 注：此处应记录对被审计单位计划和安排流程的了解。例如，生产计划的审批、生产通知单的签发、单据流转及核对等。 |
| （3）生产与发运 |
| |
| |
| 注：此处应记录对被审计单位生产成本归集和分配的流程的了解。例如，材料领用出库、产成品的验收与出库、单据流转及核对，以及材料、人工和间接费用的分配与归集等。 |
| （4）存货管理 |
| |
| |
| 注：此处应记录被审计单位对存货管理流程的了解。例如，存货跌价准备的计提、存货盘点控制、单据在不同部门之间的传递、处理和审批程序、账实核对及差异的调查和处理等。 |

**表 4-3-6**

## 控制流程记录示例

| 编制说明：<br>本审计工作底稿提供的示例，系以生产业务较为单一的中型被审计单位为例，并进行适当简化，仅为说明控制流程的记录内容。在执行财务报表审计业务时，注册会计师应运用职业判断，结合被审计单位的实际情况进行适当修改，不可一概照搬。<br>本循环中其他审计工作底稿记录的内容均以下述示列为依据进行填写，并非对所有可能出现情况的全面描述。<br>本示列采用文字叙述方式记录所了解的控制流程，注册会计师也可以采用其他方式，例如，采用问卷和核对表等方式进行记录。<br>ABC 公司现行的生产和仓储政策及程序业经董事会批准，如果需对该项政策和程序作出任何修改，均应经董事会批准后方能执行。本年度该项政策和程序没有发生变化。<br>ABC 公司的存货为原材料、自制半成品和产成品。其中，原材料主要为电子元器件、贵金属及包装材料，产成品主要为通讯电子设备等。其生产由两个生产车间完成：<br>（1）第一车间对原材料进行焊接和装配，形成半成品；<br>（2）第二车间对半成品进行调试和包装，最终形成产成品。<br>ABC 公司的生产周期一般为三天。存货按取得时的实际成本计价，包括采购成本、加工成本和其他使存货达到目前场所和使用状态所发生的支出。材料发出时，按加权平均法确定其实际成本。<br>ABC 公司使用 Y 系统中的生产子模块维护生产过程中的产量记录，自动记录原材料耗用及流转的情况，以及自制半成品和产成品的生产状态，并生成日志；同时，Y 系统还对生产成本中各项组成部分进行归集和分摊（其中：直接材料按订单号予以归集，不计算半成品成本；直接人工费用和制造费用按各订单的材料耗用量在不同订单之间分配），生成记账凭证并过至生产成本及原材料明细账和总分类账。 |
| --- |

续表

<table>
<tr><td colspan="2">生产与仓储业务涉及的主要人员</td></tr>
<tr><td>职　　务</td><td>姓　名</td></tr>
<tr><td>总经理</td><td>×××</td></tr>
<tr><td>财务经理</td><td>×××</td></tr>
<tr><td>会计主管</td><td>×××</td></tr>
<tr><td>生产成本记账员</td><td>×××</td></tr>
<tr><td>应付职工薪酬记账员</td><td>×××</td></tr>
<tr><td>应收账款记账员</td><td>×××</td></tr>
<tr><td>质检经理</td><td>×××</td></tr>
<tr><td>质量检验员</td><td>×××</td></tr>
<tr><td>生产经理</td><td>×××</td></tr>
<tr><td>生产计划经理</td><td>×××</td></tr>
<tr><td>第一车间主任</td><td>×××</td></tr>
<tr><td>第二车间主任</td><td>×××</td></tr>
<tr><td>仓储经理</td><td>×××</td></tr>
<tr><td>仓库管理员</td><td>×××</td></tr>
<tr><td>……</td><td>×××</td></tr>
<tr><td colspan="2">我们采用询问、观察和检查等方法，了解并记录了ABC公司生产与仓储循环的主要控制流程，并应与财务经理×××、生产经理×××确认下列所述内容。</td></tr>
<tr><td colspan="2">1. 有关职责分工的政策和程序</td></tr>
<tr><td colspan="2">ABC公司建立了下列职责分工政策和程序</td></tr>
<tr><td colspan="2">（1）不相容职务相分离。主要包括存货的保管与清查、存货的销售与收款、存货处置的申请与审批、审批与执行、存货业务的审批、执行与相关会计记录等职务相分离。<br>（2）各相关部门之间相互牵制并在授权范围内履行职责，同一部门或个人不得处理生产与仓储业务的全过程。</td></tr>
<tr><td colspan="2">2. 主要业务活动介绍</td></tr>
<tr><td colspan="2">（1）材料验收与仓储</td></tr>
<tr><td colspan="2">采购的材料运达ABC公司后，质量检验员×××比较所收材料与采购订单的要求是否相符，并检查其质量等级。验收无误后，质量检验员×××签发预先编号的验收单，作为检验材料的依据。对于单价在人民币×××元以上的材料，还需质检经理×××验收签字。<br>根据验收单，仓储部门清点商品数量，对已验收商品进行保管。仓储区应相对独立，限制无关人员接近。仓库管理员×××负责将购入材料的采购订单编号、验收单编号，材料数量、规格等信息输入系统，经仓储经理×××复核并以电子签名方式确认后，Y系统自动更新材料明细台账。<br>如某种原材料库存不足，仓库管理员×××编制待购材料明细表，经仓储经理×××复核后，及时通知生产部门及采购部门原材料的库存情况。</td></tr>
<tr><td colspan="2">（2）计划与安排生产</td></tr>
<tr><td colspan="2">生产计划部门根据顾客订单或者对销售预测和产品市场需求等信息编写月度生产计划书，经生产计划经理×××审批后由总经理×××批准。根据经审批的月度生产计划书，生产计划经理×××签发预先编号的生产通知单，该生产通知单一式五联，分别用于通知仓储部门组织材料发放，第一、第二生产车间组织产品生产、财务部门组织成本计算以及生产计划部门按编号归档管理。</td></tr>
<tr><td colspan="2">（3）生产与发运</td></tr>
</table>

续表

| ①发出原材料、半成品入库及领用。<br>生产第一车间接到生产通知单后，由车间主任×××编制日生产加工指令单，经生产经理×××审批。<br>第一车间各生产小组编制原材料领用申请单，并经车间主任×××签字批准。<br>仓库管理员×××根据经审批的原材料领用申请单核发材料，填制预先编号的原材料出库单。该原材料出库单一式四联：一联仓库发料、一联仓库留存、一联车间记录、一联递交财务部作为记账凭证。同时，仓库管理员×××还需将原材料领用申请单编号、领用数量、规格等信息输入Y系统，经仓储经理×××复核并以电子签名方式确认后，Y系统自动更新材料明细台账。<br>第一车间生产过程结束后，质量检验员×××检查并签发半成品验收单，生产小组将半成品送交仓库。仓库管理员×××检查半成品验收单，并清点半成品数量，填写一式四联的半成品入库单，其中：一联仓库收料、一联仓库留存、一联车间记录、一联递交财务部作为记账凭证。仓库管理员×××还需将半成品入库单编号、入库数量、规格等信息输入系统，经仓储经理×××复核并以电子签名方式确认后，系统自动更新半成品明细台账。<br>第二车间生产小组领用半成品时，需编制半成品转移单，经车间主任×××批准领用。<br>仓库管理员×××根据经审批的半成品转移单核发出库，填制预先编号的半成品出库单，并将半成品出库单编号、出库数量、规格等信息输入系统，经仓储经理×××复核并以电子签名方式确认后，系统自动更新半成品明细台账。 |
|---|
| ②产成品入库。<br>生产结束后，质量检验员×××检查并签发预先编号的产成品验收单，生产小组将产成品送交仓库。仓库管理员×××检查产成品验收单，并清点产成品数量，填写预先编号的产成品入库单（一式四联：一联仓库收货、一联仓库留存、一联生产部核对、一联递交财务部作为记账凭证）。经质检经理×××、生产经理×××和仓储经理×××签字确认后，仓库管理员×××将产成品入库单信息输入Y系统，Y系统自动更新产成品明细台账并与销售订单编号核对。此时系统内的销售订单状态由“在产”自动更改为“已完工”。 |
| ③产成品发运。<br>信息管理员×××根据系统显示的“已完工”销售订单信息和销售合同约定的交货日期，开具连续编号的销售发票。<br>报关部单证员×××收到销售发票后办理报关手续，办妥后通知业务员×××在系统内填写出运通知单，确定装船时间。出运通知单的编号在业务员×××输入销售订单编号后自动生成。根据系统的设置，如果输入错误的销售订单编号，则无法生成相对应的出运通知单。<br>运输经理×××根据系统显示的出运通知信息，安排组织发运。<br>仓储经理×××根据系统显示的出运通知信息，通知仓库管理员×××填写预先连续编号的出库单。<br>运输经理×××在装运之前，需独立检查出库单、销售订单和出运通知单，确定从仓库提取的成品附有经批准的销售订单，并且，所提取产品的内容与销售订单一致。经检查无误后，手工填制送货单（一式六联），一联留存，其他五联分别传递至报关部、财务部、仓库、门卫、码头货运公司。送货单应由司机×××和仓库保管员×××两人签字，如果超过×个集装箱，仓储经理×××也应在送货单上签字。<br>完成成品出库工作后，仓库管理员×××将产成品出库单信息输入Y系统，经仓储经理×××复核并以电子签名方式确认后，Y系统自动更新产成品明细台账并与出运通知单编号核对。 |
| ④生产管理。<br>生产经理×××根据生产计划和日生产工作安排进行产成品生产监督和管理。Y系统自动生成对原材料、半成品、产成品的生产记录日报表，经生产经理审核确认后，这些数据将会自动汇总在生产产量跟踪数据库中。生产计划经理×××会同生产经理×××每周根据生产预算编制产量分析报告。<br>每月末，第一车间、第二车间与仓库核对原材料及半成品/产成品转出/转入记录，如有差异，仓库管理员×××编制差异分析报告，经仓储经理×××、生产经理×××签字确认后交财务部门进行调整。 |
| ⑤生产成本归集。 |

续表

| |
|---|
| 材料。生产成本记账员×××根据原材料出库单，编制原材料领用凭证，与Y系统自动生成的生产记录日报表核对材料耗用和流转信息；由会计主管×××审核无误后，生成记账凭证并过至生产成本及原材料明细账和总分类账。<br>人工成本。人工成本归集环节控制活动记录于工薪与人事循环的审计工作底稿（GXL）。<br>制造费用。制造费用归集环节控制活动记录于采购与付款循环的审计工作底稿（CGL）。 |
| ⑥生产成本的分配。<br>Y系统对生产成本中各项组成部分进行归集，按照预设的分摊公式和方法，自动将当月发生的生产成本在完工产品和在产品中按比例分配；同时，将完工产品成本在各不同产品类别中分配，生成产品成本计算表和生产成本分配表（人工费用分配表、制造费用分配表）。生产成本记账员×××编制成生产成本结转凭证，经会计主管×××审核批准后进行账务处理。<br>⑦产成品成本的结转。<br>每月末，生产成本记账员×××根据系统内状态为“已处理”的订单数量，编制销售成本结转凭证，结转相应的销售成本，经会计主管×××审核批准后进行账务处理。<br>⑧成本分析。<br>每月末，生产成本记账员×××和应收账款记账员共同编制本月生产成本及毛利分析报告，列示每笔订单的毛利率，对毛利率低于20%的订单分别从销售价格、单位成本等方面进行综合分析，经财务经理×××复核后，分别提交生产经理×××、销售经理×××和总经理×××审阅。对于亏损订单，总经理×××将视亏损原因，要求生产经理×××、销售经理×××调查。 |
| （4）存货管理 |
| ①盘点制度。<br>仓库分别于每月、每季和年度终了，对存货进行盘点，财务部门对盘点结果进行复盘。仓库管理员×××编写存货盘点明细表，发现差异及时处理，经仓储经理×××、财务经理×××、生产经理×××复核后调整入账。 |
| ②存货跌价准备。<br>Y系统物流子系统设有存货库龄分析功能，对库龄超过一年的存货，会进行提示。在盘点时，盘点人员也需关注是否需要计提存货跌价准备。<br>如果出现毁损、陈旧、过时及残次存货，仓库管理员×××编制不良存货明细表，经仓储经理复核后，交采购经理×××和销售经理×××，他们将分析该等存货的可变现净值。如需计提存货跌价准备，由会计主管×××编制存货价值调整建议。<br>存货价值调整建议经财务经理×××复核后，报董事会审批。只有经董事会批准后方可进行账务处理。 |

### 表4-3-7 生产与仓储循环——评价内部控制设计——控制目标及控制活动

| | |
|---|---|
| 被审计单位： | 索　引　号：C243 |
| 项　　目：评价内部控制设计——控制目标及控制活动 | 财务报表截止日/期间： |
| 编　　制： | 复　　核： |
| 日　　期： | 日　　期： |

| |
|---|
| 编制说明：<br>1. 本审计工作底稿中列示的控制活动，仅为说明有关表格的使用方法，并仅针对SCL-2中的示例所设计，并非对所有控制目标、受该目标影响的交易和账户余额及其认定以及控制活动的全面列示。在执行财务报表审计业务时，注册会计师应运用职业判断，结合被审计单位的实际情况了解和测试能够确保实现控制目标的控制活动。 |

续表

2. 本审计工作底稿用以记录生产与仓储循环中主要业务活动的控制目标、受该目标影响的相关交易和账户余额及其认定、常用的控制活动以及被审计单位的控制活动。其中，“常用的控制活动”一栏列示了在实务中为实现相关控制目标常用的控制活动，在实际编写审计工作底稿时应予以删除；对“受影响的相关交易和账户余额及其认定”一栏，注册会计师应根据被审计单位的实际情况分析填写。

3. 如果多项控制活动能够实现同一控制目标，注册会计师不必了解与该项控制目标相关的每项控制活动。本审计工作底稿记录的控制活动，仅为实现有关控制目标可能采用控制活动中的一种，被审计单位也可能采用其他控制活动达到有关控制目标，注册会计师应根据被审计单位的实际情况进行填写。

4. 注册会计师应关注被审计单位采取的控制活动是否能够完全达到相关的控制目标。在某些情况下，某些控制活动单独执行时，并不能完全达到控制目标，这时注册会计师需要识别与该特定目标相关的其他控制活动，并对其进行测试，以获取达到控制目标的足够的保证程度。

5. 一项控制活动可能可以达到多个控制目标。为提高审计效率，如存在可以同时达到多个控制目标的控制活动，注册会计师可以考虑优先测试该控制活动。

6. 如果某一项控制目标没有相关的控制活动或控制活动设计不合理，注册会计师应考虑被审计单位控制的有效性及其对拟采取的审计方案的影响。

7. 如果注册会计师拟信赖以前审计获取的有关本循环控制活动运行有效性的审计证据，应当通过实施询问并结合观察或者检查程序，获取该等控制是否已发生变化的审计证据，并予以记录。

| 主要业务活动 | 控制目标 | 受影响的相关交易和账户余额及其认定（请学生完成） | 常用的控制活动（请学生完成） | 被审计单位的控制活动（请学生完成） | 控制活动对实现控制目标是否有效（请学生完成） |
|---|---|---|---|---|---|
| 材料验收与仓储 | 已验收材料均附有有效采购订单 | | | | |
| | 已验收材料均已准确记录 | | | | |
| | 已验收材料均以记录 | | | | |
| | 已验收材料均已记录于适当期间 | | | | |
| 计划与安排生产 | 管理层授权进行生产 | | | | |
| 生产与发运 | 发出材料均已准确记录 | | | | |
| | 发出材料均记录于适当期间 | | | | |
| | 已记录的生产成本均真实发生且与实际成本一致 | | | | |
| | 已发生的生产成本均已记录 | | | | |
| | 已发生的生产成本均记录于适当期间 | | | | |

续表

| 主要业务活动 | 控制目标 | 受影响的相关交易和账户余额及其认定（请学生完成） | 常用的控制活动（请学生完成） | 被审计单位的控制活动（请学生完成） | 控制活动对实现控制目标是否有效（请学生完成） |
|---|---|---|---|---|---|
| 生产与发运 | 存货流转均已准确地记录于适当期间 | | | | |
| | 完工产成品均已准确地记录于适当期间 | | | | |
| | 产成品发运均已记录 | | | | |
| | 产成品发运均已准确记录 | | | | |
| | 已发运产成品均附有有效销售订单 | | | | |
| | 产成品发运均已记录于适当期间 | | | | |
| 存货管理 | 适当保管存货 | | | | |
| | 准确记录存货价值 | | | | |
| | 存货价值调整已于适当期间记录 | | | | |
| | 存货价值调整是真实发生 | | | | |
| | 存货价值调整均已记录 | | | | |

## 表 4-3-8　生产与仓储循环——确定控制是否得到执行（穿行测试）

| 被审计单位： | 索　引　号：C244 |
|---|---|
| 项　目：确定控制是否得到执行（穿行测试） | 财务报表截止日/期间： |
| 编　制： | 复　核： |
| 日　期： | 日　期： |

编制说明：

1. 本审计工作底稿记录的穿行测试内容，系针对 C243 中的示例设计，仅为说明应对执行的穿行测试程序记录的内容。在执行财务报表审计业务时，注册会计师运用职业判断，结合被审计单位的实际情况设计和执行穿行测试。

2. 注册会计师通常应执行穿行测试程序，以取得控制是否得到执行的审计证据，并记录测试过程和结论，注册会计师可以保留与所测试的控制活动相关的文件或记录的复印件，并与审计工作底稿进行索引。

3. 注册会计师应对整个工作流程执行穿行测试，涵盖交易自发生至记账的整个过程。

4. 如拟实施控制测试，在本循环中执行穿行测试检查的项目也可以作为控制测试的测试项目之一。

续表

| 1. 生产与仓储循环穿行测试——与材料验收和仓储有关的业务活动的控制 | | |
|---|---|---|
| 主要业务活动 | 测试内容 | 测试结果 |
| 验收 | 验收单编号#（日期） | |
| | 验收内容 | |
| | 相对应的采购订单编号#（日期） | |
| | 验收单与采购订单是否一致（是/否） | |
| | 单价在人民币××元以上的材料，是否经质检经理签字（是/否，如适用） | |
| 仓储 | 采购材料信息是否已正确输入系统（是/否） | |
| | 仓储经理是否复核输入信息（是/否） | |
| | 系统是否已更新（是/否） | |
| 2. 生产与仓储循环穿行测试——与计划和安排生产有关的业务活动的控制 | | |
| 主要业务活动 | 测试内容 | 测试结果 |
| 计划与安排生产 | 测试期间 | |
| | 是否编制月度生产计划书（是/否） | |
| | 月度生产计划书是否得到适当审批（是/否） | |
| | 生产通知单编号#（日期） | |
| | 生产通知单所载内容是否包含在月度生产计划书内（是/否） | |
| | 日生产加工指令单编号#（日期） | |
| | 完工日期 | |
| 3. 生产与仓储循环穿行测试——与存货实物流转有关的业务活动的控制 | | |
| 主要业务活动 | 测试内容 | 测试结果 |
| 原材料领用 | 生产通知单编号#（日期） | |
| | 日生产加工指令单编号#（日期） | |
| | 原材料领用申请单编号#（日期） | |
| | 原材料领用申请单项目是否与生产加工指令单相符（是/否） | |
| | 原材料领用申请单信息是否得到审批（是/否） | |
| | 原材料出库单编号#（日期） | |
| | 原材料出库单是否得到复核确认（是/否） | |
| | 原材料耗用是否与生产记录日报表内容相符（是/否） | |
| | 转账凭证编号#（日期） | |
| | 转账凭证是否得到适当复核（是/否） | |
| | 是否正确记入相关明细账（是/否） | |
| 半成品入库 | 半成品验收单编号#（日期） | |
| | 半成品入库单编号#（日期） | |
| | 半成品入库单是否与验收单内容相符（是/否） | |
| | 半成品入库是否得到复核确认（是/否） | |

续表

| 主要业务活动 | 测试内容 | 测试结果 |
|---|---|---|
| 半成品出库 | 半成品转移单编号#（日期） | |
| | 半成品转移单是否得到审批（是/否） | |
| | 半成品出库单编号#（日期） | |
| | 半成品出库单是否得到复核确认（是/否） | |
| | 半成品耗用是否与生产记录日报表内容相符（是/否） | |
| 产成品入库 | 产成品验收单编号#（日期） | |
| | 产成品入库单编号#（日期） | |
| | 产成品入库单是否得到复核确认（是/否） | |
| 产品出库单 | 出运通知单编号#（日期） | |
| | 产成品出库单编号#（日期） | |
| | 产成品出库单、销售订单、出运通知单、送货单内容相符（是/否） | |
| | 送货单编号#（日期） | |
| | 送货单是否经适当签字（是/否） | |

4. 生产与仓储循环穿行测试——与生产成本归集、分配、结转有关的业务活动的控制

| 主要业务活动 | 测试内容 | 测试结果 |
|---|---|---|
| 生产成本归集 | 测试期间 | |
| | 生产成本计算表中材料成本是否与当月出库量一致（是/否） | |
| | 生产成本结转凭证编号# | |
| | 转账凭证是否经适当审核（是/否） | |
| | 是否正确计入相关明细账 | |
| 生产成本结转 | 测试期间 | |
| | 销售成本结转凭证编号# | |
| | 销售数量是否与系统内数据一致 | |
| | 转账凭证是否经适当审批（是/否） | |

注：①对与生产成本在完工产品和在产品之间的分配，以及完工产品成本在不同产成品类别之间的分配相关的控制活动的穿行测试，我们利用计算机专家的工作，相关工作底稿见信息系统审计部分（信息系统审计工作底稿略）。②对人工费用、制造费用的归集，分别见相关业务循环底稿。

5. 生产与仓储循环穿行测试——与存货盘点和保管有关的业务活动的控制

注：在编制存货监盘计划时，对被审计单位的盘存制度进行了解，见实质性程序工作底稿。

6. 生产与仓储循环穿行测试——与存货跌价准备有关的业务活动的控制

续表

| 主要业务活动 | 测试内容 | 测试结果 |
|---|---|---|
| 计提存货跌价准备 | 系统是否对存货库龄进行分析（是/否） | |
| | 盘点中是否发现不良存货（是/否） | |
| | 是否编制不良存货明细表（是/否） | |
| | 不良存货明细表是否附有支持性文件（是/否） | |
| | 不良存货明细表是否经适当复核（是/否） | |
| | 采购经理/销售经理是否分析存货可变现净值（是/否） | |
| | 如需计提，会计主管编写会计估计变更建议（是/否） | |
| | 财务经理复核会计估计变更建议或减值调整建议（是/否） | |
| | 董事会审核计提跌价准备的建议（是/否） | |
| | 存货跌价准备的计提已进行恰当处理和列报（是/否） | |
| | 记账凭证编号# | |

## 表4-3-9　生产与仓储循环控制执行情况的评价结果

编制说明：

1. 本审计工作底稿中的“主要业务活动”、“控制目标”、“受影响的相关交易和账户余额及其认定”、“被审计单位的控制活动”以及“控制活动对实现控制目标有效”栏目的内容来自 SCL-3，注册会计师只需根据穿行测试的结果，在本表中填写对有关控制活动是否得到执行的评价。

2. 对“是否测试该控制活动运行有效性”一栏，应根据审计方案予以填写，如果某项控制设计不合理或虽然设计合理，但未得到执行，注册会计师不拟测试该控制活动运行的有效性，则应在“是否测试该控制活动运行有效性”一栏中填写“否”，并注明理由。

3. 如果注册会计师拟信赖以前审计获取的某些控制活动运行有效性的审计证据，本期不再对该项控制活动实施控制测试，则应在“是否测试该控制活动运行有效性”一栏中填写“否”，并注明理由。

| 主要业务活动（C244） | 控制目标（C244） | 受影响的相关交易和账户余额及其认定（C244）（请学生完成） | 被审计单位的控制活动（C244）（请学生完成） | 控制活动对实现控制目标是否有效（请学生完成） | 控制活动是否得到执行（请学生完成） | 是否测试该控制活动运行有效性（请学生完成） |
|---|---|---|---|---|---|---|
| 材料验收与仓储已验收材料均确已准确记录 | | | | | | |
| | | | | | | |
| | | | | | | |
| | | | | | | |
| 已验收材料均已记录，已验收材料均已记录于适当期间，管理层授权进行生产 | | | | | | |
| | | | | | | |
| | | | | | | |
| | | | | | | |
| | | | | | | |
| | | | | | | |
| | | | | | | |
| | | | | | | |
| | | | | | | |
| | | | | | | |

续表

| 主要业务活动（C244） | 控制目标（C244） | 受影响的相关交易和账户余额及其认定（C244）（请学生完成） | 被审计单位的控制活动（C244）（请学生完成） | 控制活动对实现控制目标是否有效（请学生完成） | 控制活动是否得到执行（请学生完成） | 是否测试该控制活动运行有效性（请学生完成） |
|---|---|---|---|---|---|---|
| 存货管理 | | | | | | |
| | | | | | | |
| | | | | | | |
| | | | | | | |
| | | | | | | |
| | | | | | | |
| 注：拟在实质性程序中对与存货管理相关的认定进行测试，故不测试与存货管理相关的控制活动有效性。 | | | | | | |

# 实训四　了解及评价被审计单位的销售与收款循环

## 实训目的

1. 通过本实训，使学生掌握了解及评价被审计单位销售与收款循环时应该考虑的问题，能够根据控制目标，对该循环执行穿行测试，并根据测试中识别的风险设计拟采取的应对措施。

2. 熟悉并填写《了解评价内部控制——销售与收款循环表》。

## 实训环境

上课教室，本章授课结束之后，由主讲教师布置，配有《了解评价内部控制——销售与收款循环表》。

## 实训资料

甲和乙注册会计师对ABC股份有限公司（以下简称ABC公司）2011年度报表进行审计，该公司主要经营中、小型机电类产品的生产和销售，采用用友计算机软件进行日常的账务核算，2011年度未发生购并、分立和债务重组行为，供产销形式与上年相当。甲和乙于2011年12月1日至12月15日对ABC公司的销售及收款循环进行了解，并已完成相关调查问卷的填写，资料如下：

**表4-4-1** 销货及收款循环调查表

单位名称：ABC公司

| 问卷问题 | 是 | 否 | 不适用 | 经办人签名 | 说明 | 索引号 |
|---|---|---|---|---|---|---|
| 一、销售管理 | | | | | | |
| (一) 内部控制制度是否订有书面的销售循环及其相关系统，办法（如有，请取得） | √ | | | | | |
| (二) 该销售控制制度是否对公司订单处理、信用管理、发货运送、应收账款及客诉处理等相关作业均订有详细的施行办法 | √ | | | | | |
| (三) 是否有专人审核业务人员是否依售价政策规定办理 | √ | | | | | |
| (四) 是否有专人审核优惠条件的执行是否合乎优惠条件 | | √ | | | | |
| (五) 新客户及旧客户信用额度改变是否先经适当的信用评估及核准 | √ | | | | | |
| (六) 赊销客户是否于销货时检查其信用额度是否超限 | √ | | | | | |
| (七) 订单的取消或作废是否只能在出货前受理修改事宜 | √ | | | | | |
| (八) 是否订有业务员奖励制度并定期填列销售业绩报表 | √ | | | | | |
| 二、发货运送 | | | | | | |
| (一) 运送功能是否与下列功能各自独立 | | | | | | |
| 1. 验收 | | √ | | | | |
| 2. 生产控制及仓储控制 | √ | | | | | |
| 3. 发账单、收款及记录 | | √ | | | | |
| (二) 是否须依出货通知单准备货物 | √ | | | | | |
| (三) 出货通知单是否经适当之核准 | √ | | | | | |
| (四) 大门守卫人员是否检查出货通知单后方予放行 | | √ | | | | |
| (五) 出货通知单是否于出货后立即注记放行记录以防止重复出货 | √ | | | | | |
| (六) 如有分批出货的情形是否于分批开立出货通知单或于出货单上注明 | √ | | | | | |
| (七) 如为邮寄或托运的货物产生的相关出货签收单据是否立即转回营业单位 | | √ | | | | |
| (八) 出货通知单副本是否抄送会计部门 | √ | | | | | |
| (九) 出货通知单是否预编顺号，出货通知单是否独立保管 | | √ | | | | |
| (十) 货物送达客户时是否取得客户签收单据以供收款时用 | √ | | | | | |
| (十一) 作废或遗失之出货单或出货通知单是否经适当处理 | | √ | | | | |

续表

| 问卷问题 | 是 | 否 | 不适用 | 经办人签名 | 说明 | 索引号 |
|---|---|---|---|---|---|---|
| 三、发账单 | | | | | | |
| （一）是否与信用、收款及账款记录等职能分立 | √ | | | | | |
| （二）销货发票及其合计数是否由账单部门径送应收账款部门 | √ | | | | | |
| （三）是否核对发票与出货通知单以确定每笔出货业已开立账单且内容相符 | √ | | | | | |
| （四）发票开立之后是否于出货单上注记，防止漏开或重复开立发票 | √ | | | | | |
| （五）发票作废时是否经适当核准或于原出货单上注明原因及新发票号码 | √ | | | | | |
| （六）如有预收货款需开立发票时是否依合约规定并经适当核准及通知会计部门作适当的交易记载 | √ | | | | | |
| （七）预收货款是否依现金收入流程规定执行收款、入账等步骤进行 | √ | | | | | |
| （八）发货冲销预收货款时是否于出货单或传票上注明 | √ | | | | | |
| （九）是否定期核对未收款的客户签收单与应收账款明细账余额是否相符 | | √ | | | | |
| 四、信用 | | | | | | |
| （一）接受客户订购前是否经授信部门进行信用评估及核对信用额度 | √ | | | | | |
| （二）客户授信总额的拟定是否考虑信用、保证及抵押额度并经适当核准 | √ | | | | | |
| （三）是否与销货部门、收款及账款记账等职能分立 | √ | | | | | |
| （四）是否设专人核准销货折扣、折让或退货 | √ | | | | | |
| （五）呆账冲销是否经适当人员（该员工并不经管现金收入）核准（索取核准人员名单） | √ | | | | | |
| （六）是否设专人催账，是否设立完整催账制度及记录 | √ | | | | | |
| （七）是否派专人定期进行账龄分析 | | √ | | | | |
| （八）收款人员是否按时将收款情形回报给授信单位重新评估信用政策 | √ | | | | | |
| （九）催款人员或账龄人员是否与核准信用交易人员不同 | | √ | | | | |
| （十）逾期未收账款是否查明原因 | √ | | | | | |
| （十一）到期应收账款改收为远期票据之前是否先经核准 | | | √ | | | |
| （十二）是否有法务部门或专人负责处理索赔事宜 | | √ | | | | |
| 五、其他应收款 | | | | | | |
| （一）运费损失赔偿及保险损失赔偿是否即刻通知会计部门 | √ | | | | | |
| （二）所有废料的输送是否均经运送部门并通知会计部门 | √ | | | | | |
| 六、记录 | | | | | | |

续表

| 问卷问题 | 是 | 否 | 不适用 | 经办人签名 | 说明 | 索引号 |
|---|---|---|---|---|---|---|
| （一）记录应收账款是否与开立账单及收款部门分离 | √ | | | | | |
| （二）总账与明细账的入账凭证是否各自根据出货通知单及发票等原始单据并核对相符后方入账 | √ | | | | | |
| （三）应收账款的调整、冲销是否经核准 | √ | | | | | |
| （四）是否按月编制明细表 | | √ | | | | |
| （五）是否按月核对总账与明细账 | √ | | | | | |
| （六）是否按月编制账单给客户或由专人不定期对账 | | √ | | | | |
| （七）是否定期编制营业收入与开立统一发票调节表 | √ | | | | | |
| 七、收款（详见现金存款的问卷） | | | | | | |
| （一）收款员是否与开立账单、应收账款、一般会计及销货分立 | √ | | | | | |
| （二）收款记录是否直接抄送应收账款部门，支票是否即刻送往出纳 | √ | | | | | |
| （三）收款人员是否有按时编列收款记录以供出纳签收及查核 | √ | | | | | |
| （四）支票是否均为禁止转让背书 | √ | | | | | |
| （五）收列之货款是否均于放款当日（或次日）缴交出纳人员 | √ | | | | | |
| 八、应收票据 | | | | | | |
| （一）是否有应收票据的信用期限 | | | √ | | | |
| （二）接受票据是否经适当主管核准 | | | √ | | | |
| （三）收取远期票据后是否交由银行托收或存入保管箱等安全处所 | | | √ | | | |
| （四）未到期票据与其总账的核对工作是否由不保管票据者执行 | | | √ | | | |
| （五）贴现票据是否列为应收票据的减项 | | | √ | | | |
| （六）到期不能兑现票据是否已采取行动追讨，展期票据是否经授权人员核准 | | | √ | | | |
| （七）未到期票据是否依到期日或账龄编制分析表供复核有无异常情形 | | | √ | | | |
| 九、销货退回及折让 | | | | | | |
| （一）销货折让是否订有明确政策并依政策确实执行 | √ | | | | | |
| （二）销货退回是否查明退货原因并取得标准，另应取回原发票或取得退货发票，并在存货账上作冲转记录 | √ | | | | | |

调查人员：王某　　　　日期：　　　　复核人员：李某　　　　日期：

## 实训要求

1. 你作为该项目的负责人，在对销售与收款循环进行控制测试前你会如何处理？

2. 除了上述给出的《销售与收款循环调查表》所提供的资料，你还需要客户提供哪些资料？

3. 根据你的判断，并结合以下表格中的有关了解情况及相关填写说明，完成下面的《了解评价内部控制——销售与收款循环表》（见表4-4-2，表4-4-3，表4-4-4，表4-4-5，表4-4-6，表4-4-7，表4-4-8，表4-4-9）。

**表4-4-2　　了解评价内部控制——销售与收款循环表**

| 项目名称： | 了解评价内部控制——销售与收款循环表 |
|---|---|
| 被审计单位名称： | |
| 财务报表截止日/期间： | |
| 编制人： | |
| 编制日期： | |
| 复核人： | |
| 复核日期： | |
| 表　　样 | 索引号 |
| 了解内部控制 | C25 |
| 了解内部控制汇总表 | C251 |
| 了解内部控制设计——控制流程 | C252 |
| 评价内部控制设计——控制目标及控制活动 | C253 |
| 确定控制是否得到执行——穿行测试表 | C254 |
| …… | …… |

**表4-4-3　　了解内部控制**

| 被审计单位： | | 索　引　号： | C25 |
|---|---|---|---|
| 项　　目： | 销售收款与循环 | 财务报表截止日/期间： | |
| 编　　制： | | 复　　核： | |
| 日　　期： | | 日　　期： | |

了解本循环内部控制的工作包括：

1. 了解被审计单位销售与收款循环和财务报告相关的内部控制的设计，并记录获得的了解。

2. 针对销售与收款循环的控制目标，记录相关控制活动，以及受该控制活动影响的交易和账户余额及其认定。

续表

| |
|---|
| 3. 执行穿行测试，证实对交易流程和相关控制的了解，并确定相关控制是否得到执行。<br>4. 记录在了解和评价销售与收款循环的控制设计和执行过程中识别的风险，以及拟采取的应对措施。<br>了解本循环内部控制，形成下列审计工作底稿：<br>1. C251：了解内部控制汇总表。<br>2. C252：了解内部控制设计——控制流程。<br>3. C253：评价内部控制设计——控制目标及控制活动。<br>4. C254：确定控制是否得到执行——穿行测试。 |
| 编制说明：<br>1. 在了解控制的设计并确定其是否得到执行时，应当使用询问、观察和检查程序，并记录所获取的信息和审计证据来源。<br>2. 如果拟利用以前审计获取的有关控制运行有效性的审计证据，应当考虑被审计单位的业务流程和相关控制自上次测试后是否发生重大变化。<br>3. 审计工作底稿用以记录下列内容：<br>（1）C251：汇总对本循环内部控制了解的主要内容和结论；<br>（2）C252：记录通过询问、观察和检查程序了解到的本循环涉及的重要交易的控制流程；<br>（3）C253：记录与实现控制目标相关并计划执行穿行测试的控制活动；<br>（4）C254：记录穿行测试的过程和结论。 |

**表 4-4-4**　　了解内部控制汇总表

| | |
|---|---|
| 被审计单位： | 索引号：C251 |
| 项目：销售收款与循环 | 财务报表截止日/期间： |
| 编制： | 复核： |
| 日期： | 日期： |
| 1. 受本循环影响的相关交易和账户余额 | |
| 应收账款 | 金额 |
| 营业收入 | |
| 应交税费 | |
| 注：①此处仅列示主要交易和账户余额，注册会计师应根据被审计单位的实际情况确定受本循环影响的交易和账户余额。例如，受本循环影响的账户余额可能还有预收款项、应收票据等。②现金、银行存款等货币资金账户余额受多个业务循环的影响，不能完全归属于任何单一的业务循环。在实务中，在考虑与货币资金有关的内部控制对其实质性程序的影响时，注册会计师应当综合考虑各相关业务循环内部控制的影响；对于未能在相关业务循环涵盖的货币资金内部控制，注册会计师可以在货币资金具体审计计划中记录对其进行的了解和测试工作。 | |
| 2. 主要业务活动 | |
| 主要业务活动 | 是否在本循环中进行了解 |
| 销售 | 是 |
| 记录应收账款 | 是 |
| 记录税金 | 是 |
| 收款 | 是 |
| 维护顾客档案 | 是 |
| 注：注册会计师通常应在本循环中了解与上述业务活动相关的内部控制，如果注册会计师在其他业务循环中对上述一项或多项业务活动的控制进行了解，应在此处说明原因。 | |
| 3. 了解交易流程 | |

续表

根据对交易流程的了解，记录如下：

（1）被审计单位是否委托服务机构执行主要业务活动？如果被审计单位使用服务机构，将对审计计划产生哪些影响？

（2）是否制定了相关的政策和程序以保持适当的职责分工？这些政策和程序是否合理？

（3）自前次审计后，被审计单位的业务流程和控制活动是否发生重大变化？如果发生重大变化，将对审计计划产生哪些影响？

（4）是否识别出本期交易过程中发生的控制偏差？如果已识别出控制偏差，产生偏差的原因是什么，将对审计计划产生哪些影响？

（5）是否发现任何非正常交易或重大事项？如果已识别出非正常交易或重大事项，将对审计计划产生哪些影响？

（6）是否进一步识别出其他风险？如果已识别出其他风险，将对审计计划产生哪些影响？

4. 信息系统

（1）应用软件

| 信息系统名称 | 计算机运作环境 | 来源 | 初次安装日期 |
|---|---|---|---|
| | | | |
| | | | |

（2）初次安装后对信息系统进行的任何重大修改、开发与维护

| 信息系统名称 | 重大修改、开发与维护 | 更新日期 |
|---|---|---|
| | | |
| | | |

（3）拟于将来实施的重大修改、开发与维护计划

（4）本年度对信息系统进行的重大修改、开发与维护及其影响

5. 初步结论

注：根据了解本循环控制的设计并评估其执行情况所获取的审计证据，注册会计师对控制的评估结论可能是：①控制设计合理，并得到执行；②控制设计合理，未得到执行；③控制设计无效或缺乏必要的控制。

6. 沟通事项

是否需要就已识别出的内部控制设计或执行方面的重大缺陷，与适当层次的管理层或治理层进行沟通？

表4－4－5　　了解内部控制设计——控制流程

| 被审计单位： | | 索　引　号： | C252 |
|---|---|---|---|
| 项　　目： | 销售收款与循环 | 财务报表截止日/期间： | |
| 编　　制： | | 复　　核： | |
| 日　　期： | | 日　　期： | |

编制说明：

1. 注册会计师应当采用文字叙述、问卷、核对表和流程图等方式，或几种方式相结合，记录对控制流程的了解。对重要业务活动控制流程的记录应涵盖自交易开始至与其他业务循环衔接为止的整个过程。记录的内容包括但不限于：

（1）交易如何生成，包括电子数据交换（EDI）和其他电子商务形式的性质和使用程度；

（2）内部控制采用人工系统、自动化系统或两种方式同时并存；

（3）控制由被审计单位人员执行、第三方（例如服务机构）执行或两者共同执行，涉及人员的姓名及其执行的程序；

（4）处理交易采用的重要信息系统，包括初次安装信息、已实施和计划实施的重大修改、开发与维护；

（5）与其他信息系统之间的链接，包括以计算机为基础的应用系统和以人工进行的应用系统之间衔接的时点，以及任何相关的手工调节过程（如《编制调节表》）；

（6）与处理财务信息相关的政策和程序；

（7）会计记录及其他支持性信息；

（8）使用的重要档案和表格；

（9）主要输出信息（包括以纸质、电子或其他介质形式存在的信息）及用途；

（10）输入交易信息并过至明细账和总账的程序；

（11）会计分录的生成、记录和处理程序，包括将非标准会计分录过至明细账和总账的程序。

2. 本审计工作底稿对销售与收款循环控制流程的记录，涉及控制活动的内容应索引至销售与收款循环控制测试（D4）的审计工作底稿。

3. 如果被审计单位针对不同类型的销售与收款业务分别采用不同的控制流程和控制活动，例如，被审计单位对现销和赊销业务实施不同的控制活动，应分别予以记录。

销售与收款业务涉及的主要人员

| 职　　务 | 姓　　名 |
|---|---|
| | |
| | |
| | |
| | |

我们采用询问、观察和检查等方法，了解并记录了销售与收款循环的主要控制流程，并已与×××、×××等确认下列所述内容。

1. 有关职责分工的政策和程序

注：此处应记录被审计单位的有关职责分工的政策和程序，并评价其是否有助于建立有效的内部控制。

2. 主要业务活动介绍

注：此处应记录对本循环主要业务活动的了解。例如：被审计单位主要销售内容和销售方式、相关文件记录、对销售与收款政策的制定和修改程序、对职责分工政策的制定和修改程序等。

（1）销售

续表

| |
|---|
| |
| 注：①此处应记录对被审计单位接受订单、审批、销售流程的了解。例如，订单的接受与审批、赊销申请的处理、销售合同的订立和授权、销售合同管理等。②存货发出环节控制活动记录于生产与仓储循环的审计工作底稿（C24）。 |
| （2）记录应收账款 |
| |
| 注：此处应记录对存货发出后至应收账款确认、记录流程的了解。例如，发票的开具、核对及差异处理、单据流转及核对、与顾客对账、应收账款调整及计提坏账准备等。 |
| （3）记录税金 |
| |
| 注：此处应记录对税金的确认、申报和缴纳流程的了解。 |
| （4）收款 |
| |
| 注：此处应记录对收款业务流程的了解。例如，收款的记录、收款方式、应收票据的取得和贴现以及期末对收款情况的监控等。 |
| （5）维护顾客档案 |
| |
| 注：①此处应记录对顾客档案维护流程的了解。例如，维护申请、审批、处理以及期末审核等。②顾客档案是指记录经批准的顾客详细信息的文件，包括顾客名称、银行账户、收货地址、邮寄地址、联系方式，赊销信用额度、收款折扣条件、过去期间的交易情况等。 |

**表4-4-6　控制流程记录示例**

| 编制说明：<br>本审计工作底稿提供的示例，系以销售业务较为单一的中型被审计单位为例，并进行适当简化，仅为说明控制流程的记录内容。在执行财务报表审计业务时，注册会计师应运用职业判断，结合被审计单位的实际情况进行适当修改，不可一概照搬。<br>本循环中其他审计工作底稿记录的内容均以下述示例为依据进行填写，并非对所有可能出现情况的全面描述。<br>本示例采用文字叙述方式记录所了解的控制流程，注册会计师也可以采用其他方式，例如，采用问卷、核对表和流程图等方式进行记录。 |
|---|
| ABC公司现行的销售政策和程序业经董事会批准，如果需对该项政策和程序作出任何修改，均应经董事会批准后方能执行。本年度该项政策和程序没有发生变化。<br>ABC公司的产品主要为电子感应器、光感器、集成电路块，通用性较强。所有产品按订单生产，其中约95%的产品系销售给国外中间商，全部采用海运方式，以货物离岸作为风险、报酬转移的时点。通常情况下，这些顾客于每年年初与公司签订一份包含全年预计所需商品数量、基本单价等条款的一揽子采购意向。顾客采购意向的重要条款由董事会审批，并授权总经理签署。ABC公司根据顾客采购意向总体安排采购原材料及生产计划，实际销售业务发生时，顾客还需要与顾客签订出口销售合同。对于向国内销售的部分，ABC公司根据订单金额和估算毛利情况，分别授权不同级别人员确定是否承接。<br>ABC公司使用Y系统处理销售与收款交易，自动生成记账凭证和顾客清单，并过至营业收入和应收账款明细账和总账。 |
| 销售与收款业务涉及的主要人员 |

续表

| 职　务 | 姓　名 |
| --- | --- |
| 总经理 | ××× |
| 财务经理 | ××× |
| 会计主管 | ××× |
| 出纳员 | ××× |
| 应收账款记账员 | ××× |
| 应收账款主管 | ××× |
| 办税员 | ××× |
| 信用管理经理 | ××× |
| 销售经理 | ××× |
| 信息管理员 | ××× |
| 业务员 | ××× |
| 生产计划经理 | ××× |
| 生产经理 | ××× |
| 技术经理 | ××× |
| 单证员 | ××× |
| 仓储经理 | ××× |
| 仓库保管员 | ××× |
| …… | …… |

我们采用询问、观察和检查等方法，了解并记录了ABC公司销售与收款循环的主要控制流程，并已与财务经理×××、销售经理×××确认下列所述内容。

1. 有关职责分工的政策和程序

ABC公司建立了下列职责分工政策和程序

（1）不相容职务相分离。主要包括：订单的接受与赊销的批准、销售合同的订立与审批、销售与运货、实物资产保管与会计记录、收款审批与执行等职务相分离。

（2）各相关部门之间相互牵制并在其授权范围内履行职责，同一部门或个人不得处理销售与收款业务的全过程。

2. 主要业务活动介绍

（1）销售

①新顾客。

新顾客需要先填写“顾客申请表”，销售经理×××将进行顾客背景调查，获取包括信用评审机构对顾客信用等级的评定报告等，填写“新顾客基本情况表”，并附相关资料交至信用管理经理×××审批。

信用管理经理×××在“新顾客基本情况表”上签字注明是否同意赊销。通常情况下，给予新顾客的信用额度不超过人民币×××元；若高于该标准，应经总经理××× 审批。

根据经恰当审批的新顾客基本情况表，信息管理员×××将有关信息输入Y系统，系统将自动建立新顾客档案。

完成上述流程后，新顾客即可与公司进行业务往来，向ABC公司发出采购订单。

对于新顾客的初次订单，不允许超过经审批的信用额度，如新顾客能够及时支付货款，信用良好，则可视同“现有顾客”进行交易。

②现有顾客

收到现有顾客的采购订单后，业务员×××对订单金额与该顾客已被授权的信用额度以及至今尚欠的账款余额进行检查，经销售经理×××审批后，交至信用管理经理×××复核。如果是超过信用额度的采购订单，应由总经理×××审批。

续表

| |
|---|
| ③签订合同。<br>经审批后，授权业务员×××与顾客正式签订销售合同。<br>信息管理员×××负责将顾客采购订单和销售合同信息输入Y系统，由系统自动生成连续编号的销售订单（此时系统显示为“待处理”状态）。每周，信息管理员×××核对本周内生成的销售订单，对任何不连续编号的情况将进行检查。<br>每周，应收账款记账员×××汇总本周内所有签订的销售合同，并与销售订单核对，编制销售信息报告。如有不符，应收账款记账员×××将通知信息管理员×××，与其共同调查该事项。<br>业务员×××根据系统显示的“待处理”销售订单信息，与技术经理×××、生产经理×××、财务经理×××分别确认技术、生产和质量标准以及收款结汇方式，由生产计划经理×××制定生产通知单。如果顾客以信用证方式付款，则在收到信用证后开始投入生产；如果采用预收货款方式，则在收到30%的货款后投入生产。<br>开始生产后，系统内的销售订单状态即由“待处理”自动更改为“在产”。<br>注：生产环节控制活动记录于生产与仓储循环的审计工作底稿（C24）。 |
| （2）记录应收账款 |
| ①记录应收账款。<br>产品生产完工入库后，系统内的销售订单状态由“在产”自动更改为“已完工”。<br>信息管理员×××根据系统显示的“已完工”销售订单信息和销售合同约定的交货日期，开具连续编号的销售发票（出口发票一式六联），交销售经理×××审核，发票存根联由销售部留存，其他联次分别用于报关、出口押汇、税务核销、外汇核销以及财务记账等。<br>报关部单证员×××收到销售发票后办理报关手续，办妥后通知业务员×××在系统内填写出运通知单，确定装船时间。出运通知单的编号在业务员×××输入销售订单编号后自动生成。根据系统的设置，如输入错误的销售订单编号，则无法生成相应的出运通知单。<br>运输经理×××根据系统显示的出运通知信息，安排组织发运。<br>仓储经理×××安排组织产成品出库。<br>船运公司在货船离岸后，开出货运提单，通知ABC公司货物离岸时间。<br>信息管理员×××将商品离岸信息输入系统，系统内的销售订单状态由“已完工”自动更改为“已离岸”。<br>应收账款记账员×××根据系统显示的“已离岸”销售订单信息，将销售发票所载信息和报关单、货运提单等进行核对。如所有单证核对一致，应收账款记账员×××编制销售确认会计凭证，后附有关单证，交会计主管×××复核。<br>若核对无误，会计主管×××在发票上加盖“相符”印戳，应收账款记账员×××据此确认销售收入实现，并将有关信息输入系统，此时系统内的采购订单状态即由“已离岸”自动更改为“已处理”。<br>如果期末商品已经发出但尚未离岸，应收账款记账员×××根据出库单等单证记录应收账款，并于下月初冲回，当系统显示“已离岸”销售订单信息时，记录销售收入实现。<br>国内销售除无需办理出口报关手续外，其他与出口销售流程基本一致。以下控制流程记录中将不再涉及国内销售。<br>注：产成品发运环节控制活动记录于生产与仓储环节的审计工作底稿（C24）。 |
| ②销售退回、折扣与折让。<br>ABC公司销售业务系以出口销售为主，与顾客签订的销售合同中规定不允许退货，若发生质量纠纷，应采取索赔方式，根据双方确定的金额调整应收账款。业务员×××接到顾客的索赔传真件等资料后，编制连续编号的顾客索赔处理表，交至生产部门和技术部门，由生产经理×××、技术经理×××确定是否确属产品质量问题，并签字确认。如确属ABC公司的责任，应收账款记账员×××在顾客索赔处理表注明货款结算情况。对于索赔金额不超过人民币××元，由销售经理×××批准，如超过该标准，应经总经理×××审批。<br>应收账款记账员×××编制应收账款调整分录，后附经适当审批的顾客索赔处理表，交会计主管×××复核后进行账务处理。 |

续表

| ③对账及差异处理。<br>月末，应收账款主管×××编制应收账款账龄报告，内容包括应收账款总额、应收账款明细账合计数以及应收账款明细账与顾客对账单的核对情况。如有差异，应收账款主管×××将立即进行调查。如调查结果表明需调整账务记录，应收账款主管×××将编制应收账款调整表和调整建议，连同应收账款账龄分析报告一并交至会计主管×××复核，经财务经理×××批准后方可进行账务处理。 |
|---|
| ④计提坏账准备和核销坏账。<br>ABC公司董事会制订并批准了应收账款坏账准备计提方法和计提比例的会计估计。<br>每年末，销售经理×××根据以往的经验、债务单位的实际财务状况和现金流量的情况，以及其他相关信息，编写应收账款可收回性分析报告，交财务部复核。<br>会计主管×××根据应收账款可收回性分析报告，分析坏账准备的计提比例是否较原先的估计发生较大变化。如发生较大变化，会计主管×××编写会计估计变更建议，经财务经理×××复核后报董事会批准。<br>ABC公司坏账准备由系统自动计算生成，对于需要计提特别坏账准备以及拟核销的坏账，由业务员×××填写连续编号的坏账变更申请表，并附顾客破产文件等相关资料，经销售经理×××审批后，金额在××元以下的，由财务经理×××审批，金额在××元以上的，由总经理×××审批。<br>应收账款记账员×××根据经适当批准的更改申请表进行账务处理。 |
| （3）记录税金 |
| 报告部单证员×××负责收集出口销售的相关单据，每月末汇总交由财务部办税员×××复核，办理出口退税手续，每月将增值税纳税申报表和由税务部门盖章确认的出口退税汇算清缴明细表交由财务经理×××审核无误后签字确认。如发现任何异常情况，将进一步调查处理。<br>实际收到税务部门的退税款时，由会计主管×××将实际收到的退税款与退税申报表数字进行核对，并由财务经理×××复核无误后在凭证上签字作为复核证据。<br>注：对销售与收款循环涉及的税金实施实质性程序更为有效，故以下控制程序中将不再涉及税金。 |
| （4）收款 |
| 信用证到期或收到顾客已付款通知，由出纳员×××前往银行办理托收。<br>款项收妥后，应收账款记账员×××将编制收款凭证，并附相关单证，如银行结汇水单、银行到款通知单等，交会计主管×××复核。<br>在完成对收款凭证及相关单证的复核后，会计主管×××在收款凭证上签字，作为复核证据，并在所有单证上加盖“核销”印戳。<br>出纳员×××根据经复核无误的收款凭证及时登记银行存款日记账。每月末，由会计主管×××指定出纳员×××以外的人员核对银行存款日记账和银行对账单。编制银行存款余额调节表，并提交给财务经理×××复核，财务经理×××在银行存款余额调节表中签字作为其复核的证据。 |
| （5）维护顾客档案 |
| 如需对Y系统内的顾客信息作出修改，业务员×××填写更改申请表，经销售经理×××审批后交信息管理员×××，由其负责对更改申请表预先连续编号并在系统内进行更改。<br>信息管理员×××每月复核顾客档案。对两年内未与ABC公司发生业务往来的顾客，通知业务员×××，由其填写更改申请表，经销售经理×××审批后交信息管理部删除该顾客档案。<br>每月末，信息管理员×××编制月度顾客信息更改报告，附同更改申请表的编号记录交由财务经理×××复核。<br>财务经理×××核对月度顾客更改信息报告、检查实际更改情况和更改申请表是否一致、所有变更是否得到适当审批以及编号记录表是否正确，在月度顾客信息更改报告和编号记录表上签字作为复核的证据。如发现任何异常情况，将进一步调查处理。<br>每半年，销售经理×××复核顾客档案。 |

## 表4-4-7　评价内部控制设计——控制目标及控制活动

| 被审计单位： | | 索　引　号： | C253 |
|---|---|---|---|
| 项　目： | 销售收款与循环 | 财务报表截止日/期间： | |
| 编　制： | | 复　核： | |
| 日　期： | | 日　期： | |

编制说明：

1. 本审计工作底稿中列示的控制活动，仅为说明有关表格的使用方法，并仅针对C253中的示例所设计，并非对所有控制目标、受该目标影响的交易和账户余额及其认定以及控制活动的全面列示。在执行财务报表审计业务时，注册会计师应运用职业判断，结合被审计单位的实际情况了解和测试能够确保实现控制目标的控制活动。

2. 本审计工作底稿用以记录销售与收款循环中主要业务活动的控制目标、受该目标影响的相关交易和账户余额及其认定、常用的控制活动以及被审计单位的控制活动。其中，“常用的控制活动”一栏列示了在实务中为实现相关控制目标常用的控制活动，在实际编写审计工作底稿时应予以删除；对“受影响的相关交易和账户余额及其认定”一栏，注册会计师应根据被审计单位的实际情况分析填写。

3. 如果多项控制活动能够实现同一控制目标，注册会计师不必了解与该项控制目标相关的每项控制活动。本审计工作底稿记录的控制活动，仅为实现有关控制目标可能采用控制活动中的一种，被审计单位也可能采用其他控制活动达到有关控制目标，注册会计师应根据被审计单位的实际情况进行填写。

4. 注册会计师应关注被审计单位采取的控制活动是否能够完全达到相关的控制目标。在某些情况下，某些控制活动单独执行时，并不能完全达到控制目标，这时注册会计师需要识别与该特定目标相关的其他控制活动，并对其进行测试，以获取达到控制目标的足够的保证程度。

5. 一项控制活动可能可以达到多个控制目标。为提高审计效率，如存在可以同时达到多个控制目标的控制活动，注册会计师可以考虑优先测试该控制活动。

6. 如果某一项控制目标没有相关的控制活动或控制活动设计不合理，注册会计师应考虑被审计单位控制的有效性及其对拟采取的审计方案的影响。

7. 如果注册会计师拟信赖以前审计获取的有关本循环控制活动运行有效性的审计证据，应当通过实施询问并结合观察或者检查程序，获取该等控制是否已发生变化的审计证据，并予以记录。

（以下请学生完成）

| 主要业务活动 | 控制目标 | 受影响的相关交易和账户余额及其认定 | 常用的控制活动 | 被审计单位的控制活动 | 控制活动对实现控制目标是否有效（是/否） |
|---|---|---|---|---|---|
| 销售 | | | | | |
| | | | | | |
| | | | | | |
| 记录应收账款 | | | | | |
| | | | | | |
| | | | | | |
| | | | | | |
| | | | | | |
| | | | | | |
| | | | | | |
| | | | | | |
| | | | | | |
| | | | | | |
| | | | | | |

续表

| 主要业务活动 | 控制目标 | 受影响的相关交易和账户余额及其认定 | 常用的控制活动 | 被审计单位的控制活动 | 控制活动对实现控制目标是否有效（是/否） |
|---|---|---|---|---|---|
| 收款 | | | | | |
| 账款 | | | | | |
| | | | | | |
| | | | | | |
| 维护顾客档案 | | | | | |
| | | | | | |
| | | | | | |
| | | | | | |

注：如果期末存在商品已经发出尚未离岸，应收账款记账员×××应根据出库单等单证记录应收账款，并于下月初冲回，当系统显示“已离岸”销售订单信息时，记录销售收入实现。

我们认为，这项控制活动可能导致ABC公司提前确认营业收入的实现。该项控制活动设计不合理。

**表4-4-8　　　　确定控制是否得到执行——穿行测试**

| | |
|---|---|
| 被审计单位： | 索　引　号：C254 |
| 项　　目：销售收款与循环 | 财务报表截止日/期间： |
| 编　　制： | 复　　核： |
| 日　　期： | 日　　期： |

编制说明：

1. 本审计工作底稿记录的穿行测试内容，系针对C253中的示例设计，仅为说明应对执行的穿行测试程序记录的内容。在执行财务报表审计业务时，注册会计师应运用职业判断，结合被审计单位的实际情况设计和执行穿行测试。

2. 注册会计师通常应执行穿行测试程序，以取得控制是否得到执行的审计证据，并记录测试过程和结论，注册会计师可以保留与所测试的控制活动相关的文件或记录的复印件，并对审计工作底稿进行索引。

3. 注册会计师应对整个流程执行穿行测试，涵盖交易自发生至记账的整个过程。

4. 如拟实施控制测试，在本循环中执行穿行测试检查的项目也可以作为控制测试的测试项目之一。

1. 销售与收款循环穿行测试——与销售有关的业务活动的控制

| 主要业务活动 | 测试内容 | 测试结果 |
|---|---|---|
| 销售 | 销售订单编号#（日期） | |
| | 销售订单内容 | |
| | 是否复核顾客信用额度（是/否） | |
| | 销售订单是否得到适当的审批（是/否） | |
| | 销售发票是否经过复核 | |
| | 销售发票编号#（日期） | |
| | 出运通知单编号#（日期） | |
| | 销售订单、销售发票、出运通知单、货运提单内容是否一致（是/否） | |
| | 报关单编号#（日期） | |
| | 是否取得货运提单（是/否） | |

续表

| 主要业务活动 | 测试内容 | 测试结果 |
|---|---|---|
| 记录应收账款 | 记录应收账款的凭证编号#（日期） | |
| | 发票上是否盖“相符”印戳（是/否） | |
| | 是否记入应收账款借方（是/否） | |
| 收款 | 收款凭证编号#（日期） | |
| | 收款凭证是否得到会计主管的适当审批（是/否） | |
| | 有关支持性文件上是否盖“核销”章（是/否） | |
| | 付款人名称是否与顾客一致（是/否） | |
| | 银行进账单编号#/信用证编号#（日期） | |
| | 是否正确记入应收账款贷方（是/否） | |

2. 销售与收款循环穿行测试——与新顾客承接有关的业务活动的控制

| 序号 | 是否编制顾客申请表（是/否） | 是否编制新顾客基本情况表（是/否） | 是否取得新顾客信用等级的评定报告（是/否） | 是否经信用管理经理审批（是/否） | 信用额度是否经适当审批（是/否） | 是否根据经适当审批的文件建立新顾客档案（是/否） |
|---|---|---|---|---|---|---|
| | | | | | | |

3. 销售与收款循环穿行测试——与比较销售信息报告和相关文件（销售订单）是否相符相关的控制活动

| 序号 | 选择的销售信息报告期间 | 应收账款记账员是否已复核销售信息报告（是/否） | 销售订单是否连续编号（是/否） |
|---|---|---|---|
| | | | |

4. 销售与收款循环穿行测试——与调整应收账款有关的控制活动

| 序号 | 顾客名称 | 是否编制应收账款账龄报告（是/否） | 应收账款调节表编号#（日期） | 是否与支持文件相符（是/否） | 是否经过恰当审批（是/否） | 是否已调节应收账款（是/否） |
|---|---|---|---|---|---|---|
| | | | | | | |

5. 销售与收款循环穿行测试——与核销坏账或计提特别坏账准备有关的控制活动

| 序号 | 顾客名称 | 坏账变更申请编号#（日期） | 是否与支持文件相符（是/否） | 是否经过恰当审批（是/否） | 是否已调节应收账款（是/否） |
|---|---|---|---|---|---|
| | | | | | |

6. 销售与收款循环穿行测试——与计提坏账准备有关的控制活动

| 主要业务活动 | 测试内容 | 测试结果 |
|---|---|---|
| 计提坏账准备 | 董事会制订与计提坏账准备有关的会计估计（是/否） | |
| | 年末销售经理编写应收账款可回收性分析报告（是/否） | |
| | 如较原先估计数发生较大变化，会计主管编写会计估计变更建议（是/否） | |
| | 财务经理复核会计估计变更建议（是/否） | |
| | 董事会审核会计估计变更建议（是/否） | |
| | 会计估计变更已进行恰当处理和列报（是/否） | |
| | 记账凭证编号# | |

7. 销售与收款循环穿行测试——与退货和索赔有关的控制活动

续表

| 序号 | 顾客名称 | 顾客索赔处理表编号#（日期） | 生产经理是否确定质量责任（是/否） | 技术经理是否确定质量责任（是/否） | 财务部是否注明货款结算情况（是/否） | 是否经过恰当审批（是/否） | 是否已调节应收账款（是/否） |
| --- | --- | --- | --- | --- | --- | --- | --- |
| | | | | | | | |

8. 销售与收款循环穿行测试——与银行存款余额调节表有关的控制活动

对该控制活动，我们已于采购与付款循环进行了解、评价并执行控制测试，在本循环中不再进行穿行测试和控制测试。

9. 销售与收款循环穿行测试——与顾客档案更改记录有关的控制活动

| 序号 | 更改申请表号码 | 更改申请表是否经过恰当审批（是/否） | 是否包含在月度顾客信息更改报告中（是/否） | 月度顾客信息更改报告是否经恰当复核（是/否） | 更改申请表编号是否包含在编号记录表中（是/否） | 编号记录表是否经复核（是/否） |
| --- | --- | --- | --- | --- | --- | --- |
| | | | | | | |

10. 销售与收款循环穿行测试——与顾客档案及时维护有关的控制活动

| 序号 | 顾客名称 | 档案编号 | 最近一次与公司发生交易的时间 | 是否已按照规定对顾客档案进行维护（是/否） |
| --- | --- | --- | --- | --- |
| | | | | |

## 表4-4-9　销售与收款循环控制执行情况的评价结果（请学生完成）

编制说明：

1. 本审计工作底稿中的“主要业务活动”、“控制目标”、“受影响的相关交易和账户余额及其认定”、“被审计单位的控制活动”以及“控制活动对实现控制目标是否有效”栏目的内容来自C254，注册会计师只需根据穿行测试的结果，在本表中填写对有关控制活动是否得到执行的评价。

2. 对“是否测试该控制活动运行有效性”一栏，应根据审计方案予以填写，如果某项控制设计不合理或虽然设计合理，但未得到执行，注册会计师不拟测试该控制活动运行的有效性，则应在“是否测试该控制活动运行有效性”一栏中填写“否”，并注明理由。

3. 如果注册会计师拟信赖以前审计获取的某些控制活动运行有效性的审计证据，本期不再对该项控制活动实施控制测试，则应在“是否测试该控制活动运行有效性”一栏填写“否”，并注明理由。

| 主要业务活动（C253） | 控制目标（C253） | 受影响的相关交易和账户余额及其认定 | 被审计单位的控制活动（C253） | 控制活动对实现控制目标是否有效 | 控制活动是否得到执行 | 是否测试该控制活动运行有效性 |
| --- | --- | --- | --- | --- | --- | --- |
| 销售 | 仅接受在信用额度内的订单 | | | | | |
| | 管理层核准销售订单的价格、条件 | | | | | |
| | 已记录的销售订单的内容准确 | | | | | |
| | 销售订单均已得到处理 | | | | | |

续表

| 主要业务活动（C253） | 控制目标（C253） | 受影响的相关交易和账户余额及其认定 | 被审计单位的控制活动（C253） | 控制活动对实现控制目标是否有效 | 控制活动是否得到执行 | 是否测试该控制活动运行有效性 |
|---|---|---|---|---|---|---|
| 记录应收账款 | 已记录的销售均已发出货物 | | | | | |
| | 已记录的销售交易计价准确 | | | | | |
| | 与销售货物相关的权力均已记录至应收账款 | | | | | |
| | 销售货物交易均已记录于适当期间 | | | | | |
| | 已记录的销售退回、折扣与折让均为真实发生的 | | | | | |
| | 已发生的销售退回、折扣与折让均已记录 | | | | | |
| | 已发生的销售退回、折扣与折让均记录于恰当期间 | | | | | |
| | 已发生的销售退回、折扣与折让均已准确记录 | | | | | |
| | 准确计提坏账准备和核销坏账，并记录于恰当期间 | | | | | |
| 收款 | 收款是真实发生的 | | | | | |
| | 准确记录收款 | | | | | |
| | 收款均已记录 | | | | | |
| | 收款均已记录于恰当期间 | | | | | |
| | 监督应收账款及时收回 | | | | | |
| 维护顾客档案 | 对顾客档案变更均为真实有效的维护顾客档案 | | | | | |
| | 对顾客档案变更均为准确的 | | | | | |
| | 对顾客档案变更均已于适当期间进行处理 | | | | | |
| | 确保顾客档案数据及时更新 | | | | | |

注：①如果期末存在商品已经发出尚未离岸，应收账款记账员×××根据出库单等单证记录应收账款，并于下月初冲回，当系统显示“已离岸”销售订单信息时，记录销售收入实现。

我们认为，这项控制活动可能导致ABC公司提前确认营业收入的实现。该项控制活动设计不合理。

2011年12月12日，我们将该项缺陷告知财务经理×××，并得到其确认。

我们拟将该项内部控制缺陷列入与治理层沟通事项，并在执行营业收入实质性程序时详细检查资产负债表日前、后五天的销售确认事项，以获取足够的保证程度支持我们将发表的审计意见。

②ABC公司规定应由出纳员×××以外的人员核对银行存款日记账和银行对账单，编制银行存款余额调节表，并提交给财务经理×××复核，财务经理×××在银行存款余额调节表中签字作为其复核的证据。

续表

我们随机抽取 ABC 公司 2011 年 4 月银行存款余额调节表进行检查，发现该调节表由出纳员×××编制，财务经理×××已复核该调节表并签字确认。我们向出纳员×××进行了解，她解释因会计主管×××临时出差，未安排由其他人员进行此项工作，她本人核对了银行存款日记账和银行对账单，并编制了银行存款余额调节表，她已将该调节表送交财务经理×××复核，但财务经理×××浏览后认为差异并不重大，随即签字并返还给她，并且，她认为其他月份也存在这样的情况。

2011 年 12 月 13 日，我们就该情况与财务经理×××和会计主管×××进行了沟通，并得到他们的确认。

我们认为该项控制并未得到执行，拟将该项内部控制重大缺陷列入与治理层沟通事项，并在执行货币资金实质性测试时详细检查调节事项，以获取足够的保证程度支持我们将发表的审计意见。

# 实训五 了解及评价被审计单位的筹资与投资循环

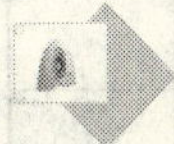

## 实训目的

1. 通过本实训，使学生掌握了解及评价被审计单位筹资与投资循环时应该考虑的问题，能够根据控制目标，对该循环执行穿行测试，并根据测试中识别的风险设计拟采取的应对措施。

2. 熟悉并填写《了解内部控制——筹资与投资循环表》。

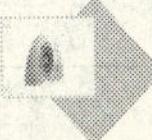

## 实训环境

上课教室，本章授课结束之后，由主讲教师布置，配有《了解内部控制——筹资与投资循环表》。

## 实训资料

甲和乙注册会计师对 ABC 股份有限公司（以下简称 ABC 公司）2011 年度报表进行审计，该公司主要经营中、小型机电类产品的生产和销售，采用用友计算机软件进行日常的账务核算，2011 年度未发生购并、分立和债务重组行为，供产销形式与上年相当。甲和乙于 2011 年 12 月 1 日至 12 月 15 日对 ABC 公司的采购与付款循环进行了解，并已完成相关调查问卷的填写，资料如下：

表4-5-1 投资循环调查表

单位名称：ABC公司

| 问卷问题 | 是 | 否 | 不适用 | 经办人签名 | 说明 | 索引号 |
|---|---|---|---|---|---|---|
| 一、投资管理 | | | | | | |
| （一）公司于内部控制制度是否订有书面投资循环及相关办法 | √ | | | | | |
| （二）投资循环是否包括有价证券、不动产、衍生性商品等投资决策、买卖、保管、记录、监督等作业 | √ | | | | | |
| 二、买卖 | | | | | | |
| （一）是否经董事会或负责主管核准 | √ | | | | | |
| （二）买、售有价证券是否皆经两位主管合签通知单 | √ | | | | | |
| 三、保管 | | | | | | |
| （一）所有取得证券是否已过入公司名下 | | √ | | | | |
| （二）证券号码是否列入记录且此记录非由保管证券者负责 | √ | | | | | |
| （三）所有有价证券是否均设置有价证券明细表，内容是否包括取得日期、取得成本、面值、兑付日期证券号码、质押保证情形等资料 | √ | | | | | |
| （四）是否设置专人自行管理，且保管者与记录者是否分开 | √ | | | | | |
| （五）是否存于银行保险柜中或存放于自有保险柜中 | √ | | | | | |
| （六）开启保险柜 | | | | | | |
| 1. 是否必须两人以上会同开启 | √ | | | | | |
| 2. 是否均为记录 | √ | | | | | |
| （七）是否定期（或不定期）由非保管投资物者抽点及调整 | | √ | | | | |
| （八）存放他处证券是否业经适当核准及保管 | | | √ | | | |
| （九）充作抵押标的是否经核准并做适当的记录 | √ | | | | | |
| （十）投资物因抵押供作保证而存放他处，是否出具证明 | √ | | | | | |
| 四、记录 | | | | | | |
| （一）取得时是否有依投资目的划分长、短期投资 | √ | | | | | |
| （二）所有有价证券是否均设置明细表，记载取得日期、面值、取得成本及到期日等资料 | √ | | | | | |
| （三）如为长期股权投资的会计处理是否符合财务会计准则之规定 | √ | | | | | |
| （四）已冲销证券是否以备忘科目或减项科目列账 | | √ | | | | |
| （五）利息 | | | | | | |
| 1. 是否设专人（经管证券及现金以外人员）计算利息 | | √ | | | | |

续表

| 问卷问题 | 是 | 否 | 不适用 | 经办人签名 | 说明 | 索引号 |
|---|---|---|---|---|---|---|
| 2. 是否采用应计基础计算利息 | √ | | | | | |
| 3. 是否指派专人收取利息 | | √ | | | | |
| 4. 是否指派专人办理扣缴及免税事项 | | √ | | | | |
| （六）评价： | | | | | | |
| 1. 是否有专人审核证券评价 | √ | | | | | |
| 2. 是否有足够的资料作为非上市证券的评价基础 | | | √ | | | |
| 3. 计提跌价损失准备是否经适当人员核准（索取核准人员名单） | √ | | | | | |
| 4. 结账日有价证券是否依财务会计准则处理，市价资料是否妥为保管 | √ | | | | | |

调查人员：王某　　　　　　　　　　　　复核人员：李某
调查日期：　　　　　　　　　　　　　　复核日期：

**表 4－5－2**

## 融资循环调查表

单位名称：

| 问卷问题 | 是 | 否 | 不适用 | 经办人签名 | 说明 | 索引号 |
|---|---|---|---|---|---|---|
| 一、融资管理 | | | | | | |
| （一）公司于其内部控制制度中是否订有书面的融资循环及相关办法 | √ | | | | | |
| （二）融资循环是否包括借款额度审核，借款合约订定，发行公司债，还本利息及记录，抵（质）押及记录、股票处理、预算、现金收支等作业 | √ | | | | | |
| 二、负债及借款 | | | | | | |
| （一）非经常性营业所发生的负债是否经由董事会决议或授权（取得授权书及有权核准人的人员名单） | √ | | | | | |
| （二）是否取得公司初步预算或详细预算供审核资金需求 | √ | | | | | |
| （三）批准贷款合约的董事会议记录是否列示 | | | | | | |
| 1. 借款机构 | √ | | | | | |
| 2. 负责协商的职员 | | √ | | | | |
| 3. 最高承诺范围 | √ | | | | | |
| 4. 借款条件 | √ | | | | | |
| （四）借款的举借及偿还等手续是否符合规定且经适当的核准 | √ | | | | | |
| （五）发行公司债是否先行评估及事先规划后办理 | √ | | | | | |
| （六）借款如为有担保品者，取得的收据是否妥为保管及记录 | √ | | | | | |

续表

| 问卷问题 | 是 | 否 | 不适用 | 经办人签名 | 说明 | 索引号 |
|---|---|---|---|---|---|---|
| （七）借款如系指定用途者，是否依计划或约定行事未挪作他用 | √ | | | | | |
| （八）借款利息是否按权责发生制足额计提 | √ | | | | | |
| 三、股本 | | | | | | |
| （一）股票的发行及价格是否皆经董事会决议并经股东会通过 | | | √ | | | |
| （二）发行股份以非现金换取者，是否经董事会决议并经股东会通过 | | | √ | | | |
| （三）股票是否： | | | | | | |
| 1. 预编顺号 | | | √ | | | |
| 2. 发行时才签章 | | | √ | | | |
| 3. 于更换淘汰时，予以注销 | | | √ | | | |
| 4. 有效保管（索取保管人员名单） | | | √ | | | |
| （四）是否设置股东名册并随时记录 | √ | | | | | |
| （五）股票记录是否与股利记录相符 | | | √ | | | |
| （六）是否定期调节股东名册与发行在外的股数 | √ | | | | | |
| 四、股利发放 | | | | | | |
| （一）发放现金股利是否经董事会决议及股东会通过 | | | √ | | | |
| （二）是否委托股票代理机构承办股票过户，股利发放等事宜 | | | √ | | | |
| （三）是否以银行专户付讫 | | | √ | | | |
| （四）若开立银行股利专户是否定期调节 | | | √ | | | |
| （五）是否经会计部门与发行在外的股数调节 | | | √ | | | |
| （六）是否与除息日前的股东名册相符 | | | √ | | | |

调查人员：王某　　　　　　　　　　复核人员：李某
调查日期：　　　　　　　　　　　　复核日期：

## 实训要求

1. 你作为该项目的负责人，在对筹资与投资循环进行控制测试前你会如何处理？

2. 除了上述给出的《投资循环调查表》及《融资循环调查表》所提供的资料，你还需要客户提供哪些资料？

3. 根据你的判断，并结合以下表格中的有关了解情况及相关填写说明，请完成下面的《了解评价内部控制——筹资与投资循环表》（见表4－5－3，表4－5－4，表4－5－5，表4－5－6，表4－5－7，表4－5－8，表4－5－9，表4－5－10）。

**表 4－5－3** 了解评价内部控制——筹资与投资循环表

| 项目名称：了解内部控制 | |
|---|---|
| 被审计单位名称： | |
| 财务报表截止日/期间： | |
| 编制人： | |
| 编制日期： | |
| 复核人： | |
| 复核日期： | |
| 表　　样 | 索引号 |
| 了解内部控制 | C26 |
| 了解内部控制汇总表 | C261 |
| 了解内部控制设计——控制流程 | C262 |
| 了解内部控制设计——控制目标及控制活动 | C263 |
| 确定控制是否得到执行——穿行测试 | C264 |
| …… | …… |

**表 4－5－4** 了解内部控制

| 被审计单位： | 索　　引　　号：C26 |
|---|---|
| 项　　目：了解内部控制 | 财务报表截止日/期间： |
| 编　　制： | 复　　核： |
| 日　　期： | 日　　期： |

了解本循环内部控制的工作包括：

1. 了解被审计单位筹资与投资循环和财务报告相关的内部控制的设计，并记录获得的了解。
2. 针对筹资与投资循环的控制目标，记录相关控制活动，以及受该控制活动影响的交易和账户余额及其认定。
3. 执行穿行测试，证实对交易流程和相关控制的了解，并确定相关控制是否得到执行。
4. 记录在了解和评价筹资与投资循环的控制设计和执行过程中识别的风险，以及拟采用的应对措施。

了解本循环内部控制，形成下列审计工作底稿：

1. C261：了解内部控制汇总表。
2. C262：了解内部控制设计——控制流程。
3. C263：评价内部控制设计——控制目标及控制活动。
4. C264：确定控制是否得到执行（穿行测试）。

编制说明：

1. 在了解控制的设计并确定其是否得到执行时，应当使用询问、观察和检查程序，并记录所获取的信息和审计证据来源。
2. 如果拟利用以前审计获取的有关控制运行有效性的审计证据，应当考虑被审计单位的业务流程和相关控制自上次测试后是否发生重大变化。

续表

| 3. 本审计工作底稿用以记录下列内容：<br>（1）C261：汇总对本循环内部控制了解的主要内容和结论；<br>（2）C262：记录通过询问、观察和检查程序了解到的本循环涉及的重要交易的控制流程；<br>（3）C263：记录与实现控制目标相关并计划执行穿行测试的控制活动；<br>（4）C264：记录穿行测试的过程和结论。 |
|---|

表 4-5-5　　了解内部控制汇总表

| 被审计单位： | 索引号：C261 |
|---|---|
| 项目：了解内部控制汇总表 | 财务报表截止日/期间： |
| 编制： | 复核： |
| 日期： | 日期： |

| 1. 受本循环影响的相关交易和账户余额 | |
|---|---|
| 长期股权投资、交易性金融资产、持有至到期投资、可供出售金融资产、短期借款、交易性金额负债、长期借款、投资收益、财务费用 | |
| 注：①此处仅列示了主要的交易和账户余额，注册会计师应根据被审计单位的实际情况确定受本循环影响的交易和账户余额。例如，受本循环影响的账户余额可能还有应收利息、应收股利、应付债券、应付票据、长期应付款、实收资本（或股本）等。②现金、银行存款等货币资金账户余额受多个业务循环的影响，不能完全归属于任何单一的业务循环。在实务中，在考虑与货币资金有关的内部控制对其实质性程序的影响时，注册会计师应当综合考虑各相关业务循环内部控制的影响；对于未能在相关业务循环涵盖的货币资金内部控制，注册会计师可以在货币资金具体审计计划中记录对其进行的了解和测试工作。 | |
| 2. 主要业务活动 | |
| 主要业务活动 | 是否在本循环中进行了解 |
| 筹资 | 是 |
| 投资 | 是 |
| 衍生金融工具管理 | 是 |
| 注：注册会计师通常应在本循环中了解与上述业务活动相关的内部控制，如果计划在其他业务循环中对上述一项或多项业务活动的控制进行了解，应在此处说明原因。 | |
| 3. 了解交易流程 | |
| 根据对交易流程的了解，记录如下： | |
| （1）被审计单位是否委托服务机构执行主要业务活动？如果被审计单位使用服务机构，将对审计计划产生哪些影响？ | |
| | |
| （2）是否制定了相关的政策和程序以保持适当的职责分工？这些政策和程序是否合理？ | |
| | |
| （3）自前次审计后，被审计单位的业务流程和控制活动是否发生重大变化？如果已发生变化，将对审计计划产生哪些影响？ | |
| | |
| （4）是否识别出本期交易过程中发生的控制偏差？如果已识别出控制偏差，产生偏差的原因是什么，将对审计计划产生哪些影响？ | |

续表

| |
|---|
| (5) 是否识别出非常规交易或重大事项？如果已识别出非常规交易或重大事项，将对审计计划产生哪些影响？ |
| (6) 是否进一步识别出其他风险？如果已识别出其他风险，将对审计计划产生哪些影响？ |
| |
| 4. 信息系统 |
| (1) 应用软件 |

| 信息系统名称 | 计算机操作环境 | 来源 | 初次安装日期 |
|---|---|---|---|
| | | | |
| | | | |

(2) 初次安装后对信息系统进行的任何重大修改、开发与维护

| 信息系统名称 | 重大修改、开发与维护 | 更新日期 |
|---|---|---|
| | | |
| | | |

| |
|---|
| (3) 拟于将来实施的重大修改、开发与维护计划 |
| |
| |
| (4) 本年度对信息系统进行的重大修改、开发与维护及其影响 |
| |
| |
| 5. 初步结论 |
| |
| |
| 注：根据了解本循环控制的设计并评估其执行情况所获取的审计证据，注册会计师对控制的评价结论可能是：①控制设计合理，并得到执行；②控制设计合理，未得到执行；③控制设计无效或缺乏必要的控制。 |
| 6. 沟通事项 |
| 是否需要就已识别出的内部控制设计或执行方面的重大缺陷，与适当层次的管理层或治理层进行沟通？ |
| |

**表 4－5－6**　　　了解内部控制设计——控制流程

| | |
|---|---|
| 被审计单位： | 索　　引　　号：C262 |
| 项　　目：了解内部控制设计——控制流程 | 财务报表截止日/期间： |
| 编　　制： | 复　　核： |
| 日　　期： | 日　　期： |

编制说明：

1. 注册会计师应当采用文字叙述、问卷、核对表和流程图等方式，或几种方式相结合，记录对控制流程的了解。对重要业务活动控制流程的记录应涵盖自交易开始至与其他业务循环衔接为止的整个过程。记录的内容包括但不限于：

(1) 交易如何生成，包括电子数据交换（EDI）和其他电子商务形式的性质和使用程度；

(2) 内部控制采用人工系统、自动化系统或两种方式同时并存；

(3) 控制由被审计单位人员执行、第三方（例如服务机构）执行或两者共同执行，涉及人员的姓名及其执行的程序；

续表

(4) 处理交易采用的重要信息系统，包括初次安装信息、已实施和计划实施的重大修改、开发与维护；

(5) 与其他信息系统之间的链接，包括以计算机为基础的应用系统和人工进行的应用系统之间衔接的时点，以及任何相关的手工调节过程（如《编制调节表》）；

(6) 与处理财务信息相关的政策和程序；

(7) 会计记录及其他支持性信息；

(8) 使用的重要档案和表格；

(9) 主要输出信息（包括以纸质、电子或其他介质形式存在的信息）及用途；

(10) 输入交易信息过至明细账和总账的程序；

(11) 会计分录的生产、记录和处理程序，包括将非标准会计分录过至明细账和总账的程序。

2. 本审计工作底稿对筹资与投资循环控制流程的记录，涉及控制活动的内容应索引至筹资与投资循环控制测试（CZC）的审计工作底稿。

3. 如果被审计单位针对不同类型的筹资与投资业务分别采用不同的控制流程和控制活动，例如，被审计单位对以发行股票筹资与向金融机构借款实施不同的控制活动，应分别予以记录。

筹资与投资业务涉及的主要人员

| 职　务 | 姓　名 |
|---|---|
| | |
| | |
| | |
| | |
| | |
| | |
| | |
| | |
| | |
| | |
| | |
| | |
| | |
| | |
| | |
| | |
| | |

我们采用询问、观察和检查等方法，了解并记录了筹资与投资循环的主要控制流程，并已与×××、×××等确认下列所述内容。

1. 有关职责分工的政策和程序

注：此处应记录被审计单位建立的有关职责分工的政策和程序，并评价其是否有助于建立有效的内部控制。

2. 主要业务活动介绍

注：此处应记录对本循环主要业务活动的了解。便如：被审计单位主要筹资方式、投资项目、相关文件记录、对筹资与投资政策的制定和修改程序、对与公允价值计量相关的决策体系的制定和修改程序、对职责分工政策的制定和修改程序等。

(1) 筹资

续表

| 注：此处应记录对被审计单位筹资流程的了解。例如，授权审批、签订合同或协议、取得资金、计算利息或股利、偿还本息或发放股利等。 |
|---|
| （2）投资 |
| |
| 注：此处应记录对被审计单位投资流程的了解。例如，授权审批、取得证券或其他投资、取得投资收益、转让证券或收回其他投资等。 |
| （3）衍生金融工具管理 |
| |
| 注：此处应记录对被审计单位管理衍生金融工具流程的了解。例如，调节程序、初始成交记录、交易记录、持续监督等。 |

**表 4-5-7　　控制流程记录示例**

编制说明：

本审计工作底稿提供的示例，系以筹资与投资业务较为单一的中型被审计单位为例，并进行适当简化，仅为说明控制流程的记录内容。在执行财务报表审计业务时，注册会计师应运用职业判断，结合被审计单位的实际情况进行适当修改，不可一概照搬。

本循环中其他审计工作底稿记录的内容均以下述示例为依据进行填写，并非对所有可能出现情况的全面描述。

本示例采用文字叙述方式记录所了解的控制流程，注册会计师也可以采用其他方式，例如，采用问卷、核对表和流程图等方式进行记录。

ABC 公司现行的筹资与投资政策和程序业经董事会批准，如果需对该项政策和程序作出任何修改，均应经董事会批准后方能执行。本年度该项政策和程序没有发生变化。

本年度，ABC 公司以现金方式投资 X 公司并持有其 30% 的权益性资本，同时利用闲置资金，以赚取差价为目的从二级市场购入股票和基金。公司的主要筹资方式为向金融机构借款，没有衍生金融产品。

注：本示例中未列举与衍生金融工具相关的控制活动。如果被审计单位从事衍生活动，注册会计师应当按照《中国注册会计师审计准则第 1632 号——衍生金融工具的审计》及准则指南的要求，了解可能影响衍生活动及其审计的内部控制。

筹资与投资业务涉及的主要人员

| 职　务 | 姓　名 |
|---|---|
| 总经理 | ××× |
| 预算经理 | ××× |
| 投资管理经理 | ××× |
| 财务经理 | ××× |
| 会计主管 | ××× |
| 出纳员 | ××× |
| 投资记账员 | ××× |
| 信贷记账员 | ××× |
| 档案管理员 | ××× |
| 信贷管理员 | ××× |
| 投资管理员 | ××× |
| …… | …… |

续表

| 我们采用询问、观察和检查等方法，了解并记录了 ABC 公司筹资与投资循环的主要控制流程，并已与财务经理×××、投资管理经理×××确认下列所述内容。 |
|---|
| 1. 有关职责分工的政策和程序 |
| ABC 公司建立了下列职责分工政策和程序： |
| （1）不相容职务相分离。主要包括：对外投资项目的可行性研究与评估、对外投资的决策与执行、对外投资绩效评估与执行；筹资方案的拟订与决策、筹资合同或协议的审批与订立、与筹资有关的各种款项偿付的审批与执行、筹资业务的执行与相关会计记录等职务相分离。<br>（2）各相关部门之间相互牵制并在其授权范围内履行职责，同一部门或个人不得处理筹资与投资业务的全过程。 |
| 2. 主要业务活动介绍 |
| （1）筹资 |
| ABC 公司建立了筹资预算管理制度。每年年初，预算经理×××综合各部门上报的年度资金使用计划、上一年度实际筹资情况以及现金流情况，编制年度筹资预算，列明拟筹资原因、规模、用途、借款方式、还款资金来源等；年度筹资预算应经财务经理×××复核并签署意见，上报公司总经理×××和董事会审批。财务部在批准的预算限额内开展筹资活动。<br>如果预计流动资金可能不足时，信贷管理员×××将填写借款申请表。其中：金额在人民币×××元以下的申请应经财务经理×××和总经理×××审批；金额超过人民币×××元的借款申请由董事会审批。董事会授权总经理×××签订借款合同。<br>财务经理×××依据审批后的借款申请表，与银行洽谈综合授信协议或借款合同的主要条款，报总经理×××审核并签订协议或合同。<br>如果是签订综合授信协议，信贷管理员×××根据月度用款计划，在综合授信额度内，申请使用款项，填写综合授信使用申请，由财务经理×××审批后办理借款手续。<br>信贷记账员×××编制记账凭证，后附综合授信使用申请或借款合同、银行回单等单证交会计主管×××复核，复核无误后登记短期借款明细账。<br>信贷管理员×××根据综合授信协议或借款合同，逐笔登记借款备查账，内容包括授信额度使用情况以及贷款情况（如借款银行、借款合同编号、合同金额、借款日期、还款日期、借款用途、借款条件、合同利率、结息日等），按月汇总编制信贷情况表，内容包括授信额度总额、已使用额度、累计贷款金额、本月新增贷款总额以及预计下月到期贷款总额等，交财务经理×××审核后，上报总经理×××和董事会。<br>每月末，信贷管理员×××与信贷记账员×××核对借款备查账与借款明细账，编制核对表报会计主管×××复核。如有任何差异，应立即调查。若出现需要进行调整的情况，会计主管×××将编写调整建议，连同有关支持文件一并提交财务经理×××复核和审批后进行账务处理。<br>借款到期时，信贷管理员×××填写付款申请表，注明资金用途为归还借款，报账务经理×××审批后偿付本息。<br>信贷记账员×××编制记账凭证，后附银行还款本息回单等单证交会计主管×××复核，复核无误后登记短期借款明细账。<br>信贷管理员×××同时需要在借款备查账中记录借款归还情况。<br>每季末，信贷记账员×××根据银行借款利息回单编制付款凭证，并附相关单证，提交会计主管×××审批。<br>在完成对付款凭证及相关单证的复核后，会计主管×××在付款凭证上签字，作为复核证据，并在所有单证上加盖“核销”印戳。<br>出纳员×××根据经复核无误的付款凭证登记银行存款日记账。<br>如未能及时取得银行借款利息回单，由信贷管理员×××根据借款利率估算应付利息，经会计主管×××复核后，信贷记账员×××进行账务处理。同时，该金额还将与当月编制银行存款余额调节表中体现的银行已划转的利息金额相核对。 |
| （2）投资 |

续表

| |
|---|
| ①长期股权投资。<br>ABC公司建立了投资预算管理制度，每年年末，投资管理经理×××制定下一年度投资预算，列明拟投资的对象、投资规模、投资目的、预计投资收益等，经预算管理部门审批后，报总经理×××和董事会审批。<br>投资管理员×××根据经批准的年度投资预算，就拟投资项目进行可行性研究，组织专家论证，编写可行性研究报告。经投资管理经理×××、财务经理×××复核后，交总经理×××或董事会批准后执行。其中：金额在人民币×××元以下的投资项目由总经理×××审批；金额超过人民币×××元的投资项目由董事会审批。<br>根据经批准的可行性研究报告，投资管理经理×××编写投资计划书并草拟投资合同，与被投资单位进行讨论。投资合同的重要条款应经律师、财务经理×××和总经理×××审核，由董事会授权总经理×××签署。<br>依据投资合同及投资计划书，投资管理员×××填写长期投资付款申请单，由投资管理经理×××签字后交总经理×××审批。<br>投资记账员×××根据经批准的长期投资付款申请单，编制付款凭证，并附相关单证，提交会计主管×××审批。<br>在完成对付款凭证及相关单证的复核后，会计主管×××在付款凭证上签字，作为复核证据，并在所有单证上加盖“核销”印戳。<br>出纳员×××根据经复核无误的付款凭证办理付款，并及时登记银行存款日记账。<br>投资成立后，投资管理员×××应将整套投资文件，包括投资预算、可行性研究报告、投资批准文件、被投资公司工商登记资料、出资证明书、公章章程等复印备案，将原件交与档案管理员×××保管。<br>年度终了后×××日内，投资管理员×××取得联营公司经审计的财务报表等资料。投资记账员×××复核被投资公司的财务信息，按权益法计算投资收益，经会计主管×××复核后进行账务处理。 |
| ②交易性金额资产。<br>每月末，财务经理×××编制资金状况表，报总经理×××审核。总经理×××根据资金盈余情况及短期内资金计划安排，确定是否进行交易性金融资产投资及投资规模，并报董事会批准。<br>投资管理员×××根据确定的投资规模，编制交易性金融资产投资付款申请单，报投资管理经理×××审批。<br>投资记账员×××根据经批准的付款申请单，编制付款凭证，并附相关单证，提交会计主管×××审批。<br>在完成对付款凭证及相关单证的复核后，会计主管×××在付款凭证上签字，作为复核证据，并在所有单证上加盖“核销”印戳。<br>出纳员×××根据经复核无误的付款凭证办理付款，并及时登记银行存款日记账。<br>投资管理员×××根据交易流水单，对每笔投资交易记录进行核对、存档，并在交易结束后一个工作日内将交易凭证交投资记账员×××。<br>投资记账员×××编制转账凭证，并附相关单证，提交会计主管×××复核。复核无误后进行账务处理。<br>每周末，投资管理员×××与投资记账员×××就投资类别、资金统计进行核对，并编制核对表，分别由投资管理经理×××、财务经理×××复核并签字。如有差异，将立即调查。<br>每月结束后一周内，投资管理经理×××编写上月交易性金融资产报告，报总经理×××和董事会。<br>期末，投资管理员×××取得投资项目的公允价值，经投资管理经理×××审核后，交投资记账员×××对交易性金融资产进行后续计量。 |

**表4-5-8　　了解内部控制设计——控制目标及控制活动**

| | | | |
|---|---|---|---|
| 被审计单位： | | 索　引　号： | C263 |
| 项　　目： | 了解内部控制设计——控制目标及控制活动 | 财务报表截止日/期间： | |
| 编　　制： | | 复　　核： | |
| 日　　期： | | 日　　期： | |

续表

<table>
<tr><td colspan="5">编制说明：<br>1. 本审计工作底稿中列示的控制活动，仅为说明有关表格的使用方法，并仅针对 CZL－2 中的示例所设计，并非对所有控制目标，受该目标影响的交易和账户余额及其认定以及控制活动的全面列示。在执行财务报表审计业务时，注册会计师应运用职业判断，结合被审计单位的实际情况了解和测试能够确保实现控制目标的控制活动。<br>2. 本审计工作底稿用以记录筹资与投资循环中主要业务活动的控制目标、受该目标影响的相关交易和账户余额及其认定、常用的控制活动以及被审计单位的控制活动。其中，“常用的控制活动”一栏列示了在实务中为实现相关控制目标常用的控制活动，在实际编写审计工作底稿时应予以删除；对“受影响的相关交易和账户余额及其认定”一栏，注册会计师应根据被审计单位的实际情况分析填写。<br>3. 如果多项控制活动能够实现同一控制目标，注册会计师不必了解与该项控制目标相关的每项控制活动。本审计工作底稿记录的控制活动，仅为实现有关控制目标可能采用控制活动中的一种，被审计单位也可能采用其他控制活动中的一种，被审计单位也可能采用其他控制活动达到有关控制目标，注册会计师应根据被审计单位的实际情况进行填写。<br>4. 注册会计师应关注被审计单位采取的控制活动是否能够完全达到相关的控制目标。在某些情况下，某些控制活动单独执行时，并不能完全达到控制目标，这时注册会计师需要识别与该特定目标相关的其他控制活动，并对其进行测试，以获取达到控制目标的足够的保证程度。<br>5. 一项控制活动可能可以达到多个控制目标。为提高审计效率，如存在可以同时达到多个控制目标的控制活动，注册会计师可以考虑优先测试该控制活动。<br>6. 如果某一项控制目标没有相关的控制活动或控制活动设计不合理，注册会计师应考虑被审计单位控制的有效性及其对拟采取的审计方案的影响。<br>7. 如果注册会计师拟信赖以前审计获取的有关本循环控制活动运行有效性的审计证据，应当通过实施询问并结合观察或者检查程序，获取该等控制活动是否已发生变化的审计证据，并予以记录。</td></tr>
<tr><td colspan="5">（以下请学生完成）</td></tr>
<tr><td>控制目标</td><td>受影响的相关交易和账户余额及其认定</td><td>常用的控制活动</td><td>被审计单位的控制活动</td><td>控制活动对实现控制目标是否有效（是/否）</td></tr>
<tr><td>已记录的借款均为公司的负债</td><td></td><td></td><td></td><td></td></tr>
<tr><td>借款均已准确记录</td><td></td><td></td><td></td><td></td></tr>
<tr><td>借款均已记录</td><td></td><td></td><td></td><td></td></tr>
<tr><td>借款均已记录于适当期间</td><td></td><td></td><td></td><td></td></tr>
<tr><td>财务费用均已准确计算并记录于适当期间</td><td></td><td></td><td></td><td></td></tr>
<tr><td>已记录的偿还借款均为真实发生</td><td></td><td></td><td></td><td></td></tr>
<tr><td>偿还借款均已准确记录</td><td></td><td></td><td></td><td></td></tr>
<tr><td>偿还借款已记录</td><td></td><td></td><td></td><td></td></tr>
<tr><td>偿还借款均已记录于适当期间</td><td></td><td></td><td></td><td></td></tr>
<tr><td>已记录的投资均为公司的投资</td><td></td><td></td><td></td><td></td></tr>
<tr><td>投资交易均已记录</td><td></td><td></td><td></td><td></td></tr>
</table>

续表

| 控制目标 | 受影响的相关交易和账户余额及其认定 | 常用的控制活动 | 被审计单位的控制活动 | 控制活动对实现控制目标是否有效（是/否） |
|---|---|---|---|---|
| 投资交易计价准确 | | | | |
| 投资交易均已记录于适当期间 | | | | |

**表4－5－9　　确定控制是否得到执行（穿行测试）**

| 被审计单位： | | 索　引　号： | C264 |
|---|---|---|---|
| 项　　目： | 确定控制是否得到执行（穿行测试） | 财务报表截止日/期间： | |
| 编　　制： | | 复　　核： | |
| 日　　期： | | 日　　期： | |

编制说明：

1. 本审计工作底稿记录的穿行测试内容，系针对C262中的示例设计，仅为说明应对执行的穿行测试程序记录的内容。在执行财务报表审计业务时，注册会计师应运用职业判断，结合被审计单位的实际情况设计和执行穿行测试。

2. 注册会计师通常应执行穿行测试程序，以取得控制是否得到执行的审计证据，并记录测试过程和结论，注册会计师可以保留与所测试的控制活动相关的文件或记录的复印件，并与审计工作底稿进行索引。

3. 注册会计师应对整个流程执行穿行测试，涵盖交易自发生至记账的整个过程。

4. 如拟实施控制测试，在本循环中执行穿行测试检查的项目也可以作为控制测试的测试项目之一。

1. 筹资与投资循环穿行测试——与日常借款有关的业务活动的控制

| 主要业务活动 | 测试内容 | 测试结果 |
|---|---|---|
| 借款 | 借款申请表编号#（日期） | |
| | 借款申请表是否经恰当批准（是/否） | |
| | 借款合同编号#（如适用）（日期） | |
| | 综合授信协议编号#（如适用）（日期） | |
| | 综合授信使用申请表编号#（日期） | |
| 记录借款 | 收款凭证编号#（日期） | |
| | 借款合同金额、期限等内容是否与借款申请表内容一致（是/否） | |
| | 是否记入短期借款明细账贷方（是/否） | |
| | 明细账记录内容是否与借款备查账内容一致（是/否） | |
| | 借款备查账记录内容是否与借款合同一致（是/否） | |

2. 筹资与投资循环穿行测试——与偿还借款有关的业务活动的控制

| 主要业务活动 | 测试内容 | 测试结果 |
|---|---|---|
| 偿还借款 | 借款合同编号# | |
| | 综合授信协议编号#（如适用）（日期） | |
| | 付款申请表编号#（日期） | |
| | 付款申请表是否经恰当批准（是/否） | |
| | 是否与借款合同规定还款日一致（是/否） | |

续表

| 主要业务活动 | 测试内容 | 测试结果 |
|---|---|---|
| 记录还款 | 付款凭证编号#（日期） | |
| | 还款金额、期限等内容是否与付款申请表内容一致（是/否） | |
| | 是否记入短期借款明细账借方（是/否） | |
| | 是否登记借款备查账（是/否） | |
| | 明细账记录内容是否与借款备查账内容一致（是/否） | |
| | 借款备查账记录内容是否与借款合同一致（是/否） | |

3. 筹资与投资循环穿行测试——与筹资预算有关的业务活动的控制

| 序号 | 选择的预算编制时间 | 预算经理是否编制年度筹资预算（是/否） | 财务经理是否复核年度筹资预算（是/否） | 年度筹资预算是否经适当层次的批准（是/否） | 年度筹资总额是否控制在预算内（是/否） |
|---|---|---|---|---|---|
| | | | | | |

4. 筹资与投资循环穿行测试——与信贷情况表有关的业务活动的控制

| 序号 | 选择的编制期间 | 是否编制信贷情况表（是/否） | 内容是否完整（是/否） | 是否经适当层次的复核（是/否） |
|---|---|---|---|---|
| | | | | |

5. 筹资与投资循环穿行测试——与借款差异调节表有关的业务活动的控制

| 序号 | 选择的编制期间 | 借款备查账金额 | 借款明细账金额 | 编制人是否签名 | 复核人是否签名 | 是否有调节项目 | 是否与支持文件相符 | 是否经过适当审批 | 是否已调节借款 |
|---|---|---|---|---|---|---|---|---|---|
| | | | | | | | | | |

6. 筹资与投资循环穿行测试——与财务费用有关的业务活动的控制

| 序号 | 选择的期间 | 借款利息回单编号# | 如适用，是否估算借款利息（是/否） | 如适用，是否与银行存款余额调节表核对一致（是/否） | 记账凭证编号# | 是否经适当审批（是/否） |
|---|---|---|---|---|---|---|
| | | | | | | |

7. 筹资与投资循环穿行测试——与长期股权投资有关的业务活动的控制

| 主要业务活动 | 测试内容 | 测试结果 |
|---|---|---|
| 记录长期股权投资 | 是否编制投资预算（是/否） | |
| | 投资预算是否经批准（是/否） | |
| | 是否编制可行性研究报告（是/否） | |
| | 投资项目是否经适当层次批准（是/否） | |
| | 是否编写投资计划书（是/否） | |
| | 投资合同是否经适当层次审核（是/否） | |
| | 投资合同编号 | |
| | 长期投资付款申请单编号#（日期） | |
| | 投资付款申请单是否经适当的审批（是/否） | |
| | 付款凭证编号#（日期） | |
| | 权属证明名称 | |
| | 相对性证明是否与投资合同、章程等内容一致（是/否） | |

续表

| 主要业务活动 | 测试内容 | 测试结果 |
|---|---|---|
| 记录投资收益 | 年度终了后××日是否取得被投资方财务资料（是/否） | |
| | 是否确认投资收益（是/否） | |
| | 投资收益确认是否经复核（是/否） | |
| | 转账凭证编号#（日期） | |

8. 筹资与投资循环穿行测试——与日常交易性金融资产有关的业务活动的控制

| 主要业务活动 | 测试内容 | 测试结果 |
|---|---|---|
| 购入/出售 | 股票名称 | |
| | 交易流水单号码 | |
| | 是否登记投资备查账（是/否） | |
| 记录投资 | 转款凭证编号#（日期） | |
| | 股票名称 | |
| | 是否正确记入投资明细账（是/否） | |
| | 是否正确确认投资收益（是/否） | |

9. 筹资与投资循环穿行测试——与交易性金融资产差异核对有关的业务活动的控制

| 序号 | 选择的期间 | 是否编制核对表 | 投资项目是否一致 | 投资金额是否一致 | 编制人是否签名 | 复核人是否签名 | 是否有调节项目 | 是否与支持文件相符 | 是否经适当审批 |
|---|---|---|---|---|---|---|---|---|---|
| | | | | | | | | | |

10. 筹资与投资循环穿行测试——与月度交易性金融资产报告有关的业务活动的控制

| 序号 | 选择的期间 | 是否编制月度交易性金融资产报告（是/否） | 报告是否经过适当复核（是/否） |
|---|---|---|---|
| | | | |

11. 筹资与投资循环穿行测试——与交易性金融资产后续计量有关的业务活动的控制

| 序号 | 股票代码 | 公允价值 | 是否与支持性文件相符（是/否） | 账面价值 | 记账凭证编号# | 是否经适当复核（是/否） |
|---|---|---|---|---|---|---|
| | | | | | | |

## 表 4-5-10 筹资与投资循环控制执行情况的评价结果

编制说明：

1. 本审计工作底稿中的“主要业务活动”、“控制目标”、“受影响的相关交易和账户余额及其认定”、“被审计单位的控制活动”以及“控制活动对实现控制目标是否有效”栏目的内容来自 CZL-3，注册会计师只需根据穿行测试的结果，在本表中填写对有关控制活动是否得到执行的评价。

2. 对“是否测试该控制活动运行有效性”一栏，应根据审计方案予以填写，如果某项控制设计不合理或虽然设计合理，但未得到执行，注册会计师不拟测试该控制活动运行的有效性，则应在“是否测试该控制活动运行有效性”一栏中填写“否”，并注明理由。

3. 如果注册会计师拟信赖以前审计获取的某些控制活动运行有效性的审计证据，本期不再对该项控制活动实施控制测试，则应在“是否测试该控制活动运行有效性”一栏中填写“否”，并注明理由。

续表

| （以下请学生完成） | | | | | | |
|---|---|---|---|---|---|---|
| 主要业务活动（C263） | 控制目标（C263） | 受影响的相关交易和账户余额及其认定（C263） | 被审计单位的控制活动（C263） | 控制活动对实现控制目标是否有效（C263） | 控制活动是否得到执行 | 是否测试该控制活动运行有效性 |
| 筹资 | 已记录的借款均为公司的负债 | | | | | |
| | 借款均已准确记录 | | | | | |
| | 借款均已记录 | | | | | |
| | 借款均已记录于适当期间 | | | | | |
| | 财务费用均已准确计算并记录于适当期间 | | | | | |
| | 已记录的偿还借款均为真实发生 | | | | | |
| | 偿还借款均已准确记录 | | | | | |
| | 偿还借款均已记录于适当期间 | | | | | |
| 投资 | 已记录的投资均为公司的投资 | | | | | |
| | 投资交易均已记录 | | | | | |
| | 投资交易计价准确 | | | | | |
| | 投资交易均已记录于适当期间 | | | | | |
| | 投资收益均已准确计算并记录于适当期间 | | | | | |
| 注：被审计公司以前年度没有长期投资业务，本年度仅发生一笔长期股权投资，我们将穿行测试样本作为控制测试的样本，不再测试控制运行有效性。 | | | | | | |

# 实训六 了解及评价被审计单位的固定资产循环

## 实训目的

1. 通过本实训，使学生掌握了解及评价被审计单位固定资产循环时应该考虑的问题，能够根据控制目标，对该循环执行穿行测试，并根据测试中识别的风险设计拟采取的应对措施。

2. 熟悉并填写《了解内部控制——固定资产循环表》。

## 实训环境

上课教室，本章授课结束之后，由主讲教师布置，配有《了解内部控制——固定资产循环表》。

## 实训资料

甲和乙注册会计师对ABC股份有限公司（以下简称ABC公司）2011年度报表进行审计，该公司主要经营中、小型机电类产品的生产和销售，采用用友计算机软件进行日常的账务核算，2011年度未发生购并、分立和债务重组行为，供产销形式与上年相当。甲和乙于2011年12月1日至12月15日对ABC公司的固定资产循环进行了解，并已完成相关调查问卷的填写，资料如下：

**表4－6－1** 固定资产控制调查表

单位名称：ABC公司

| 问卷问题 | 是 | 否 | 不适用 | 经办人签名 | 说明 | 索引号 |
|---|---|---|---|---|---|---|
| 一、固定资产管理 | | | | | | |
| （一）公司内部控制制度是否订有书面固定资产循环及相关办法 | √ | | | | | |
| （二）固定资产循环是否包括取得或增添、处置报废、保管及记录等作业 | √ | | | | | |

续表

| 问卷问题 | 是 | 否 | 不适用 | 经办人签名 | 说明 | 索引号 |
|---|---|---|---|---|---|---|
| 二、增添 | | | | | | |
| （一）公司是否订有财产管理办法（如有，请取得该办法） | √ | | | | | |
| （二）固定资产取得是否依财产管理办法规定，其成本是否正确 | √ | | | | | |
| （三）是否需经董事会或其授权主管人员核定固定资产的支出（索取核准人员名单及核准标准） | √ | | | | | |
| （四）固定资产取得时是否由验收单位填具固定资产验收单 | √ | | | | | |
| （五）固定资产验收单是否预编顺号控制，且与进料的验收单不同 | | √ | | | | |
| （六）固定资产取得时，是否依固定资产编号原则编入财产目录并设置资产卡或将资产编号贴于固定资产上 | √ | | | | | |
| （七）是否依适当的估计耐用年限决定残值，使用年限及定期维修期间 | √ | | | | | |
| （八）是否设定资本化的标准（索取该项标准） | √ | | | | | |
| （九）自建工程是否设置详细记录： | | | | | | |
| 1. 控制成本 | | √ | | | | |
| 2. 工程完成时，成本纳入适当科目 | | √ | | | | |
| （十）是否订定办法，以检查工程进行概况 | | | | | | |
| （十一）是否制订享受投资抵减或加速折旧时上报事业主管机关程序 | √ | | | | | |
| （十二）长期租赁资产是否经董事会决议通过 | | | √ | | | |
| （十三）如有办理重估价时，重估价是否适当并依相关法令办法 | √ | | | | | |
| （十四）向关联方购买不动产者，是否符合公司及法令的规定 | √ | | | | | |
| 三、处置报废 | | | | | | |
| （一）是否有正式核准报废及出售手续（索取核准名单） | √ | | | | | |
| （二）会计部门是否在处置前先被通知 | | √ | | | | |
| （三）是否有发出运送指示单及账单 | √ | | | | | |
| （四）是否连带处理与保险公司相关事项 | √ | | | | | |
| （五）未达耐用年限固定资产的报废是否先向税务机关上报 | | √ | | | | |
| 四、保管及记录 | | | | | | |
| （一）保管及记录人员是否分开 | √ | | | | | |
| （二）是否设置财产管制办法及记录异动情形 | √ | | | | | |
| （三）账实是否每年至少核对一次 | √ | | | | | |
| （四）不动产之所有权状况是否经适当保存 | √ | | | | | |
| （五）是否指派专人保管资产并定期保养及维修 | √ | | | | | |

续表

| 问卷问题 | 是 | 否 | 不适用 | 经办人签名 | 说明 | 索引号 |
|---|---|---|---|---|---|---|
| (六) 各项资产是否适当编号 | √ | | | | | |
| (七) 是否由经管人员以外人员定期盘点机器、设备等 | √ | | | | | |
| (八) 盘点差异是否报告管理当局 | √ | | | | | |
| (九) 是否定期估价保险并办理保险，投保金额是否与资产现值相当 | √ | | | | | |
| (十) 保单是否有专人保管并承办续保事宜 | √ | | | | | |
| (十一) 购入时已列作低值易耗品： | | | | | | |
| 1. 是否妥善保管及明确归属责任 | √ | | | | | |
| 2. 是否经核准方得领用 | √ | | | | | |
| (十二) 闲置资产是否适当控制与处分 | | √ | | | | |
| (十三) 已折足并已冲销的资产如仍继续使用，资产是否列为备忘记录 | √ | | | | | |
| (十四) 计算折旧时是否依取得成本及新增或重估后的价值计提折旧 | √ | | | | | |

调查人员：王某　　　　　　　　复核人员：李某

日期：　　　　　　　　　　　　日期：

## 实训要求

1. 你作为该项目的负责人，在对固定资产循环进行控制测试前你会如何处理？

2. 除了上述给出的《固定资产控制调查表》所提供的资料，你还需要客户提供哪些资料？

3. 根据你的判断，并结合以下表格中的有关了解情况及相关填写说明，请完成下面的《了解内部控制——固定资产循环表》（见表4－6－2，表4－6－3，表4－6－4，表4－6－5，表4－6－6）。

**表4－6－2**　　　　了解内部控制——固定资产循环表

| 项目名称：　　　　　　　　　　固定资产循环 |
|---|
| |
| 被审计单位名称： |
| |
| 财务报表截止日/期间： |
| |
| 编制人： |
| 编制日期： |
| |
| 复核人： |
| 复核日期： |

续表

| 表　样 | 索引号 |
|---|---|
| 了解内部控制 | C27 |
| 了解内部控制汇总表 | C271 |
| 了解内部控制设计——控制流程 | C272 |
| 评价内部控制设计——控制目标及控制活动 | C273 |
| 确定控制是否得到执行（穿行测试） | C274 |

**表 4－6－3** 了解内部控制汇总表

| 1. 受本循环影响的相关交易和账户余额 | |
|---|---|
| 固定资产 | |
| 在建工程 | |
| 工程物资 | |
| 固定资产清理 | 余额 |
| | |
| 注：①此处仅列示主要的交易和账户余额，注册会计师应当根据被审计单位的实际情况确定受本循环影响的交易和账户余额。如，受本循环影响的会计科目可能还有投资性房地产。②现金、银行存款等货币资金账户余额受多个业务循环的影响，不能完全归属于任何单一的业务循环。在实务中，在考虑与货币资金有关的内部控制对其实质性程序的影响时，注册会计师应当综合考虑各相关业务循环内部控制的影响；对于未能在相关业务循环涵盖的货币资金内部控制，注册会计师可以在货币资金具体审计计划中记录对其进行的了解和测试工作。 | |
| 2. 主要业务活动 | |
| 主要业务活动 | 是否在本循环中进行了解 |
| 固定资产投资预算管理与审批 | 是 |
| 购置 | 是 |
| 记录固定资产 | 是 |
| 固定资产折旧及减值 | 是 |
| 固定资产日常保管、处置及转移 | 是 |
| …… | …… |
| 注：注册会计师通常应在本循环中了解与上述业务活动相关的内部控制，如果计划在其他业务循环中对上述一项或多项业务活动的控制进行了解，应在此处说明原因。 | |
| 3. 了解交易流程 | |
| 根据对交易流程的了解，记录如下内容： | |
| （1）被审计单位是否委托服务机构执行主要业务活动？如果被审计单位使用服务机构，将对审计计划产生哪些影响？ | |
| | |
| （2）是否制定了相关的政策和程序以保持适当的职责分工？这些政策和程序是否合理？ | |
| | |
| （3）自前次审计后，被审计单位的业务流程和控制活动是否发生重大变化？如果已发生变化，将对审计计划产生哪些影响？ | |
| | |
| （4）是否识别出本期交易过程中发生的控制偏差？如果已识别出控制偏差，产生偏差的原因是什么，将对审计计划产生哪些影响？ | |
| | |

续表

<table>
<tr><td colspan="4">（5）是否识别出非常规交易或重大事项？如果已识别出非常规交易或重大事项，将对审计计划产生哪些影响？</td></tr>
<tr><td colspan="4"></td></tr>
<tr><td colspan="4">（6）是否进一步识别出其他风险？如果已识别出其他风险，将对审计计划产生哪些影响？</td></tr>
<tr><td colspan="4"></td></tr>
<tr><td colspan="4">4. 信息系统</td></tr>
<tr><td colspan="4">（1）应用软件</td></tr>
<tr><td>信息系统名称</td><td>计算机运作环境</td><td>来源</td><td>初次安装日期</td></tr>
<tr><td></td><td></td><td></td><td></td></tr>
<tr><td></td><td></td><td></td><td></td></tr>
</table>

<table>
<tr><td colspan="3">（2）初次安装后对信息系统进行的任何重大修改、开发与维护</td></tr>
<tr><td>信息系统名称</td><td>重大修改、开发与维护</td><td>更新日期</td></tr>
<tr><td></td><td></td><td></td></tr>
<tr><td></td><td></td><td></td></tr>
<tr><td colspan="3">（3）拟于将来实施的重大修改、开发与维护计划</td></tr>
<tr><td colspan="3"></td></tr>
<tr><td colspan="3">（4）本年度对信息系统进行的重大修改、开发与维护及其影响</td></tr>
<tr><td colspan="3"></td></tr>
<tr><td colspan="3">5. 初步结论</td></tr>
<tr><td colspan="3"></td></tr>
<tr><td colspan="3">注：根据了解本循环控制的设计并评估其执行情况所获取的审计证据，注册会计师对控制的评价结论可能是：①控制设计合理，并得到执行；②控制设计合理未得到执行；③控制设计无效或缺乏必要的控制。</td></tr>
<tr><td colspan="3">6. 沟通事项</td></tr>
<tr><td colspan="3">是否需要就已识别出的内部控制设计或执行方面的重大缺陷，与适当层次的管理层或治理层进行沟通？</td></tr>
<tr><td colspan="3"></td></tr>
</table>

**表4-6-4　　　了解内部控制设计——控制流程**

编制说明：

1. 注册会计师应当采用文字叙述、问卷、核对表和流程图等方式，或几种方式相结合，记录对控制流程的了解。对重要业务活动控制流程的记录应涵盖自交易开始至与其他业务循环衔接为止的整个过程。记录的内容包括但不限于：

（1）交易如何生成，包括电子数据交换（EDI）和其他电子商务形成的性质和使用程度；

（2）内部控制采用人工系统、自动化系统或两种方式同时并存；

（3）控制由被审计单位人员执行、第三方（例如，服务机构）执行或两者共同执行，涉及人员的姓名及其执行的程序；

（4）处理交易采用的重要信息系统，包括初次安装信息、已实施和计划实施的重大修改、开发与维护；

（5）与其他信息系统之间的衔接，包括以计算机为基础的应用系统和人工进行的应用系统之间衔接的时点，以及任何相关的手工调节过程（如编制调节表）；

续表

（6）与处理财务信息相关的政策和程序；

（7）会计记录及其他支持性信息；

（8）使用的重要档案和表格；

（9）主要输出信息（包括以纸质、电子或其他介质形成存在的信息）及用途；

（10）输入交易信息并过至明细账和总账的程序；

（11）会计分录的生成、记录和处理程序，包括将非标准会计分录过至明细账和总账的程序。

2. 本审计工作底稿对固定资产循环控制流程的记录，涉及控制活动的内容应索引至固定资产循环控制测试（D6）的审计工作底稿。

3. 如果被审计单位针对不同类型的固定资产业务分别采用不同的控制流程和控制活动，例如，被审计单位对外购和自行建造固定资产实施不同的控制活动，应分别予以记录。

固定资产业务涉及的主要人员

| 职　　务 | 姓　　名 |
| --- | --- |
| | |
| | |
| | |
| | |
| | |
| | |
| | |

我们采用询问、观察和检查等方法，了解并记录了固定资产循环的主要控制流程，并已与×××、×××等确认下列所述内容。

1. 有关职责分工的政策和程序

注：此处应记录被审计单位建立的有关职责分工的政策和程序，并评价其是否有助于建立有效的内部控制。

2. 主要业务活动介绍

注：此处应记录对本循环主要业务活动的了解。例如：被审计单位主要固定资产类别、预算管理制度、减值准备、对固定资产购置和处置政策的制定和修改程序、对职责分工政策的制定和修改程序等。

（1）固定资产投资预算管理与审批

注：此处应记录对被审计单位固定资产投资决策流程的了解。例如，固定资产投资预算的编制、调整、论证、审批、实施及可行性研究报告的保管等。如果被审计单位自行或委托第三方建造固定资产，还应包括工程项目的预算编制及审批等。

（2）购置

注：此处应记录对固定资产购置流程的了解。例如，请购及审批、招投标管理、购置合同的授权和签订、购置合同管理等。

（3）记录固定资产

续表

| 注：①此处应记录对固定资产记录流程的了解。例如，取得固定资产发票、核对及差异处理、单据流转及核对、处理以及审批程序等。如果被审计单位自行或委托第三方建造固定资产，还应包括工程项目竣工决算编制及审计等。②对付款、与供应商对账环节的控制活动记录于采购与付款循环的审计工作底稿C22。 |
|---|
| （4）固定资产折旧及减值 |
| |
| 注：此处应记录对固定资产计提折旧及减值流程的了解。例如，固定资产折旧年限及计提方法的确定及变更、可回收金额的估计、资产组的认定等。 |
| （5）固定资产日常保管、处置及转移 |
| |
| 注：此处应记录对固定资产日常保管、处置及转移流程的了解。例如，固定资产清查盘点、报废/处置的申请及审批（包括审批权限）、租入及租出固定资产的记录等。 |

**表4－6－5　　控制流程记录示例**

| 编制说明：<br>本审计工作底稿提供的示例，系以固定资产业务较为单一的中型被审计单位为例，并进行适当简化，仅为说明控制流程的记录内容。在执行财务报表审计业务时，注册会计师应运用职业判断，结合被审计单位的实际情况进行适当修改，不可一概照搬。<br>本循环中其他审计工作底稿记录的内容均以下述示例为依据进行填写，并非对所有可能出现情况的全面描述。<br>本示例采用文字叙述方式记录所了解的控制流程，注册会计师也可以采用其他方式，例如，采用问卷、核对表和流程图等方式进行记录。 | |
|---|---|
| ABC公司现行的与固定资产业务有关的政策和程序业经董事会批准，如需对该项政策和程序作出任何修改，均应经董事会批准后方能执行。本年度该项政策和程序没有发生变化。<br>ABC公司固定资产主要包括房屋及建筑物、生产设备、运输设备等，全部通过外购方式取得，没有自行建造的固定资产。<br>ABC公司采用Y系统处理固定资产交易，自动生成记账凭证和固定资产清单，并过至固定资产明细账和总账。 | |
| 固定资产业务涉及的主要人员 | |
| 职　务 | 姓　名 |
| 总经理 | ××× |
| 预算经理 | ××× |
| 财务经理 | ××× |
| 会计主管 | ××× |
| 应付账款记账员 | ××× |
| 固定资产记账员 | ××× |
| 采购经理 | ××× |
| 采购信息管理员 | ××× |
| 采购员 | ××× |
| 设备管理员 | ××× |
| …… | …… |

续表

| 我们采用询问、观察和检查等方法，了解并记录了 ABC 公司固定资产循环的主要控制流程，并已与财务经理×××、预算经理×××确认下列所述内容。 |
|---|
| 1. 有关职责分工的政策和程序 |
| ABC 公司建立了下列职责分工政策和程序： |
| （1）不相容职务相分离。主要包括：固定资产投资预算的编制与审批、采购合同的订立与审批、验收与款项支付、固定资产投保的申请与审批、保管与清查、处置申请与审批、付款审批与执行等职务相分离。 |
| （2）各相关部门之间相互牵制并在其授权范围内履行职责，同一部门或个人不得处理固定资产业务的全过程。 |
| 2. 主要业务活动介绍 |
| （1）固定资产投资预算管理与审批 |
| ABC 公司建立了固定资产投资的预算管理制度。每年年末，各资产使用部门应编制部门固定资产购置计划，经部门经理复核并签字后上报至公司预算管理部门。<br>公司预算管理部门应对各部门上报的预算方案进行审查、汇总，将意见及时反馈编制预算的部门。预算经理×××复核汇总后的固定资产购置预算，并上报至总经理××× 审批。<br>总经理×××负责召集技术和资产购置部门联合进行投资可行性论证，形成可行性报告并存档管理。金额在人民币××元以内的固定资产投资预算由总经理×××批准，超过××元的固定资产投资预算应由董事会批准。<br>经批准后的固定资产投资预算即时下发至各资产使用部门。 |
| （2）购置 |
| 资产使用部门填写请购单（一式三联），经部门经理×××签字批准，附同经批准的固定资产投资预算交至采购部。<br>采购信息管理员×××将有关信息输入 Y 系统，系统将自动生成连续编号的采购订单（此时系统显示为"待处理"状态）。每月，采购信息管理员×××核对本月内生成的采购订单，并将采购订单存档管理。<br>采购经理×××根据系统显示的"待处理"采购订单信息，对金额在人民币××元内的请购，可不需进行采购招标而直接安排购置；金额超过人民币××元至人民币××元的请购，由采购经理×××组织技术部门、投资部门相关人员共同实施采购招标，并经总经理×××审批。<br>ABC 公司董事会对固定资产采购合同重要条款进行审批，并授权总经理×××签署合同。采购合同一式四份，且连续编号。<br>每月，财务部门应付账款记账员×××汇总本月内生成的所有采购信息，并与请购单核对，编制采购信息报告。如核对相符，应付账款记账员×××即在采购信息报告上签字。如有不符，应付账款记账员×××还需在采购信息报告中注明不符事项及其调查结果。<br>发生可资本化的后续支出时，视同固定资产购置业务办理。 |
| （3）记录固定资产 |
| 资产使用部门对固定资产进行验收，办理验收手续，出具验收单，并与采购合同、发货单等凭据、资料进行核对。<br>收到固定资产发票后，应付账款记账员×××将发票所载信息和验收单、采购订单、采购合同等进行核对，如所有单证核对一致，应付账款记账员×××在发票上加盖"相符"印戳并将有关信息输入 Y 系统，此时系统自动生成记账凭证过至明细账和总账，采购订单的状态也由"待处理"自动更改为"已处理"。<br>如发现任何差异，应付账款记账员×××将立即通知采购经理×××和资产使用部门经理，以实施进一步调查。如果采购经理×××和资产使用部门经理认为该项差异可以合理解释，需在发票上注明其解释，并特别批准授权将该发票输入 Y 系统。<br>固定资产记账员×××根据系统显示的"已处理"信息，记录当月增加的固定资产，并自下月起计提折旧，每月末，固定资产记账员×××编制月度内固定资产增、减变动情况分析报告，交至会计主管×××复核。 |

续表

| (4) 固定资产折旧及减值 |
|---|
| ABC公司董事会制定并批准了固定资产折旧的会计政策，规定固定资产按实际成本入账，对每月增加的固定资产，自下月起计提折旧；当月减少的固定资产，当月不再计提折旧。固定资产采用直线法计提折旧，年度终了，对固定资产使用寿命预计净残值和折旧方法进行复核。<br>ABC公司折旧费用由系统自动化计算生成，固定资产记账员×××在每月编制的月度内固定资产增、减变动情况分析报告中，对折旧费用的变动亦会作出分析。<br>年度终了，会计主管×××会同技术部门和资产使用部门，对固定资产的使用寿命、预计净残值、折旧方法进行复核，并检查固定资产是否出现减值迹象。技术部门根据复核和检查结果，编写固定资产价值分析报告。<br>会计主管×××根据固定资产价值分析报告，如果对固定资产的使用寿命、预计净残值预计数与原先估计数有较大差异的，或与固定资产有关经济利益预期实现方式有重大改变的，会计主管×××应编写会计估计变更建议。<br>根据固定资产价值分析报告，如果出现固定资产减值迹象，会计主管×××应对该固定资产进行减值测试，计算其可回收额，编制固定资产价值调整建议。<br>会计估计变更建议和固定资产价值调整建议经财务经理×××复核后，报董事会审批。只有经董事会批准后方可进行财务处理。 |
| (5) 固定资产日常保管、处置及转移 |
| ABC公司以固定资产卡片的方式进行实物管理。<br>每季末，资产使用部门对固定资产进行盘点，由设备管理员×××编写固定资产盘点明细表，固定资产记账员×××对盘点结果进行复盘，如有差异经董事会审批后应及时进行账务处理。ABC公司对主要固定资产已办理了商业保险。<br>对固定资产重大维修计划，列入年度预算，按固定资产购置程序处理。对报废的固定资产，由资产使用部门填写固定资产报废单，交总经理×××审核，对金额超过人民币××元的固定资产报废单，由董事会审批。固定资产记账员×××根据经适当批准的固定资产报废单进行账务处理。<br>内部调拨固定资产时，由调入、调出部门共同填写固定资产内部调拨单，交固定资产记账员×××进行账务处理。 |

### 表4-6-6　评价内部控制设计——控制目标及控制活动

| 编制说明：<br>1. 本审计工作底稿中列示的控制活动，仅为说明有关表格的使用方法，并仅针对C272中的示例所设计，并非对所有控制目标、受该目标影响的交易和账户余额及其认定以及控制活动的全面列示。在执行财务报表审计业务时，注册会计师应运用职业判断，结合被审计单位的实际情况了解和测试能够确保实现控制目标的控制活动。<br>2. 本审计工作底稿用以记录固定资产循环中主要业务活动的控制目标、受该目标影响的相关交易和账户余额及其认定、常用的控制活动以及被审计单位的控制活动，其中，“常用的控制活动”一栏列示了在实务中为实现相关控制目标常用的控制活动，在实际编写审计工作底稿时应予以删除；对“受影响的相关交易和账户余额及其认定”一栏，注册会计师应根据被审计单位的实际情况分析填写。<br>3. 如果多项控制活动能够实现同一控制目标，注册会计师不必了解与该项控制目标相关的每项控制活动。本审计工作底稿记录的控制活动，仅为实现有关控制目标可能采用的控制活动中的一种，被审计单位也可能采用其他控制活动达到有关控制目标，注册会计师应根据被审计单位的实际情况进行填写。<br>4. 注册会计师应关注被审计单位采取的控制活动是否能够完全达到相关的控制目标，在某些情况下，某些控制活动单独执行时，并不能完全达到控制目标，这时注册会计师需要识别与该特定目标相关的其他控制活动，并对其进行测试，以获取达到控制目标的足够保证程度。<br>5. 一项控制活动可能可以达到多个控制目标。为提高审计效率，如存在可以同时达到多个控制目标的控制活动，注册会计师可以考虑优先测试该控制活动。 |

续表

6. 如果某一项控制目标没有相关的控制活动或控制活动审计不合理，注册会计师应考虑被审计单位控制的有效性及其对拟采取的审计方案的影响。

7. 如果注册会计师拟信赖以前审计获取的有关本循环控制活动运行有效性的审计证据，应当通过实施询问并结合观察或者检查程序，获取该等控制是否已发生变化的审计证据，并予以记录。

（以下请学生完成）

| 主要业务活动 | 控制目标 | 受影响的相关交易和账户余额的认定 | 常用的控制活动 | 被审计单位的控制活动 | 控制活动对实现控制目标是否有效（是/否） |
|---|---|---|---|---|---|
| 固定资产投资预算管理与审批 | 只有经管理层核准的固定资产投资预算才能执行 | | | | |
| 购置 | 只有经核准的采购合同才能执行 | | | | |
| | 已记录的采购订单内容准确 | | | | |
| | | | | | |
| 记录固定资产 | | | | | |
| | | | | | |
| | | | | | |
| | | | | | |
| 固定资产折旧及减值 | | | | | |
| | | | | | |
| 固定资产折旧及减值 | | | | | |
| | | | | | |
| 固定资产日常保管、处置及转移 | | | | | |
| | | | | | |
| | | | | | |
| | | | | | |
| | | | | | |

注：对因固定资产采购交易形成的义务均已确认为应付账款，ABC公司于每月末与供应商对账，如有差异，应付账款主管×××将立即进行调查，如调查结果表明需调整账簿记录，应付账款主管×××将编制应付账款调节表和调整建议，连同应付账款账龄分析报告一并交至会计主管×××复核，经财务经理×××批准后方可进行账务调整。

对该控制活动，我们已于采购与付款循环进行了解、评价并执行控制测试，在本循环中不再进行穿行测试和控制测试。

# 实质性程序（上）

## 实训一　库存现金的审计（一）

### 实训目的

1. 通过本实训，使学生明确库存现金盘点的目的和审计的具体操作程序，并能够结合现金审计对被审计单位的现金管理情况做出审计评价。

2. 熟悉并填写《库存现金监盘表》。

### 实训环境

审计实验室或大教室，配有《库存现金监盘表》、《库存现金审计程序表》、《库存现金审定表》等相关审计工作底稿。

### 实训资料

2012 年 1 月 10 日上午 8 时，江南会计师事务所派出的注册会计师王磊、刘涌对永兴公司的库存现金进行突击盘点。经过盘点，实际情况如下：

1. 现钞有：100 元币 100 张，50 元币 130 张，10 元币 160 张、5 元币 190 张，2 元币 220 张，1 元币 250 张，5 角币 300 张，2 角币 200 张，1 角币 400 张，总计 19 970 元。

2. 已收款尚未入账的收款凭证 3 张，共计 1 300 元。

3. 已付款尚未入账的付款凭证 5 张，共计 5 200 元，其中有马明借条一张，日期为 2007 年 7 月 15 日，金额 2 000 元，未经批准和说明用途。

4. 盘点的库存现金账面余额为 18 902 元，2012 年 1 月 1 日至 2012 年 1 月 10 日收入现金 45 601.6 元，支出现金 41 200 元，2011 年 12 月 31 日库存现金账面余额为 10 600.4 元。

5. 上述盘点结果已经取得公司出纳员张凡、会计主管高岚的签字文件。

## 实训要求

1. 根据资料编制《库存现金监盘表》（见表5－1－1），计算出盈亏，并推算2007年12月31日库存现金实存额。

2. 指明企业存在的问题，提出审计处理意见。

**表5－1－1** 库存现金监盘表

<table>
<tr><td colspan="6">被审计单位：</td><td colspan="7">索　引　号：ZA1－1</td></tr>
<tr><td colspan="6">项　　目：</td><td colspan="7">财务报表截止日/期间：</td></tr>
<tr><td colspan="6">编　　制：</td><td colspan="7">复　　核：</td></tr>
<tr><td colspan="6">日　　期：</td><td colspan="7">日　　期：</td></tr>
<tr><td colspan="6">检查盘点记录</td><td colspan="7">实有库存现金盘点记录</td></tr>
<tr><td colspan="2">项目</td><td>项次</td><td>人民币</td><td>美元</td><td>某外币</td><td>面额</td><td colspan="2">人民币</td><td colspan="2">美元</td><td colspan="2">某外币</td></tr>
<tr><td colspan="2">上一日账面库存余额</td><td>①</td><td></td><td></td><td></td><td>1 000 元</td><td>张</td><td>金额</td><td>张</td><td>金额</td><td>张</td><td>金额</td></tr>
<tr><td colspan="2">盘点日未记账传票收入金额</td><td>②</td><td></td><td></td><td></td><td>500 元</td><td></td><td></td><td></td><td></td><td></td><td></td></tr>
<tr><td colspan="2">盘点日未记账传票收入金额</td><td>②</td><td></td><td></td><td></td><td>500 元</td><td></td><td></td><td></td><td></td><td></td><td></td></tr>
<tr><td colspan="2">盘点日未记账传票支出金额</td><td>③</td><td></td><td></td><td></td><td></td><td></td><td></td><td></td><td></td><td></td><td></td></tr>
<tr><td colspan="2">盘点日账面应有金额</td><td>④＝①＋②－③</td><td></td><td></td><td></td><td>100 元</td><td></td><td></td><td></td><td></td><td></td><td></td></tr>
<tr><td colspan="2">盘点实有库存现金数额</td><td>⑤</td><td></td><td></td><td></td><td>50 元</td><td></td><td></td><td></td><td></td><td></td><td></td></tr>
<tr><td colspan="2">盘点日应有与实有差异</td><td>⑥＝④－⑤</td><td></td><td></td><td></td><td>10 元</td><td></td><td></td><td></td><td></td><td></td><td></td></tr>
<tr><td rowspan="7">差异原因分析</td><td>白条抵库（张）</td><td></td><td></td><td></td><td></td><td>5 元</td><td></td><td></td><td></td><td></td><td></td><td></td></tr>
<tr><td></td><td></td><td></td><td></td><td></td><td>2 元</td><td></td><td></td><td></td><td></td><td></td><td></td></tr>
<tr><td></td><td></td><td></td><td></td><td></td><td>1 元</td><td></td><td></td><td></td><td></td><td></td><td></td></tr>
<tr><td></td><td></td><td></td><td></td><td></td><td>0.5 元</td><td></td><td></td><td></td><td></td><td></td><td></td></tr>
<tr><td></td><td></td><td></td><td></td><td></td><td>0.2 元</td><td></td><td></td><td></td><td></td><td></td><td></td></tr>
<tr><td></td><td></td><td></td><td></td><td></td><td>0.1 元</td><td></td><td></td><td></td><td></td><td></td><td></td></tr>
<tr><td></td><td></td><td></td><td></td><td></td><td>合计</td><td></td><td></td><td></td><td></td><td></td><td></td></tr>
<tr><td rowspan="5">追溯调整</td><td colspan="2">报表日至审计日库存现金付出总额</td><td></td><td></td><td></td><td colspan="7" rowspan="5"></td></tr>
<tr><td colspan="2">报表日至审计日库存现金收入总额</td><td></td><td></td><td></td></tr>
<tr><td colspan="2">报表日库存现金应有余额</td><td></td><td></td><td></td></tr>
<tr><td colspan="2">报表日账面汇率</td><td></td><td></td><td></td></tr>
<tr><td colspan="2">报表日余额折合本位币金额</td><td></td><td></td><td></td></tr>
<tr><td colspan="3">本位币合计</td><td></td><td></td><td></td><td colspan="7"></td></tr>
<tr><td colspan="3"></td><td></td><td></td><td></td><td colspan="7"></td></tr>
<tr><td colspan="13">审计说明：</td></tr>
</table>

出纳员：　　　　会计主管人员：　　　　监盘人：　　　　检查日期：

# 实训二　库存现金的审计（二）

## 实训目的

1. 通过本实训，使用学生了解库存现金审计的一般方法及审计中应该考虑的问题，能够根据客户的具体情况对库存现金进行审计。

2. 熟悉审计基本方法之调节法。

## 实训环境

审计实验室或大教室，配有《库存现金监盘表》、《库存现金审计程序表》、《库存现金审定表》等相关审计工作底稿。

## 实训资料

2012 年 1 月 25 日，审计人员对甲公司 2011 年 12 月 31 日资产负债表进行审计，查得"货币资金"项目的库存现金余额为 29 950 元。2012 年 1 月 25 日现金日记账的余额是 23 650 元。2012 年 1 月 26 日上午 8 时，审计人员对该公司的库存现金进行了盘点，盘点结果如下：

1. 现金实有数 18 500 元。

2. 在保险柜中发现职工李东 11 月 5 日预借差旅费 5 000 元，已经领导批准。

3. 在保险柜中发现职工胡立借据一张，金额 4 500 元，未经批准，也未说明其用途。

4. 在保险柜中发现有已收款但未入账的凭证 6 张，金额 4 350 元。

5. 经核对，1 月 1 日至 25 日的收付款凭证和现金日记账，核实 1 月 1 日至 25 日的现金收入数为 71 300 元，现金支出数为 71 600 元，正确无误。

6. 银行核定的公司库存限额为 20 000 元。

## 实训要求

1. 根据以上资料，核实 2012 年 1 月 25 日库存现金应有数，完成《库存现金审定表》（见表 5－2－1）。

2. 核实2011年12月31日《资产负债表》中的库存现金是否真实、完整。

3. 提出你的初步审计结论及建议。

**表5-2-1** 货币资金审定表

| 被审计单位: | | | | | | 索 引 号: ZA | | |
|---|---|---|---|---|---|---|---|---|
| 项 目: 货币资金审定表 | | | | | | 财务报表截止日/期间: | | |
| 编 制: | | | | | | 复 核: | | |
| 日 期: | | | | | | 日 期: | | |
| 项目名称 | 期末未审数 | 账项调整 | | 重分类调整 | | 期末审定数 | 上期末审定数 | 索引号 |
| | | 借方 | 贷方 | 借方 | 贷方 | | | |
| 库存现金 | | | | | | | | |
| 银行存款 | | | | | | | | |
| 其他货币资金 | | | | | | | | |
| | | | | | | | | |
| | | | | | | | | |
| | | | | | | | | |
| 小计 | | | | | | | | |
| | | | | | | | | |
| 合计 | | | | | | | | |
| 审计结论: | | | | | | | | |

# 实训三 银行存款的审计

## 实训目的

1. 通过本实训，使学生了解银行存款审计的基本方法及审计中应该考虑的问题。
2. 了解银行存款业务环节中可能存在的风险（舞弊行为）。
3. 根据所识别的审计风险，设计防止舞弊的内部控制程序。

## 实训环境

审计实验室或大教室，配有《银行存款余额调节表》、《银行存款审计程序表》等相关审计工作底稿。

## 实训资料

大华制造公司在华商银行 A 支行设有营业专户，在建设银行 B 支行设有工资专户，在商业银行开设管理性账户，授权总经理张强和会计部主任王梅签发支票；又定额零用金 30 000 元，专由王梅负责。

2011 年股市起伏颇大，王梅就以自己的钱买进股票。一开始小有收获，不料其后逆转，损失很大。于是王便于 2011 年 6 月 11 日从营业专户中擅自签发了一张面额 15 万元的现金支票，自己背书后盗用。账上并未记载这笔款项。2011 年 6 月 30 日华商银行未兑支票（即企业已开出银行未转账支票明细如下：

1011#　45 750 元；

1013#　42 450 元；

1016#　45 000 元；

1017#　67 350 元

1018#　90 000 元；

1019#　49 470 元；

1020#　94 350 元；

1021#　17 250 元

1022#　56 580 元；

1023#　16 800 元。）

王梅所编 6 月底营业账户的银行调节表（见表 5－3－1）：

**表 5－3－1**　　银行存款余额调节表　　单位：元

| 银行存款日记账余额 | 271 200 | 银行对账单余额 | 525 690 |
|---|---|---|---|
| 减：银行手续费 | 510 | 加：在途存款 | 120 000 |
| | | 减：未兑支票 | |
| | | 1017# | 67 350 |
| | | 1018# | 90 000 |
| | | 1019# | 49 470 |
| | | 1020# | 94 350 |
| | | 1021# | 17 250 |
| | | 1022# | 56 580 |
| 调节后余额 | 270 690 | | 270 690 |

2011 年 7 月 31 日王梅从管理性账户开出支票 585#计 15 万元并存入营业专户，8 月 31 日又从营业专户开支票#1254#计 15 万元存入管理性账户，均未入账。

### 实训要求

1. 王梅使用何种技术掩饰其舞弊行为？
2. 审计人员应采取何种程序方可揭示上述舞弊行为？
3. 大华公司应设置何种内部控制程序以防止类似事件重演？

## 实训四　应收账款的函证及分析

### 实训目的

通过实验使学生掌握应收账款真实性的测试程序，学会检查发票等原始凭证，能检查应收账款明细账等账簿，具体掌握应收账款函证等程序。

### 实训环境

审计实验室或大教室，具备分组讨论条件，配有《应收账款审计程序表》、《应收账款函询未回替代程序审查表》等相关审计工作底稿。

### 实训资料

2012 年 2 月 11 日，中财网会计师事务所注册会计师肖勇、少军为了测试金信实业公司应收账款真实性和账务处理的正确性，抽取了部分发票，追查至应收账款账龄分析表、应收账款明细账，检查其记录、过账、加总是否正确一致。

金信实业公司曾与六家公司发生赊销业务往来，其应收账款余额明细见表 5 -4 -1。

**表 5－4－1**　　金信实业公司应收账款余额明细表　　单位：元

| 债务人名称 | 摘要 | 业务发生时间 | 期初数 | 期末数 | 账龄 | | | | 备注 |
|---|---|---|---|---|---|---|---|---|---|
| | | | | | 1 年以下 | 1～2 年 | 2～3 年 | 3～4 年 | |
| 大华公司 | 销货款 | 2011. 5 | 126 907 770 | 458 812 | 458 812 | | | | |
| 成新公司 | 销货款 | 2011. 4 | 0 | 22 543 | 22 543 | | | | |
| 力发公司 | 销货款 | 2011. 12 | 350 796 | 21 215 678 | 21 215 678 | | | | |
| 万方公司 | 销货款 | 2011. 1 | 0 | 325 858 | 325 858 | | | | |
| 百业公司 | 销货款 | 2010. 2 | 545 966 | 545 966 | 0 | 545 966 | | | |
| 美园公司 | 销货款 | 2011. 6 | 0 | 129 102 034 | 129 102 034 | | | | |
| 合计 | | | 127 804 532 | 151 670 891 | 151 124 925 | 545 966 | | | |

两位注册会计师根据应收账款审计程序表的具体计划安排，对所有债务人实施函证程序，回函情况如下：大华公司、成新公司、力发公司、万方公司、美园公司都已回函确认其债务，且金额相符。百业公司没有回函。注册会计师继续审查其记账凭证，其记账凭证见表 5－4－2。

**表 5－4－2**　　转账凭证

2010 年 12 月 22 日　　转字 32 号

| 摘要 | 会计科目 | | 借方金额 | | | | | | | | | | 贷方金额 | | | | | | | | | | 记账 |
|---|---|---|---|---|---|---|---|---|---|---|---|---|---|---|---|---|---|---|---|---|---|---|---|
| | 总账科目 | 明细科目 | 千 | 百 | 十 | 万 | 千 | 百 | 十 | 元 | 角 | 分 | 千 | 百 | 十 | 万 | 千 | 百 | 十 | 元 | 角 | 分 | |
| 销售甲产品 | 应收账款 | 百业公司 | | | 5 | 4 | 5 | 9 | 6 | 6 | 0 | 0 | | | | | | | | | | | |
| | 主营业务收入 | 甲产品 | | | | | | | | | | | | | 4 | 6 | 6 | 6 | 3 | 7 | 6 | 0 | |
| | 应交税金 | 应交增值税 | | | | | | | | | | | | | | 7 | 9 | 3 | 2 | 8 | 4 | 0 | |
| | | | | | | | | | | | | | | | | | | | | | | | |
| | | | | | | | | | | | | | | | | | | | | | | | |
| 合计 | | | | | 5 | 4 | 5 | 9 | 6 | 6 | 0 | 0 | | | 5 | 4 | 5 | 9 | 6 | 6 | 0 | 0 | |

会计主管：王天　　记账：李一　　稽核：张田

与此有关的发票内容如表 5－4－3 所示。

**表 5－4－3**　　北京市增值税专用发票

| 购货单位 | 名称 | 东莞市百业公司 | 纳税人登记号 | 2340001450025487 |
|---|---|---|---|---|
| | 地址、电话 | 东莞市人民大街 655 号 | 开户银行及账号 | 567275552036874598 |

| 货物或应税劳务名称 | 计量单位 | 数量 | 单价 | 金额 | | | | | | | | | 税率 % | 金额 | | | | | | | | |
|---|---|---|---|---|---|---|---|---|---|---|---|---|---|---|---|---|---|---|---|---|---|---|
| | | | | 百 | 十 | 万 | 千 | 百 | 十 | 元 | 角 | 分 | | 百 | 十 | 万 | 千 | 百 | 十 | 元 | 角 | 分 |
| 甲产品 | 件 | 10 | 46 663. 76 | | 4 | 6 | 6 | 6 | 3 | 7 | 6 | 0 | 17 | | | 7 | 9 | 3 | 2 | 8 | 4 | 0 |
| | | | | | | | | | | | | | | | | | | | | | | |
| | | | | | | | | | | | | | | | | | | | | | | |
| 合计 | | | 46 663. 76 | | 4 | 6 | 6 | 6 | 3 | 7 | 6 | 0 | | | | 7 | 9 | 3 | 2 | 8 | 4 | 0 |

| 价税合计（大写）： | 伍拾肆万伍仟玖佰陆拾元陆角整 | | | |
|---|---|---|---|---|
| 销货单位 | 名称 | 北京市金信实业公司 | 纳税人登记号 | 0014852522445289 |
| | 地址、电话 | 北京市西城区 65 号 | 开户银行及账号 | 4544563774513346 |

该款项已于审计日前收到。

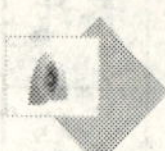

## 实训要求

1. 请代注册会计师写一份肯定式的《询证函》，用以函证百业公司的应收账款。
2. 代注册会计师填写《应收账款函询情况表》（见表5－4－4）。
3. 代注册会计师填写应收账款函询未回替代程序检查表，见表5－4－5。

**表5－4－4　　中财网会计师事务所应收账款函询情况表**

| 发函询证纪要 | | | | 是否收到回函 | 收到回函 | | | | 未收到回函 | | 审计意见 |
|---|---|---|---|---|---|---|---|---|---|---|---|
| | | | | | 可以确认金额 | | 未确认金额 | | | | |
| 序号 | 选取样本目的 | 单位名称 | 期末余额（元） | | 回函直接确认 | 调节后可以确认 | 争议未决金额 | 其他 | 通过替代审计可确认的金额 | 未核实金额 | |
| 1 | | 大华公司 | 458 812 | | | | | | | | 确认 |
| 2 | | 成新公司 | 22 543 | | | | | | | | 确认 |
| 3 | | 力发公司 | 21 215 678 | | | | | | | | 确认 |
| 4 | | 万方公司 | 325 858 | | | | | | | | 确认 |
| 5 | | 美园公司 | 129 102 034 | | | | | | | | 确认 |
| 合计 | | | | | | | | | | | 确认 |

| | |
|---|---|
| 抽取企业应收账款样本：户 | 抽取样本金额： |
| 收到回函样本金额： | 回函可以确认金额： |
| 企业期末应收账款客户：户 | 企业期末应收账款总金额： |
| 占样本金额比例： | 通过替代审计可确认金额： |
| 户数的比例：户 | 抽取样本占期末余额比例： |
| 可确认金额占样本 | 金额的比例： |

**表5－4－5　　中财网会计师事务所应收账款函询未回替代程序审查表**

| 债务人名称 | 借方入账 | | | 审计日止是否收到 | 应收账款内容 | | | | | 拖欠原因 | 审计确认意见 |
|---|---|---|---|---|---|---|---|---|---|---|---|
| | 日期 | 凭证号 | 金额 | | 事由 | 发票号 | 货名 | 数量 | 金额 | | |
| | | | | | | | | | | | |
| | | | | | | | | | | | |
| | | | | | | | | | | | |
| 合计 | | | | | | | | | | | |

# 实训五　坏账准备的审计

## 实训目的

通过实验使学生掌握坏账准备估价的测试程序，掌握通过检查应收账款明细账、重新计算等程序来查明坏账准备计价是否正确的方法。

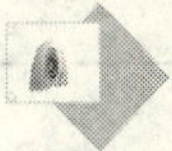

## 实训环境

审计实验室或大教室，具备分组讨论条件，配有《坏账准备审定表》、《应收账款函询未回替代程序审查表》等相关审计工作底稿。

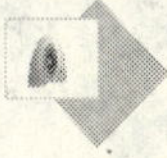

## 实训资料

2012 年 2 月 11 日，中财网会计师事务所注册会计师肖勇、少军为了测试金信实业公司 2011 年度资产负债表中坏账准备估计和账务处理的正确性，实施了包括核对坏账准备明细账、总账余额与财务报表余额是否相符的审计程序。在审查中发现，应收账款已审定余额为 214 459 971. 9 元，其中，1 年以下的为 213 832 181. 6 元，1 ~ 2 年的为 593 222. 8 元，2 ~ 3 年的为 34 567. 44 元。在 1 年以下的应收账款中有 28 219 283. 44 元为刚刚发生，不必计提坏账准备，其余应收账款均应计提相应的坏账准备。又已知，金信实业公司的坏账准备计提比例如下：1 年以下的为 5%，1 ~ 2 年的为 20%，2 ~ 3 年的为 30%，3 年以上的为 40%。然而金信实业公司却从未计提坏账准备。

## 实训要求

请代两位注册会计师重新计算应计提的坏账准备的数额，编制调整分录，并写明审计结论，填表 5 – 5 – 1。

表 5-5-1 中财网会计师事务所坏账准备审定表 单位：元

| 账龄 | 上期末审计数 | 本期增加 | | 本期减少 | | 未审数 | 已审应收款余额 | 减：不提坏账准备应收款项金额 | 应提坏账准备应收款项金额 | 应提坏账准备金额 | 应提与已提的差异数 | 审定数 |
|---|---|---|---|---|---|---|---|---|---|---|---|---|
| | | 计提 | 收回 | 冲销 | 冲回 | | | | | | | |
| 1 年内 | | | | | | | | | | | | |
| 1～2 年 | | | | | | | | | | | | |
| 2～3 年 | | | | | | | | | | | | |
| 3～4 年 | | | | | | | | | | | | |
| 4～5 年 | | | | | | | | | | | | |
| 5 年以上 | | | | | | | | | | | | |
| 合计 | | | | | | | | | | | | |
| 调整分录：<br>审计说明：<br>审计结论： | | | | | | | | | | | | |

# 实训六 存货审计

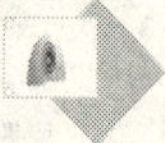

## 实训目的

1. 通过本实训，使学生了解企业存货具有一定的季节性的特点，但季节性特点并不能够掩饰企业存货管理中可能存在的问题。

2. 掌握存货审计的具体操作程序，并能够结合审计中发现的问题对被审计单位的存货管理情况做出审计评价并提出审计建议。

## 实训环境

审计实验室或大教室，具备分组讨论条件，配有《存货审计程序表》等相关审计工作底稿。

## 实训资料

某厂保卫科 2011 年 10 月 12 日接到公安局来电说抓住一个盗窃犯。据交代今年以来该盗窃犯曾偷窃该厂白银多次，先后共达 750 公斤。保卫科接到电话后，即派专人去查仓

库的白银出入库明细账，账上反映的情况如表5－6－1所示。

据了解该厂收入与发出常常不计量，有时月底盘点，发现库存数不符，就由车间补开领料单。到10月12日发现盗窃事件当天，就作了盘点，实存数与账面数相差不大（实存为8 198公斤）。

**表5－6－1　　2007年1～10月白银出入库明细账**

| 月 | 日 | 摘要 | 收入 | 发出 | 结存 |
|---|---|---|---|---|---|
| 1 | 10 | 向××商店购入 | 3 850公斤 | | 3 850公斤 |
| | 25 | 发××车间 | | 1 200公斤 | 2 650公斤 |
| 3 | 15 | 发××车间 | | 500公斤 | 2 150公斤 |
| 4 | 18 | 向××厂购入 | 8 300公斤 | | 10 450公斤 |
| | 20 | 发××车间 | | 1 500公斤 | 8 950公斤 |
| 5 | 20 | 向××厂购入 | 6 000公斤 | | 14 950公斤 |
| | 28 | 发××车间 | | 2 000公斤 | 12 950公斤 |
| 6 | 8 | 发××车间 | | 2 000公斤 | 10 950公斤 |
| | 18 | 发××车间 | | 4 500公斤 | 6 450公斤 |
| | 30 | 发××车间 | | 350公斤 | 6 100公斤 |
| 7 | 15 | 发××车间 | | 4 100公斤 | 2 000公斤 |
| | 31 | 发××车间 | | 500公斤 | 1 500公斤 |
| 8 | 10 | 向××厂购入 | 6 000公斤 | | 7 500公斤 |
| | 21 | 发××车间 | | 2 000公斤 | 5 500公斤 |
| 9 | 5 | 发××车间 | | 1 000公斤 | 4 500公斤 |
| | 30 | 发××车间 | | 300公斤 | 4 200公斤 |
| 10 | 12 | 向××厂购入 | 4 000公斤 | | 8 200公斤 |

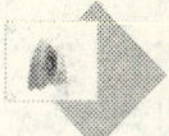

### 实训要求

分组讨论：

1. 车间的真实消耗量到底是多少？
2. 小偷到底偷了多少？
3. 对于上述问题应如何进一步检查？

## 实训七　存货监盘程序

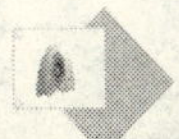

### 实训目的

通过本实验，使学生熟悉存货监盘的基本内容和具体操作程序，基本掌握存货监盘的实质性测试程序工作，并能根据测试的结果发表恰当的审计意见。

## 实训环境

审计实验室或大教室，具备分组讨论条件，配有《存货审计程序表》、《存货审定表》、《存货监盘报告》等相关审计工作底稿。

## 实训资料

1. 中财会计师事务所接受通海公司董事会委托，对通海公司进行年度会计报表审计。根据双方签订的审计约定书，于2011 年3 月10 ~25 日对通海公司2010 年年度的会计报表进行审计，中财会计师事务所派出注册会计师肖勇、少军、袁梦对通海公司进行审计。其中注册会计师肖勇、袁梦负责对存货项目进行审计。

2. 在调查了解过程中知悉通海公司的存货采用先进先出法计价，低值易耗品按一次摊销法核算。在对通海公司的存货进行调整和重分类后，确认的存货余额为36 830 400 元，其中原材料为20 605 400 元，产成品为16 225 000 元。

3. 监盘开始前注册会计师做了如下的工作：索取了《期末存货盘点计划》、该仓库《存货收发存月报表》、《盘点清单》、盘点前该仓库收料、发料的最后一张单证；了解到存货已停止流动，废品、毁损物品已分开堆放，存货已按存货的型号、规格排放整齐，其他非本公司的存货已单独摆放（有存货位置存放图）；货到单未到的存货已暂估入账；已售出、客户已提或未提的存货均已单独记录等。

4. 其他相关数据资料如下：

（1）总账记载数字整理见表5 -7 -1。

**表5 -7 -1** 存货未审数 单位：元

| 项目 | 未审数 |
|---|---|
| 原材料 | 20 605 400 |
| 产成品 | 16 225 000 |
| 合计 | 36 830 400 |

（2）材料明细账记载数据整理见表5 -7 -2。

表 5－7－2

## 材料明细账

单位：元

| 存货类别 | 账面金额 | 存货类别 | 账面金额 |
|---|---|---|---|
| 废钢材 | 6 543 200 | 普线 | 1 326 000 |
| 铁矿石 | 8 845 320 | 高线 | 1 330 000 |
| 原煤 | 3 265 420 | 螺纹钢 | 3 312 000 |
| 镍 | 265 300 | 热轧卷 | 1 395 000 |
| 铬 | 320 000 | 冷轧板 | 2 490 000 |
| 钼 | 250 000 | 中厚板 | 1 415 000 |
| 锰 | 320 000 | 工字钢 | 1 307 000 |
| 铜 | 560 530 | 槽钢 | 2 335 000 |
| 锌 | 235 630 | 角钢 | 1 315 000 |
| 原材料小计 | 20 605 400 | 产成品小计 | 16 225 000 |
| 存货合计 | 36 830 400 | | |

5. 实际抽查盘点的部分材料数据整理见表 5－7－3。

表 5－7－3

## 部分材料数据

单位：元

| 存货类别 | 账面金额 | 存货类别 | 账面金额 |
|---|---|---|---|
| 废钢材 | 6 534 100 | 普线 | 1 362 000 |
| 铁矿石 | 8 585 230 | 高线 | 1 333 000 |
| 原煤 | 3 658 560 | 螺纹钢 | 3 125 000 |
| 镍 | 265 300 | 热轧卷 | 1 410 000 |
| 铬 | 320 000 | 冷轧板 | 2 490 000 |
| 钼 | 250 000 | 中厚板 | 1 415 000 |
| 锰 | 320 000 | 工字钢 | 1 307 000 |
| 铜 | 560 530 | 槽钢 | 2 335 000 |
| 锌 | 235 630 | 角钢 | 1 315 000 |
| 原材料小计 | 20 729 350 | 产成品小计 | 16 092 000 |
| 存货合计 | 36 821 350 | | |

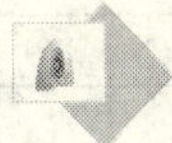

## 实训要求

根据以上资料，编制《存货审定表》（见表 5－7－4），完成《存货监盘报告》（见表 5－7－5）、《存货监盘结果汇总表》（见表 5－7－6）。资料中未提示的项目请酌情处理。

表 5－7－4

## 存货审定表

| 被审计单位： | 索　　引　　号：　Z11 |
|---|---|
| 项　　目：　存货 | 财务报表截止日/期间： |
| 编　　制： | 复　　核： |
| 日　　期： | 日　　期： |

续表

| 存货项目 | 期末未审数 | 账项调整 | | 重分类调整 | | 期末审定数 | 上期末审定数 | 索引号 |
|---|---|---|---|---|---|---|---|---|
| | | 借方 | 贷方 | 借方 | 贷方 | | | |
| 一、存货账面余额 | | | | | | | | |
| 原材料 | | | | | | | | |
| 在途物资 | | | | | | | | |
| 周转材料 | | | | | | | | |
| 库存商品 | | | | | | | | |
| 在产品 | | | | | | | | |
| 发出商品 | | | | | | | | |
| …… | | | | | | | | |
| 合计 | | | | | | | | |
| 二、存货跌价准备 | | | | | | | | |
| 原材料 | | | | | | | | |
| 在途物资 | | | | | | | | |
| 库存商品 | | | | | | | | |
| 在产品 | | | | | | | | |
| 发出商品 | | | | | | | | |
| …… | | | | | | | | |
| 合计 | | | | | | | | |
| 三、存货账面价值 | | | | | | | | |
| 原材料 | | | | | | | | |
| 在途物资 | | | | | | | | |
| 库存商品 | | | | | | | | |
| 在产品 | | | | | | | | |
| 发出商品 | | | | | | | | |
| …… | | | | | | | | |
| 合计 | | | | | | | | |
| 审计结论： | | | | | | | | |

**表5-7-5** 存货监盘报告

| 被审计单位： | 索引号：Z15-1 |
|---|---|
| 项目：存货监盘报告 | 财务报表截止日/期间： |
| 编制： | 复核： |
| 日期： | 日期： |

一、盘点日期：　年　月　日

二、盘点仓库名称：______

仓库负责人：______；

仓库记账员：______；仓库保管员：______

仓库概况：（描述仓库共____间，各仓库的特点）______

续表

三、监盘参加人员：
监盘人员（________事务所）注册会计师：________
监盘人员（________事务所）注册会计师：________
监盘人员（通海公司财务处）：________
监盘人员（通海公司供销处）：________
通海公司盘点负责人：________
通海公司盘点人员：________
上述人员在监盘过程中，除________外，自始至终未离开现场。

四、监盘开始前的工作：

| 项　　目 | 是或否 | 工作底稿编号 |
|---|---|---|
| 1. 索取《期末存货盘点计划》 | | |
| 2. 索取该仓库《存货收发存月报表》 | | |
| 3. 索取存货的《盘点清单》 | | |
| 4. 索取盘点前该仓库收料、发料的最后一张单证 | | |
| 5. 存货是否已停止流动 | | |
| 6. 废品、毁损物品是否已分开堆放 | | |
| 7. 货到单未到的存货是否已暂估入账 | | |
| 8. 发票未开，客户已提取的存货是否已单独记录 | | |
| 9. 发票已开，客户未提取的存货是否已单独记录（或单独堆放） | | |
| 10. 存货是否已按存货的型号、规格排放整齐 | | |
| 11. 外单位寄存的货物是否已分开堆放 | | |
| 12. 代外单位保管的货物是否已分开堆放 | | |
| 13. 外单位代销的货物是否已分开堆放 | | |
| 14. 其他非本公司的货物是否已分开堆放 | | |
| 15. 委托外单位加工的存货、存放外单位的存货，是否收到外单位的书面确认书 | | |
| 16. 最近一次盘点存货的日期 | | |
| 17. 最近一次对计量用具（地秤、称量器和其他计量器）的校对 | | |
| 18. 是否有存货的记录位置或存放图 | | |

五、监盘进行中的工作：
1. 监盘从____点开始，共分____个监盘小组，每个小组____人，
①一人点数并报出型号、规格；
②一人记录《盘点清单》；
③一人________。
2. 核对仓库报表结存数量与仓库存货账结存数量是否相符；仓库存货账结存数量与仓库存货卡数量是否相符；填制《存货表、账、卡核对记录表》。
3. 盘点结束，索取《盘点清单》及《存货盘盈、盘亏汇总表》。

续表

六、复盘
1. 盘点结束后，选择数额较大、收发频繁的存货项目进行复盘。
2. 复盘人员为：__________________。
3. 复盘记录详见《存货监盘结果汇总表》（附后）。
4. 复盘统计：
品种、型号共____种，复盘____种，占____%；
金额共____元，复盘达____元，占____%；
5. 计算复盘正确率：
复盘共____种，其中复盘正确的有____种，占____%；
复盘金额共____元，其中复盘正确的有____元，占____%；
6. 确定存货中属于残次、毁损、滞销积压的存货及其对当年损益的影响：
存货中属于残次、毁损、滞销积压的存货的金额：
其中：原材料：_____________元；
在产品：_____________元；
产成品：_____________元；
库存商品：_____________元；
______：_____________元；
合计：_____________元。

七、盘点结束后的工作：
1. 再次观察现场并检查盘点表单；
2. 复核盘点结果汇总记录；
3. 关注盘点日与资产负债表日之间存货的变动情况；
4. 关注存货盘点结果与永续盘存记录之间出现重大差异的处理；
5. 关注被审计单位盘点方式及其结果无效时的处理，如果认为被审计单位的盘点方式及其结果无效，注册会计师应当提请被审计单位重新盘点；
6. 请参加复盘人员在《存货监盘结果汇总表》上签字；
7. 索取由仓库人员填写的《复盘差异说明》（请用文字说明，并加盖单位公章）。

八、对盘点及复盘的评价：
1. 仓库管理人员对存货很（一般、不）熟悉；
2. 盘点工作及复盘工作很（一般、不）认真；
3. 对会计师需要的资料很（一般、不）配合。
4. 监盘结果总体评价：……

监盘人员签名：_____________
_____________
_____________
_____________

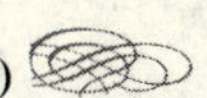

表 5-7-6　　　存货监盘结果汇总表

| 被审计单位： | | | | 索　　引　　号： Z15-2 | | | | |
|---|---|---|---|---|---|---|---|---|
| 项　　目： 存货监盘结果汇总表 | | | | 财务报表截止日/期间： | | | | |
| 编　　制： | | | | 复　　核： | | | | |
| 日　　期： | | | | 日　　期： | | | | |
| 存货类别 | 存货名称 | 单位 | 监盘数量 | 未经确认盘点报告数量 | 差异数量 | 差异原因 | 索引号 | 审计确认盘点报告数量 |
| | | | | | | | | |
| | | | | | | | | |
| | | | | | | | | |
| | | | | | | | | |
| | | | | | | | | |
| | | | | | | | | |
| | | | | | | | | |
| | | | | | | | | |
| | | | | | | | | |
| | | | | | | | | |
| | | | | | | | | |
| | | | | | | | | |
| 监盘人员签名： | | | | | | | | |
| 审计说明： | | | | | | | | |
| 编制说明：本表适用于监盘日（盘点日）为财务报表截止日的情况。 | | | | | | | | |

## 实训八　固定资产的审计

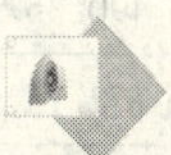

### 实训目的

通过本实验熟悉固定资产内部控制制度测试的基本内容和具体操作程序，根据符合性测试的结果评估其风险，并能从事固定资产的实质性测试工作。

## 实训环境

审计实验室或大教室，具备分组讨论条件，配有《固定资产审定表》、《固定资产、累计折旧及减值准备明细表》、《累计折旧计算表》、《固定资产抽查盘点表》、《固定资产增加检查表》、《固定资产减少检查表》等审计工作底稿。

## 实训资料

中财网会计师事务所于2012年初次接受金信公司董事会委托，对该公司进行年度会计报表审计。根据双方签订的审计约定书，于2012年2月11~18日对金信公司2011年度的会计报表进行审计。根据制订的审计计划，由审计人员肖勇、少军负责固定资产的审计测试与取证工作。

金信公司2011年12月31日资产负债表及固定资产账上反映的情况如表5-8-1所示。

2011年，金信公司固定资产增减变化情况如下：

1. 本年增加固定资产（见表5-8-1）。

**表5-8-1** 固定资产增加明细表 单位：元

| 固定资产类别 | 固定资产原价 | | 累计折旧 | | 净值 | |
|---|---|---|---|---|---|---|
| | 年初余额 | 年末余额 | 年初余额 | 年末余额 | 年初余额 | 年末余额 |
| 房屋建筑物 | | | | | | |
| 其中：1. 生产用 | 12 083 400.00 | 13 833 400.00 | 5 885 010.40 | 4 739 463.43 | 6 198 389.60 | 9 093 936.57 |
| 2. 非生产用 | 5 283 656.00 | 7 883 656.00 | 1 634 638.72 | 1 760 125.55 | 3 649 017.28 | 6 123 530.45 |
| 小计 | 17 367 056.00 | 21 717 056.00 | 7 519 649.12 | 6 499 588.98 | 9 847 406.88 | 15 217 467.02 |
| 机械设备 | | | | | | |
| 其中： | | | | | | |
| 1. 通用设备 | 9 854 264.00 | 9 854 264.00 | 3 251 907.12 | 4 102 330.10 | 6 602 356.88 | 5 751 933.90 |
| 2. 专用设备 | 52 367 825.00 | 55 767 825.00 | 7 331 495.50 | 11 411 730.00 | 45 036 329.50 | 44 356 095.00 |
| 3. 运输设备 | 4 253 658.00 | 4 203 658.00 | 1 361 170.56 | 1 518 167.65 | 2 892 487.44 | 2 685 490.35 |
| 4. 其他设备 | 4 725 023.00 | 4 725 023.00 | 897 754.37 | 1 458 850.85 | 3 827 268.63 | 3 266 172.15 |
| 小计 | 71 200 770.00 | 74 550 770.00 | 1 284 232 755 | 18 491 078.60 | 58 358 442.45 | 56 059 691.40 |
| 合计 | 88 567 826.00 | 96 267 826.00 | 20 361 976.67 | 24 990 667.58 | 68 205 849.33 | 71 277 158.42 |

（1）5 月 10 日，从“在建工程”转入生产用房屋（甲产品生产线厂房）3 750 000 元，机械设备（甲产品生产线）6 100 000 元。

（2）9 月 1 日，直接购入并投入使用的运输设备 400 000 元。

（3）12 月 10 日，从“在建工程”转入非生产用房价值 2 600 000 元。

2. 本年固定资产减少情况。

（1）3 月 5 日，转“待处理财产损溢”950 000 元。其中：房屋建筑物——蒸汽车间厂房，原值 2 000 000 元，净值 450 000 元；生产（专）用设备，原值 1 800 000 元，净值 500 000 元。

（2）8 月 1 日，向外出售生产（专）用机械设备，原值 900 000 元，净值 250 000 元。

（3）12 月 1 日，向外出售运输设备（汽车）原值 450 000 元，净值 90 000 元。

3. 金信公司的折旧政策。

厂房的月折旧率为 2.639%，办公楼的月折旧率为 1.979%，生产线的月折旧率为 7.919%，运输设备的月折旧率为 9.896%。

注册会计师在审计中发现以下情况：

1. 非生产用东风 140 汽车账面 20 台，实际盘点 16 台。经查阅有关资料及向有关人员调查，了解到这 4 台汽车已于 2007 年 6 月 20 日变卖，实际收款 48 000 元，并将实际收到的价款记入“其他应付款”科目。这 4 台汽车变卖时的账面原值为 220 000 元，净值为 49 062.74 元。

2. 公司新建丙产品生产线一条，并已投入生产。但固定资产账中并没有记录。经详查，该条生产线已于 2011 年 6 月 1 日开始试生产，2011 年 12 月 10 日办理了整体竣工验收手续投入正常生产。经查“在建工程”科目，该条生产线实际投资 18 600 000 元。其中，机械设备 12 500 000 元，房屋建筑物 5 800 000 元，贷款利息及其他费用 300 000 元。

3. 审计人员审查在建工程转入固定资产的情况时，发现 5 月 10 日转入的机械设备 6 100 000 元中，有自产设备 800 000 元是按成本价从存货中直接转入的（不含税销售价为 1 000 000 元）。

4. 审计人员审核管理费时发现，2011 年 12 月 10 日该公司支付奥迪车附加费、牌照费、运输费 86 500 元，经查固定资产账中没有此项记录，调查发现是该公司的原料供应商奖励给该公司的，车价为 400 000 元。

5. 审计人员在审阅董事会会议纪要时发现，2011 年 3 月该公司董事会做出决定，以 9 000 000 元投资于某国外公司合资兴办凯龙有限责任公司，占注册资本的 51%。经审阅凯龙公司的章程发现，金信公司实际以评估现值 9 600 000 元（4 月 30 日为基准日）的实物资产投资，其中：房屋建筑物原值 5 000 000 元，净值 4 200 000 元，评估值 4 850 000 元；专用设备原值 7 000 000 元，净值 4 829 802.60 元，评估值 4 750 000 元。了解到该合资公司已于 2011 年 5 月进行验资并登记注册，但在金信公司“长期股权投资”科目未发现此项投资，也未发现固定资产减少的记录。

具体的实物抽查反映的问题见表 5－8－2。

表5－8－2　　固定资产抽查表

| 索引号 | 项目 | 账面数 | | | 实际核实盘点 | | |
|---|---|---|---|---|---|---|---|
| | | 数量 | 金额（元） | 存放地点 | 数量 | 金额（元） | 存放地点 |
| 1 | 桑塔纳轿车 | 3辆 | 530 000.00 | 厂内 | 3 | 530 000.00 | 厂办公室 |
| 2 | 加长解放双排 | 3辆 | 61 500.00 | 厂内 | 3 | 61 500.00 | 销售科 |
| 3 | 达西亚汽车 | 3辆 | 48 000.00 | 厂内 | 3 | 48 000.00 | 供应科 |
| 4 | 大轿车 | 3辆 | 269 100.00 | 厂内 | 3 | 269 100.00 | 车队 |
| 5 | 装载机 | 1台 | 487 500.00 | 厂内 | 3 | 487 500.00 | 销售科 |
| 6 | 东风140卡车 | 20辆 | 1 010 000.00 | 厂内 | 16 | 790 000.00 | 车队 |
| 7 | 翻斗车 | 3辆 | 73 905.00 | 厂内 | 3 | 73 905.00 | 供应科 |
| 8 | 奥迪轿车 | 1辆 | | | 1 | 400 000.00 | 厂办公室 |
| 9 | 车床C36140 | 1台 | 58 850.00 | | 1 | 58 850.00 | 机修车间 |
| 10 | 钻床E31256 | 1台 | 14 882.00 | | 1 | 14 882.00 | 机修车间 |
| 11 | 锅炉SH1W127AD | 2台 | 800 800.00 | | 2 | 800 800.00 | 动力车间 |
| 12 | 铣床X630W | 1台 | 44 018.00 | | 1 | 44 018.00 | 机修车间 |
| 13 | 精密平磨床 | 1台 | 221 500.00 | | 1 | 221 500.00 | 机修车间 |
| 14 | 化验仪器 | 1套 | 13 000.00 | | 1 | 13 000.00 | 机修车间 |
| 15 | 自动热膨胀仪 | 1套 | 187 440.00 | | 1 | 187 440.00 | 机修车间 |
| 16 | 控制柜H2K | 1台 | 32 172.00 | | 1 | 32 172.00 | 机修车间 |

## 实训要求

根据以上资料请代注册会计师对金信公司的相关业务内容编制调整分录，并填写《固定资产审定表》（见表5－8－3）、《固定资产、累计折旧及减值准备明细表》（见表5－8－4）、《累计折旧计算表》（见表5－8－5）、《固定资产抽查盘点表》（见表5－8－6）、《固定资产增加检查表》（见表5－8－7）、《固定资产减少检查表》（见表5－8－8）等审计工作底稿。

表5－8－3　　固定资产审定表

| 被审计单位： | 索　引　号：Z01 |
|---|---|
| 项　　目：固定资产 | 财务报表截止日/期间： |
| 编　　制： | 复　　核： |
| 日　　期： | 日　　期： |

续表

| 项目名称 | 期末未审数 | 账项调整 | | 重分类调整 | | 期末审定数 | 上期末审定数 |
|---|---|---|---|---|---|---|---|
| | | 借方 | 贷方 | 借方 | 贷方 | | |
| 一、固定资产原值合计 | | | | | | | |
| 其中：房屋、建筑物 | | | | | | | |
| 机器设备 | | | | | | | |
| 运输工具 | | | | | | | |
| …… | | | | | | | |
| 二、累计折旧合计 | | | | | | | |
| 其中：房屋、建筑物 | | | | | | | |
| 机器设备 | | | | | | | |
| 运输工具 | | | | | | | |
| …… | | | | | | | |
| 三、减值准备合计 | | | | | | | |
| 其中：房屋、建筑物 | | | | | | | |
| 机器设备 | | | | | | | |
| 运输工具 | | | | | | | |
| …… | | | | | | | |
| 四、账面价值合计 | | | | | | | |
| 其中：房屋、建筑物 | | | | | | | |
| 机器设备 | | | | | | | |
| 运输工具 | | | | | | | |
| …… | | | | | | | |
| | | | | | | | |
| | | | | | | | |
| | | | | | | | |
| | | | | | | | |
| | | | | | | | |
| 审计结论： | | | | | | | |

**表 5－8－4**　　固定资产、累计折旧及减值准备明细表

| 被审计单位： | 索引号：Z02 |
|---|---|
| 项目：固定资产、累计折旧及减值准备明细表 | 财务报表截止日/期间： |
| 编制： | 复核： |
| 日期： | 日期： |

| 项目名称 | 期初余额 | 本期增加 | 本期减少 | 期末余额 | 备注 |
|---|---|---|---|---|---|
| 一、原价合计 | | | | | |

续表

| 项目名称 | 期初余额 | 本期增加 | 本期减少 | 期末余额 | 备注 |
|---|---|---|---|---|---|
| 其中：房屋、建筑物 | | | | | |
| 机器设备 | | | | | |
| 运输工具 | | | | | |
| …… | | | | | |
| 二、累计折旧合计 | | | | | |
| 其中：房屋、建筑物 | | | | | |
| 机器设备 | | | | | |
| 运输工具 | | | | | |
| …… | | | | | |
| 三、固定资产减值准备合计 | | | | | |
| 其中：房屋、建筑物 | | | | | |
| 机器设备 | | | | | |
| 运输工具 | | | | | |
| …… | | | | | |
| 四、固定资产账面价值合计 | | | | | |
| 其中：房屋、建筑物 | | | | | |
| 机器设备 | | | | | |
| 运输工具 | | | | | |
| …… | | | | | |
| | | | | | |
| | | | | | |
| | | | | | |
| | | | | | |
| 审计说明： | | | | | |
| 注：备注栏可填列固定资产的使用年限、剩余使用年限、残值率和年折旧率等情况。 | | | | | |

**表 5-8-5**　　折旧计算检查表

| 被审计单位： | 索　引　号：Z07 |
|---|---|
| 项　目：折旧计算检查表 | 财务报表截止日/期间： |
| 编　制： | 复　核： |
| 日　期： | 日　期： |

| 固定资产名称 | 取得时间 | 使用年限 | 固定资产原值 | 残值率 | 累计折旧期初余额 | 减值准备期初余额 | 本期应提折旧 | 本期已提折旧 | 差异 |
|---|---|---|---|---|---|---|---|---|---|
| | | | | | | | | | |
| | | | | | | | | | |

续表

| 固定资产名称 | 取得时间 | 使用年限 | 固定资产原值 | 残值率 | 累计折旧期初余额 | 减值准备期初余额 | 本期应提折旧 | 本期已提折旧 | 差异 |
|---|---|---|---|---|---|---|---|---|---|
| | | | | | | | | | |
| | | | | | | | | | |
| | | | | | | | | | |
| | | | | | | | | | |
| | | | | | | | | | |
| | | | | | | | | | |
| | | | | | | | | | |
| 审计说明： | | | | | | | | | |

表5－8－6　　固定资产盘点检查情况表

| 被审计单位： | 索引号：Z03 |
|---|---|
| 项目：固定资产盘点检查情况表 | 财务报表截止日/期间： |
| 编制： | 复核： |
| 日期： | 日期： |

| 序号 | 名称 | 规格型号 | 计量单位 | 单价 | 账面结存 | | 被审计单位盘点 | | | 实际检查 | | | 备注 |
|---|---|---|---|---|---|---|---|---|---|---|---|---|---|
| | | | | | 数量 | 金额 | 数量 | 金额 | 盈亏 | 数量 | 金额 | 盈亏 | |
| | | | | | | | | | | | | | |
| | | | | | | | | | | | | | |
| | | | | | | | | | | | | | |
| | | | | | | | | | | | | | |
| | | | | | | | | | | | | | |
| | | | | | | | | | | | | | |
| | | | | | | | | | | | | | |
| 审计说明： | | | | | | | | | | | | | |

检查时间：　　检查地点：　　检查人：　　盘点检查比例：

表5－8－7　　固定资产增加检查表

| 被审计单位： | 索引号：Z04 |
|---|---|
| 项目：固定资产增加检查表 | 财务报表截止日/期间： |
| 编制： | 复核： |
| 日期： | 日期： |

| 固定资产名称 | 取得日期 | 取得方式 | 固定资产类别 | 增加情况 | | 凭证号 | 核对内容（用“√”、“×”表示） | | | | | | | |
|---|---|---|---|---|---|---|---|---|---|---|---|---|---|---|
| | | | | 数量 | 原价 | | 1 | 2 | 3 | 4 | 5 | 6 | 7 | 8 |
| | | | | | | | | | | | | | | |

续表

| 固定资产名称 | 取得日期 | 取得方式 | 固定资产类别 | 增加情况 | | 凭证号 | 核对内容（用"√"、"×"表示） | | | | | | | |
|---|---|---|---|---|---|---|---|---|---|---|---|---|---|---|
| | | | | 数量 | 原价 | | 1 | 2 | 3 | 4 | 5 | 6 | 7 | 8 |
| | | | | | | | | | | | | | | |
| | | | | | | | | | | | | | | |
| | | | | | | | | | | | | | | |
| | | | | | | | | | | | | | | |
| | | | | | | | | | | | | | | |

核对内容说明：

1. 与发票是否一致；
2. 与付款单据是否一致；
3. 与购买/建造合同是否一致；
4. 与验收报告或评估报告等是否一致；
5. 审批手续是否齐全；
6. 与在建工程转出数核对是否一致；
7. 会计处理是否正确（入账日期和入账金额）；
8. ……

审计说明：

**表 5-8-8** 固定资产减少检查表

| | |
|---|---|
| 被审计单位： | 索引号：Z05 |
| 项目：固定资产减少检查表 | 财务报表截止日/期间： |
| 编制： | 复核： |
| 日期： | 日期： |

| 固定资产名称 | 取得日期 | 处置方式 | 处置日期 | 固定资产原价 | 累计折旧 | 减值准备 | 账面价值 | 处置收入 | 净损益 | 索引号 | 核对内容（用"√"、"×"表示） | | | | |
|---|---|---|---|---|---|---|---|---|---|---|---|---|---|---|---|
| | | | | | | | | | | | 1 | 2 | 3 | 4 | 5 |
| | | | | | | | | | | | | | | | |
| | | | | | | | | | | | | | | | |
| | | | | | | | | | | | | | | | |
| | | | | | | | | | | | | | | | |
| | | | | | | | | | | | | | | | |
| | | | | | | | | | | | | | | | |

核对内容说明：

1. 与收款单据是否一致；
2. 与合同是否一致；
3. 审批手续是否完整；
4. 会计处理是否正确；
5. ……

审计说明：

# 实训九 固定资产减值准备审计

## 实训目的

通过本实验熟悉固定资产减值准备的计提范围和计提方法，能够用对企业采用虚假方式计提的资产减值准备进行调整。

## 实训环境

审计实验室或大教室，具备分组讨论条件，配有“固定资产减值准备审计程序表”等审计工作底稿。

## 实训资料

注册会计师肖勇、少君审计大华公司2011年年度会计报表时，了解到该公司固定资产减值准备提取情况，并发现如下问题：

（1）2008年12月21日开始使用的冲压机床账面原值600 000元，已提取累计折旧120 000元，减值准备为零，但由于设备生产出的产品大量为不合格品，大华公司拟对该设备停止使用，并对设备资产净值补提减值准备460 000元。经了解，该设备清理变现净残值为20 000元，如对外出售价格为50 000～60 000元之间，就需花费修理费12 000元，其他费用为2 000元。

（2）2006年建成使用的罐装生产线账面原值300 000元，未提取累计折旧和减值准备，因该设备长期未使用，并在可预见的未来不会再使用，经认定其转让价值为100 000元，清理费用为10 000元，大华公司全额提取固定资产减值准备300 000元。

（3）2007年购入的大型运输车辆账面原值2 000 000元，已提取累计折旧500 000元，并提取减值准备1 500 000元，该车辆上年度已遭毁损，不再具有使用价值和转让价值，在上年已全额计提减值准备，大华公司本年度又计提减值准备400 000元。

（4）2008年购入的设备账面原值380 000元，已提取累计折旧60 000元，并已提取减值准备40 000元，2007年年底，发现该设备有明显减值迹象。减值测试表明，如出售可得价款220 000元，如继续使用，则需修理费用10 000元，未来5年可实现的现金流量净额为250 000元。大华公司从谨慎性原则出发，自本年度起未来每年计提减值准备30 000元。

## 实训要求

1. 根据以上资料请代注册会计师提出对被审计单位的调整建议（不考虑相关税费）。

2. 请将《固定资产减值准备审计程序表》（见表5－9－1）的有关内容补充完整，并填写《固定资产减值准备明细表》（见表5－9－2），编制调整分录。

**表5－9－1** 固定资产减值准备审计程序表

| 被审计单位： | 索引号：Z01 |
|---|---|
| 项目：固定资产 | 财务报表截止日/期间： |
| 编制： | 复核： |
| 日期： | 日期： |

| 审计程序 | 执行情况 | 索引号 |
|---|---|---|
| 1. 获取或编制固定资产减值准备明细表，复核加计正确，并与总账数和明细账合计数核对相符 | | |
| 2. | | |
| 3. 查明固定资产减值准备计提的方法是否符合规定，前后期是否一致，依据是否充分，并做出记录 | | |
| 4. | | |
| 5. 实际发生的固定资产损失转销是否符合有关法规规定的审批手续，处置固定资产时原计提的减值准备是否同时结转，会计处理是否正确 | | |
| 6. | | |
| 7. 检查是否存在转回固定资产减值准备的情况，确定减值准备在以后会计期间没有转回 | | |

**表5－9－2** 固定资产、累计折旧及减值准备明细表

| 被审计单位： | 索引号：Z02 |
|---|---|
| 项目：固定资产、累计折旧及减值准备明细表 | 财务报表截止日/期间： |
| 编制： | 复核： |
| 日期： | 日期： |

| 项目名称 | 期初余额 | 本期增加 | 本期减少 | 期末余额 | 备注 |
|---|---|---|---|---|---|
| 一、原价合计 | | | | | |
| 其中：房屋、建筑物 | | | | | |
| 机器设备 | | | | | |

续表

| 项目名称 | 期初余额 | 本期增加 | 本期减少 | 期末余额 | 备注 |
| --- | --- | --- | --- | --- | --- |
| 运输工具 | | | | | |
| …… | | | | | |
| 二、累计折旧合计 | | | | | |
| 其中：房屋、建筑物 | | | | | |
| 机器设备 | | | | | |
| 运输工具 | | | | | |
| …… | | | | | |
| 三、固定资产减值准备合计 | | | | | |
| 其中：房屋、建筑物 | | | | | |
| 机器设备 | | | | | |
| 运输工具 | | | | | |
| …… | | | | | |
| 四、固定资产账面价值合计 | | | | | |
| 其中：房屋、建筑物 | | | | | |
| 机器设备 | | | | | |
| 运输工具 | | | | | |
| …… | | | | | |
| | | | | | |
| | | | | | |
| | | | | | |
| 审计说明： | | | | | |
| 注：备注栏可填列固定资产的使用年限、剩余使用年限、残值率和年折旧率等情况。 | | | | | |

# 实训十　金融资产审计

## 实训目的

通过本实验，使学生熟悉金融资产审计内部控制制度测试的基本内容和具体操作程序，尤其明确应结合被审计单位的实际情况选择合适的审计程序达到预定审计目标的具体操作程序，并能根据测试的情况对被审计单位有关情况做出初步评价。

## 实训环境

审计实验室或大教室，具备分组讨论条件，配有《交易性金融资产审定表》、《审计后的交易性金融资产明细表》、《证券投资询证函》、《交易性金融资产函证情况汇总表》、《交易性金融资产监盘表》、《交易性金融资产公允价值复核表》等审计工作底稿。

## 实训资料

2012 年 2 月 10 日，中财网会计师事务所的注册会计师肖勇、少军、袁梦接受委派，对同心集团股份有限公司（以下简称同心公司）进行 2010 年年度财务报表审计。同心公司设立财务部来对公司的财务进行核算和管理，并采用计算机记账。注册会计师肖勇、少军在调查中了解到同心公司对外投资以购买股票为主要方式，并且股票由专人负责登记记账，部分投资的股票由众诚证券公司代为保管。对于上述股票投资同心公司确认为交易性金融资产。其他相关资料整理、摘录如下：

1. 交易性金融资产在报表中列示的未审数为 6 601 853. 29 元。证券投资明细账的相关数据见表 5 – 10 – 1。

**表 5 – 10 – 1** 证券投资明细账的相关数据 单位：元

| 有价证券名称 | 数量（股） | 票面值 | 总成本 | 收盘价 | 期末市价 |
|---|---|---|---|---|---|
| 福耀玻璃 | 15 000 | 1. 50 | 123 613. 20 | 8. 20 | 123 000. 00 |
| 北亚集团 | 60 000 | 2. 00 | 778 649. 67 | 12. 75 | 765 000. 00 |
| 浦东大众 | 10 000 | 1. 70 | 321 083. 50 | 25. 40 | 254 000. 00 |
| 新黄埔 | 50 000 | 1. 90 | 646 726. 27 | 8. 02 | 401 000. 00 |
| 宁波中百 | 315 700 | 2. 10 | 3 160 068. 21 | 10. 30 | 3 251 710. 00 |
| 飞乐股份 | 100 000 | 3. 40 | 1 541 187. 44 | 7. 19 | 719 000. 00 |
| 北京天桥 | 8 250 | 1. 50 | 30 525. 00 | 5. 78 | 47 685. 00 |
| 合计 | | | 6 601 853. 29 | | 5 561 395. 00 |

2. 证券投资抽查记录见表 5 – 10 – 2。

**表 5 – 10 – 2** 证券投资抽查记录

| 日期 | 凭证号 | 业务内容 | 对应科目 | 金额（元） |
|---|---|---|---|---|
| 6. 2 | 15 | 购入飞乐股份 1 500 股 | 银行存款 | 18 000. 00 |
| 6. 3 | 5 | 出售新黄埔 1 000 股 | 银行存款 | 25 200. 00 |
| | | 结转亏损 | 投资收益 | 6 800. 00 |
| 6. 30 | 50 | 购入浦东大众 10 000 股 | 银行存款 | 321 083. 50 |

3. 企业具体业务处理过程说明。在证券投资的会计处理过程中，企业按照购入股票或债券的取得成本，借记“交易性金融资产”科目，按支付的价款中包含的已宣告尚未领取的现金股利和应计未收的债券利息，借记“应收股利”、“应收利息”科目，按实际支付的价款，贷记“银行存款”科目。交易性金融资产持有期间所获得的现金股利

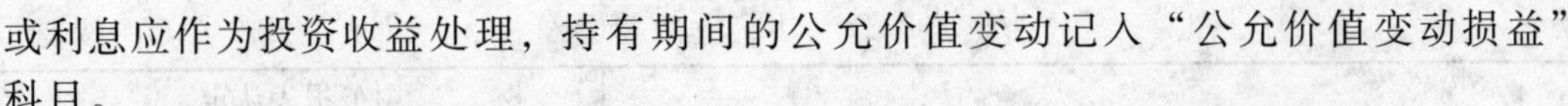

或利息应作为投资收益处理，持有期间的公允价值变动记入“公允价值变动损益”科目。

4. 审计人员所做出的部分认定。

（1）抽查2011年6月所有股票购入、售出业务，复核损益计算是否准确，并与投资收益有关项目核对是否相符，抽查正确率为100%。

（2）对中诚证券公司发出函证，中诚证券公司回函确认代为同心公司保管部分股票。

（3）交易性金融资产在资产负债表中的披露是适当的。

## 实训要求

1. 根据以上资料在调查问卷的基础上补充完成《交易性金融资产实质性程序表》（见表5－10－3）。

**表5－10－3** 交易性金融资产实质性程序表

| 被审计单位： | | 索引号： | ZB |
|---|---|---|---|
| 项目： | 交易性金融资产 | 财务报表截止日/期间： | |
| 编制： | | 复核： | |
| 日期： | | 日期： | |

| 审计目标 | 财务报表认定 | | | | |
|---|---|---|---|---|---|
| | 存在 | 完整性 | 权利和义务 | 计价和分摊 | 列报 |
| A 资产负债表中记录的交易性金融资产是存在的。 | √ | | | | |
| B 所有应当记录的交易性金融资产均已记录。 | | √ | | | |
| C 记录的交易性金融资产由被审计单位拥有或控制。 | | | √ | | |
| D 交易性金融资产以恰当的金额包括在财务报表中，与之相关的计价调整已恰当记录。 | | | | √ | |
| E 交易性金融资产已按照企业会计准则的规定在财务报表中做出恰当列报。 | | | | | √ |

| | | |
|---|---|---|
| D | 1. 获取或编制交易性金融资产明细表：<br>（1）复核加计正确，并与报表数、总账数和明细账合计数核对是否相符；<br>（2）检查非记账本位币交易性金融资产的折算汇率及折算是否正确；<br>（3）________________<br>________________<br>________________ | ZB2 |

续表

| 审计目标 | 财务报表认定 | | | | |
|---|---|---|---|---|---|
| | 存在 | 完整性 | 权利和义务 | 计价和分摊 | 列报 |

| 审计目标 | 可供选择的审计程序 | 索引号 |
|---|---|---|
| CE | 2. 就被审计单位管理层将投资确定划分为交易性金融资产的意图获取审计证据，并考虑管理层实施该意图的能力。应向管理层询问，并通过下列方式对管理层的答复予以印证：<br>（1）考虑管理层以前所述的对于划分为交易性金融资产的意图的实际实施情况；<br>（2）复核包括预算、会议纪要等在内的书面计划和其他文件记录；<br>（3）考虑管理层选择划分为交易性金融资产的理由；<br>（4）考虑管理层在既定经济环境下实施特定措施的能力 | 略 |
| ADE | 3. 确定交易性金融资产余额的正确及存在：<br>（1）获取股票、债券、基金等账户对账单，与明细账余额核对，做出记录或进行适当调整；<br>（2）被审计单位人员盘点交易性金融资产，编制交易性金融资产盘点表，审计人员实施监盘并检查交易性金融资产名称、数量、票面价值、票面利率等内容，同时与相关账户余额进行核对；如有差异，查明原因。做出记录或进行适当调整；<br>（3）如交易性金融资产在审计工作日已售出或兑换，则追查至相关原始凭证，以确认其在资产负债表日存在；<br>（4）在外保管的交易性金融资产等应查阅有关保管的文件，必要时______<br>______<br>______ | ZB3<br>ZB4<br>ZB5<br>ZB6<br>ZB7 |
| BC | 4. 确定交易性金融资产的会计记录是否完整，并确定所购入交易性金融资产归被审计单位所拥有：<br>（1）取得有关账户流水单，对照检查账面记录是否完整。检查购入交易性金融资产是否为被审计单位拥有；<br>（2）______<br>______<br>______ | 略 |
| D | 5. 确定交易性金融资产的计价是否正确：<br>（1）______<br>______<br>______<br>（2）复核公允价值取得依据是否充分。公允价值与账面价值的差额是否记入公允价值变动损益科目 | ZB8 |
| ABD | 6. 抽取交易性金融资产增减变动的相关凭证，检查其原始凭证是否完整合法，会计处理是否正确：<br>（1）抽取交易性金融资产增加的记账凭证，注意其原始凭证是否完整合法，成本、交易费用和相关利息或股利的会计处理是否符合规定；<br>（2）______<br>______<br>______ | |

续表

<table>
<tr><td colspan="2" rowspan="2">审计目标</td><td colspan="5">财务报表认定</td></tr>
<tr><td>存在</td><td>完整性</td><td>权利和义务</td><td>计价和分摊</td><td>列报</td></tr>
<tr><td>审计目标</td><td colspan="5">可供选择的审计程序</td><td>索引号</td></tr>
<tr><td>C</td><td colspan="5">7. 检查有无变现存在重大限制的交易性金融资产，如有，则查明情况，并做适当调整</td><td>略</td></tr>
<tr><td></td><td colspan="5">8. 针对识别的舞弊风险等因素增加的审计程序</td><td>略</td></tr>
<tr><td>E</td><td colspan="5">9. 检查交易性金融资产，检查是否已按照企业会计准则的规定在财务报表中做出恰当列报</td><td>略</td></tr>
</table>

2. 根据以上资料和补充完成的交易性金融资产实质性程序表分别代注册会计师填写《交易性金融资产审定表》（见表5-10-4）、《审计后的交易性金融资产明细表》（见表5-10-5）、《证券投资询证函》（见表5-10-6）、《交易性金融资产函证情况汇总表》（见表5-10-7）、《交易性金融资产监盘表》（见表5-10-8）、《交易性金融资产公允价值复核表》（见表5-10-9）。

**表5-10-4** 交易性金融资产审定表

<table>
<tr><td colspan="4">被审计单位：</td><td colspan="5">索　引　号：ZB1</td></tr>
<tr><td colspan="4">项　　目：交易性金融资产</td><td colspan="5">财务报表截止日/期间：</td></tr>
<tr><td colspan="4">编　　制：</td><td colspan="5">复　　核：</td></tr>
<tr><td colspan="4">日　　期：</td><td colspan="5">日　　期：</td></tr>
<tr><td rowspan="2">项目名称</td><td rowspan="2">期末未审数</td><td colspan="2">账项调整</td><td colspan="2">重分类调整</td><td rowspan="2">期末审定数</td><td rowspan="2">上期末审定数</td><td rowspan="2">索引号</td></tr>
<tr><td>借方</td><td>贷方</td><td>借方</td><td>贷方</td></tr>
<tr><td>1. 交易性债券投资</td><td></td><td></td><td></td><td></td><td></td><td></td><td></td><td></td></tr>
<tr><td>2. 交易性权益工具投资</td><td></td><td></td><td></td><td></td><td></td><td></td><td></td><td></td></tr>
<tr><td>3. 指定为以公允价值计量且其变动计入当期损益的金融资产</td><td></td><td></td><td></td><td></td><td></td><td></td><td></td><td></td></tr>
<tr><td>4. 衍生金融资产</td><td></td><td></td><td></td><td></td><td></td><td></td><td></td><td></td></tr>
<tr><td>5. 其他</td><td></td><td></td><td></td><td></td><td></td><td></td><td></td><td></td></tr>
<tr><td></td><td></td><td></td><td></td><td></td><td></td><td></td><td></td><td></td></tr>
<tr><td>合　计</td><td></td><td></td><td></td><td></td><td></td><td></td><td></td><td></td></tr>
<tr><td colspan="9">审计结论：</td></tr>
</table>

表 5－10－5 审计后的交易性金融资产明细表

| 被审计单位： | | 索引号： | ZB2 |
|---|---|---|---|
| 项目： | 交易性金融资产明细表 | 财务报表截止日/期间： | |
| 编制： | | 复核： | |
| 日期： | | 日期： | |

| 项目名称 | 期初余额 | 本期增加 | 本期减少 | 期末余额 | 备注 |
|---|---|---|---|---|---|
| | | | | | |
| | | | | | |
| | | | | | |
| | | | | | |
| | | | | | |
| | | | | | |
| | | | | | |
| | | | | | |
| | | | | | |
| | | | | | |
| | | | | | |
| | | | | | |
| | | | | | |
| | | | | | |
| | | | | | |
| 合计 | | | | | |
| 审计说明： | | | | | |

表 5－10－6 证券投资询证函 编号：

甲公司：

本公司聘请的北京中财网会计师事务所正在对本公司20××年年度的财务报表进行审计，按照中国注册会计师审计准则的要求，应当询证本公司与贵公司的证券投资等事项。下列信息出自本公司账簿记录，如与贵公司记录相符，请在本函下端“信息证明无误”处签章证明；如有不符，请在“信息不符”处列明不符项目；如存在与本公司有关的未列入本函的其他项目，也请在“信息不符”处列出这些项目的金额及详细资料。回函请直接寄至北京中财网会计师事务所。

回函地址： 邮编：

电话： 传真： 联系人：

续表

| 1. 截至20××年×月×日止，本公司的证券投资账项列示如下： | | | | | | |
|---|---|---|---|---|---|---|
| 证券名称 | 证券代码 | 数量 | 投资时间 | 成本 | 期末账面价值 | 期末市价 |
| | | | | | | |
| | | | | | | |
| 2. 其他事项 | | | | | | |
| 结论：<br><br>（被审计单位盖章）<br>20××年×月×日 | | | | | | |

| 1. 信息证明无误。 | 2. 信息不符，请列明不符项目及具体内容。 |
|---|---|
| （甲公司盖章）<br>年　月　日<br>经办人： | （甲公司盖章）<br>年　月　日<br>经办人： |

**表5－10－7　　交易性金融资产函证情况汇总表**

| 被审计单位： | 索　　　引　　　号：ZB3 |
|---|---|
| 项　　目：交易性金融资产函证情况汇总表 | 财务报表截止日/期间： |
| 编　　制： | 复　　　　　　　核： |
| 日　　期： | 日　　　　　　　期： |

| 项目名称 | 账面结存证券投资 | | | 证券交易账户流水单 | | | 函证情况 | | | | | 差异 | | |
|---|---|---|---|---|---|---|---|---|---|---|---|---|---|---|
| | 数量 | 面值（单价） | 总计 | 数量 | 面值（单价） | 总计 | 函证日期 | 函证编号 | 回函日期 | 回函数量 | 回函金额 | 数量 | 金额 | 原因 |
| | | | | | | | | | | | | | | |
| | | | | | | | | | | | | | | |
| | | | | | | | | | | | | | | |
| | | | | | | | | | | | | | | |
| | | | | | | | | | | | | | | |
| | | | | | | | | | | | | | | |
| | | | | | | | | | | | | | | |
| | | | | | | | | | | | | | | |
| 审计说明： | | | | | | | | | | | | | | |

表 5-10-8　　交易性金融资产监盘表

| 被审计单位： | | 索引号： | ZB5 |
|---|---|---|---|
| 项目： | 交易性金融资产监盘表 | 财务报表截止日/期间： | |
| 编制： | | 复核： | |
| 日期： | | 日期： | |

| 盘点日实存交易性金融资产 | | | | | | 资产负债表日至盘点日增加（减少） | | 资产负债表日实存交易性金融资产 | | | | | 账面结存交易性金融资产 | | | 差异 | 备注 |
|---|---|---|---|---|---|---|---|---|---|---|---|---|---|---|---|---|---|
| 项目名称 | 数量 | 面值 | 总计 | 票面利率 | 到期日 | 数量 | 面值 | 数量 | 面值 | 总计 | 票面利率 | 到期日 | 数量 | 面值 | 总计 | | |
| | | | | | | | | | | | | | | | | | |
| | | | | | | | | | | | | | | | | | |
| | | | | | | | | | | | | | | | | | |

审计说明：

注：①盘点时，需要与现金盘点同时进行，审计人员不要单独接触交易性金融资产。②对放置在不同位置的交易性金融资产要同时进行检查，以免交易性金融资产被移置影响检查的正确性。

出纳人员：　　会计主管：　　监盘地点：　　监盘时间：

监盘人员：

表 5-10-9　　交易性金融资产公允价值复核表

| 被审计单位： | | 索引号： | ZB8 |
|---|---|---|---|
| 项目： | 交易性金融资产公允价值复核表 | 财务报表截止日/期间： | |
| 编制： | | 复核： | |
| 日期： | | 日期： | |

| 项目名称 | 账面数 | | 复核 | | | | | | 备注 |
|---|---|---|---|---|---|---|---|---|---|
| | 期末数量 ① | 期末余额 ② | 市价 ③ | 市价来源 | 证券市值 ④=①×③ | 差异 ⑤=②-④ | 差异原因 | 与上期计价方法是否一致 | |
| | | | | | | | | | |
| | | | | | | | | | |
| | | | | | | | | | |
| | | | | | | | | | |
| | | | | | | | | | |
| | | | | | | | | | |
| | | | | | | | | | |
| 合计 | | | | | | | | | |

审计说明：

# 实质性程序（下）

## 实训一　短期借款的审计

### 实训目的

掌握短期借款的实质性测试程序。

### 实训环境

上课教室。

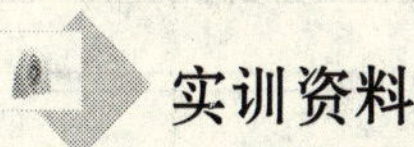

### 实训资料

注册会计师李丽负责对发展股份有限公司2011年年度会计报表进行审计。该公司提供的未经审计的2011年年度资产负债表中短期借款项目年末数为500万元，明细数据见表6-1-1。

**表6-1-1**　　短期借款明细情况

| 贷款单位 | 金额（万元） | 借款期限 | 年利率（%） | 借款条件 |
|---|---|---|---|---|
| 工商银行东区营业部 | 350 | 2011.4-2012.1 | 9.6 | |
| 招商银行北区营业部 | 150 | 2011.4-2012.1 | 9.6 | |
| 合　计 | 500 | | | |

注：2012年1月从工商银行和招商银行的借款均已归还。

**表 6－1－2** 短期借款利息计算表 2011 年 4 月 30 日

| 摘要 | 借款数额（元） | 年贷款利率（%） | 贷款期限 | 每月计提数（元） |
|---|---|---|---|---|
| 向工行借款 | 3 500 000 | 9.6 | 10 个月 | 28 000 |
| 向招行借款 | 1 500 000 | 9.6 | 10 个月 | 12 000 |
| 合　计 | 5 000 000 | | | 40 000 |

2011 年 4 月 30 日　转账凭证（转字第 20 号）

借：财务费用　　40 000

　　贷：短期借款　　40 000

注：4 月至 12 月每月均有这样一份凭证，共计 9 张，合计金额 36 万元。

2011 年 4 月 30 日　转账凭证（转字第 28 号）

借：本年利润　　40 000

　　贷：财务费用　　40 000

## 实训要求

1. 注册会计师李丽在审计时注意到了什么问题？是如何发现的？

2. 填写以下审计工作底稿（表 6－1－3，表 6－1－4，表 6－1－5，表 6－1－6，表 6－1－7）。

**表 6－1－3** 短期借款实质性程序

| 被审计单位： | | 索引号：FA |
|---|---|---|
| 项目：短期借款 | | 财务报表截止日/期间： |
| 编制： | | 复核： |
| 日期： | | 日期： |

**第一部分　认定、审计目标和审计程序对应关系**

一、审计目标与认定对应关系表

| 审计目标 | 财务报表认定 | | | | |
|---|---|---|---|---|---|
| | 存在 | 完整性 | 权利和义务 | 计价和分摊 | 列报 |
| A 资产负债表中记录的短期借款是存在的 | | | | | |
| B 所有应当记录的短期借款均已记录 | | | | | |
| C 记录的短期借款是被审计单位应当履行的现时义务 | | | | | |
| D 短期借款以恰当的金额包括在财务报表中，与之相关的计价调整已恰当记录 | | | | | |
| E 短期借款已按照企业会计准则的规定在财务报表中作出恰当列报表 | | | | | |

续表

| 二、审计目标与审计程序对应关系表 | | |
|---|---|---|
| 审计目标 | 可供选择的审计程序 | 索引号 |
| D | 1. 获取或编制短期借款明细表<br>（1）复核加计正确，并与报表数、总账数和明细账合计数核对是否相符<br>（2）检查非记账本位币短期借款的折算汇率及折算金额是否正确，折算方法是否前后一致 | FA2 |
| B | 2. 检查被审计单位贷款卡，核实账面记录是否完整：<br>对被审计单位贷款卡上列示的信息与账面记录核对的差异进行分析，并关注贷款卡中列示的被审计单位对外担保的信息 | 略 |
| AC | 3. 对短期借款进行函证 | ZA2－8 |
| ABD | 4. 检查短期借款的增加<br>对年度内增加的短期借款，检查借款合同，了解借款数额、借款用途、借款条件、借款日期、还款期限、借款利率，并与相关会计记录相核对 | FA2<br>FA4 |
| ABD | 5. 检查短期借款的减少：<br>对年度内减少的短期借款，应检查相关记录的原始凭证，核实还款数额，并与相关会计记录相核对 | FA2<br>FA4 |
| D | 6. 复核短期借款利息：<br>根据短期借款的利率和期限，检查被审计单位短期借款的利息计算是否正确；如有未计利息和多计利息，应做出记录，必要时提请进行调整 | FA2<br>FA3 |
| CE | 7. 检查被审计单位用于短期借款的抵押资产的所有权是否属于被审计单位，其价值和实际状况是否与契约中的规定相一致 | 略 |
| AD | 8. 检查被审计单位与贷款人之间所发生的债务重组。检查债务重组协议，确定其真实性、合法性，并检查债务重组的会计处理是否正确 | 略 |
| | 9. 根据评估的舞弊风险等因素增加的其他审计程序 | 略 |
| E | 10. 检查短期借款是否已按照企业会计准则的规定在财务报表中做出恰当的列报：<br>（1）检查被审计单位短期借款是否按信用借款、低押借款、质押借款、保证借款分别披露；<br>（2）检查期末逾期借款是否按贷款单位、借款金额、逾期时间、年利率、逾期未偿还原因和预期还款期等进行披露 | 略 |

**第二部分　计划实施的实质性程序**

| 项　　目 | 财务报表认定 | | | | |
|---|---|---|---|---|---|
| | 存在 | 完整性 | 权利和义务 | 计价和分摊 | 列报 |
| 评估的重大错报风险水平① | | | | | |
| 控制测试结果是否支持风险评估结论② | | | | | |
| 需从实质性程序获取的保证程度 | | | | | |

续表

| 项目 | | | 财务报表认定 | | | | |
|---|---|---|---|---|---|---|---|
| | | | 存在 | 完整性 | 权利和义务 | 计价和分摊 | 列报 |
| 计划实施的实质性程序③ | | 索引号 | 执行人 | | | | |
| 1 | | | | | | | |
| 2 | | | | | | | |
| 3 | | | | | | | |
| 4 | | | | | | | |
| 5 | | | | | | | |
| 6 | | | | | | | |
| 7 | | | | | | | |
| 8 | | | | | | | |
| 9 | | | | | | | |
| 10 | | | | | | | |
| …… | | | | | | | |

注：①结果取自风险评估工作底稿。
②结果取自该项目所属业务循环内部控制测试工作底稿。
③计划实施的实质性程序与财务报表认定之间的对应关系用"√"表示。

**表 6-1-4** 短期借款审定表

被审计单位：________ 索引号：FA1
项目：短期借款审定表 财务报表截止日/期间：________
编制：________ 复核：________
日期：________ 日期：________

| 项目名称 | 期末未审数 | 账项调整 | | 重分类调整 | | 期末审定数 | 上期末审定数 | 索引号 |
|---|---|---|---|---|---|---|---|---|
| | | 借方 | 贷方 | 借方 | 贷方 | | | |
| 信用借款 | | | | | | | | |
| 抵押借款 | | | | | | | | |
| 质押借款 | | | | | | | | |
| 保证借款 | | | | | | | | |
| | | | | | | | | |
| | | | | | | | | |
| 合计 | | | | | | | | |

审计结论：

**表 6－1－5**　　短期借款明细表

| 被审计单位： | | 索　引　号： | FA2 |
|---|---|---|---|
| 项　　目： | 短期借款明细表 | 财务报表截止日/期间： | |
| 编　　制： | | 复　　核： | |
| 日　　期： | | 日　　期： | |

| 贷款银行 | 借款期限 | | 期初余额 | | 本期增加 | | | 本期归还 | | 本期应计利息 | 本期实计利息 | 差异 | 借款条件 | 借款用途 |
|---|---|---|---|---|---|---|---|---|---|---|---|---|---|---|
| | 借款日 | 约定还款日 | 利率 | 本金 | 日期 | 利率 | 本金 | 利率 | 本金 | | | | | |
| | | | | | | | | | | | | | | |
| | | | | | | | | | | | | | | |
| | | | | | | | | | | | | | | |
| | | | | | | | | | | | | | | |
| | | | | | | | | | | | | | | |
| | | | | | | | | | | | | | | |

审计说明：

编制说明：外币短期借款应列明原币金额及折算汇率。

**表 6－1－6**　　利息分配检查情况表

| 被审计单位： | | 索　引　号： | FA3 |
|---|---|---|---|
| 项　　目： | 利息分配检查情况表 | 财务报表截止日/期间： | |
| 编　　制： | | 复　　核： | |
| 日　　期： | | 日　　期： | |

| 项目名称 | 实际利息 | 利息（实际利息）分配数 | | | | | | | |
|---|---|---|---|---|---|---|---|---|---|
| | | 财务费用 | 在建工程 | 制造费用 | 研发费用 | …… | 合计 | 核对是否正确 | 差异原因 |
| | | | | | | | | | |
| | | | | | | | | | |
| | | | | | | | | | |
| | | | | | | | | | |
| | | | | | | | | | |
| | | | | | | | | | |
| 合计 | | | | | | | | | |

审计说明：

编制说明：

1. 项目名称按短期借款的明细科目列示；
2. 实际利息按照摊余成本与实际利率（实际利率与合同利率差异不大的除外）计算。

表6－1－7　　短期借款检查情况表

| 被审计单位： | | | | | 索引号：FA4 | | | | | |
|---|---|---|---|---|---|---|---|---|---|---|
| 项目：短期借款检查情况表 | | | | | 财务报表截止日/期间： | | | | | |
| 编制： | | | | | 复核： | | | | | |
| 日期： | | | | | 日期： | | | | | |
| 记账日期 | 凭证编号 | 业务内容 | 对应科目 | 金额 | 核对内容（用"√"、"×"表示） | | | | | 备注 |
| | | | | | 1 | 2 | 3 | 4 | 5 | |
| | | | | | | | | | | |
| | | | | | | | | | | |
| | | | | | | | | | | |
| | | | | | | | | | | |
| | | | | | | | | | | |

审核内容说明：

1. 原始凭证是否齐全；
2. 记账凭证与原始凭证是否相符；
3. 账务处理是否正确；
4. 是否记录于恰当的会计期间；
5. ……

审计说明：

# 实训二　应付账款的审计

## 实训目的

掌握应付账款的实质性测试程序。

## 实训环境

上课教室或实验室，配置相关审计工作底稿。

## 实训资料

西山发展股份有限公司2011年12月31日盘点表确认材料库存为123万元，其中本年购进材料为72万元。当年验收入库单表明入库材料总计72万元。材料的总账和明细账金额相符，全年入库材料为64万元。核对银行存款和现金账显示本年支付的材料款数额104.13万元（含增值税，税率为17%）。

从应付账款的总账和明细账看到，2011年因材料赊购的应付账款实际金额为38万元。经查验收入库单，赊购材料均已验收入库。

## 实训要求

1. 确定本次审计目标。
2. 回答下列问题：
（1）已付款的材料为何未入库？
（2）账实差异和账账差异的原因是什么？
（3）你作为注册会计师可以采用什么方法获得真实的资料或证据？
（4）你认为企业赊购材料的有关制度规定是否健全、完善？
（5）你认为可能存在违法或舞弊问题吗？
3. 选择计划实施的实质性审计程序。
4. 编制以下相关审计工作底稿（见表6-2-1，表6-2-2，表6-2-3，表6-2-4）。

**表6-2-1**　　应付账款实质性程序

| 被审计单位： | 索引号：FD |
| --- | --- |
| 项目：应付账款 | 财务报表截止日/期间： |
| 编制： | 复核： |
| 日期： | 日期： |

**第一部分　认定、审计目标和审计程序对应关系**

一、审计目标与认定对应关系表

| 审计目标 | 财务报表认定 | | | | |
| --- | --- | --- | --- | --- | --- |
| | 存在 | 完整性 | 权利和义务 | 计价和分摊 | 列报 |
| A. 资产负债表中记录的应付账款是否存在 | | | | | |
| B. 所有应当记录的应付账款均已记录 | | | | | |

续表

| 审计目标 | 财务报表认定 | | | | |
|---|---|---|---|---|---|
| | 存在 | 完整性 | 权利和义务 | 计价和分摊 | 列报 |
| C. 资产负债表中记录的应付账款是被审计单位应当履行的现实义务 | | | | | |
| D. 应付账款以恰当的金额包括在财务报表中，与之相关的计价调整已恰当记录 | | | | | |
| E. 应付账款已按照企业会计准则的规定在财务报表中做出恰当的列报 | | | | | |

二、审计目标与审计程序对应关系表

| 审计目标 | 可供选择的审计程序 | 索引号 |
|---|---|---|
| D | 1. 获取或编制应付账款明细表 | FD2 |
| | （1）复核加计正确，并与报表数、总账数和明细账合计数核对是否相符 | |
| | （2）检查非记账本位币应付账款的折算汇率及折算是否正确 | |
| | （3）分析出借方余额的项目，查清原因，必要时，作重分类调整 | |
| | （4）结合预付账款等往来项目的明细余额，调查有无同时挂账的项目，异常余额或与购货无关的其他款项（如关联方账户或员工账户），如有，应予以记录，必要时作调整 | |
| BD | 2. 获取被审计单位与其供应商之间的对账单（应从非财务部门，如采购部门获取），并将对账单和被审计单位财务记录之间的差异进行调节（如在途款项、在途货物、付款折扣、未记录的负债等），检查有无未入账的应付账款，确定应付账款的准确性 | FD5 |
| BD | 3. 检查债务形成的相关原始凭证，如供应商发票、验收报告或入库单等，检查有无未及时入账的应付账款，确定应付账款金额的准确性 | FD4 |
| AE | 4. 检查应付账款长期挂账的原因并作出记录，注意其是否可能无需支付：对确实无须支付的应付账款的会计处理是否正确，依据是否充分：关注账龄超过3年的大额应付账款在资产负债表日后是否偿还，检查偿还记录及单据，并披露 | 略 |
| B | 5. 针对资产负债表日后付款项目，检查银行对账单及有关付款凭证（如银行划款通知、供应商收据等），询问被审计单位内部或外部的知情人员，查找有无未及时入账的应付账款 | FD5 |
| B | 6. 复核截至审计现场工作日的全部未处理的供应商发票，并询问是否存在其他未处理的供应商发票，确认所有的负债都记录在正确的会计期间内 | FD5 |
| AC | 7. 选择应付账款的重要项目（包括零账户）函证其余额和交易条款，对未回函的再次发函或实施替代的检查程序（检查原始凭单，如合同、发票、验收单，核实应付账款的真实性） | FD4 |

续表

| 审计目标 | 可供选择的审计程序 | 索引号 |
| --- | --- | --- |
| B | 8. 针对已偿付的应付账款，追查至银行对账单、银行付款单据和其他原始凭证，检查其是否在资产负债表日前真实偿付 | FD3 |
| AB | 9. 检查资产负债表日后应付账款明细账贷方发生额的相应凭证，关注其购货发票的日期，确认其入账时间是否合理 | 略 |
| AB | 10. 结合存货监盘程序，检查被审计单位在资产负债表日前后的存货入库资料（验收报告或入库单），检查是否有大额料到单未到的情况，确认相关负债是否计入了正确的会计期间 | 略 |
| AB | 11. 针对异常或大额交易及重大调整事项（如大额的购货折扣或退回，会计处理异常的交易，未经授权的交易，或缺乏支持性凭证的交易等）检查相关原始凭证和会计记录，以分析交易的真实性、合理性 | 略 |
| D | 12. 检查带有现金折扣的应付账款是否按发票上记录的全部应付金额入账，在实际获得现金折扣时再冲减财务费用 | 略 |
| ABCD | 13. 被审计单位与债权人进行债务重组的，检查不同债务重组方式下的会计处理是否合理 | 略 |
| ABCD | 14. 检查应付关联方款项的真实性，完整性 | 略 |
|  | 15. 根据评估的舞弊风险等因素增加的审计程序 | 略 |
| E | 16. 检查应付账款是否已按企业会计准则的规定在财务报表中做出恰当列报 | 略 |

**第二部分　计划实施的实质性程序**

| 项　目 | | | 财务报表认定 | | | | |
| --- | --- | --- | --- | --- | --- | --- | --- |
| | | | 存在 | 完整性 | 权利和义务 | 计价和分摊 | 列报 |
| 评估的重大错报风险水平[①] | | | | | | | |
| 控制测试结果是否支持风险评估结论[②] | | | | | | | |
| 需从实质性程序获取的保证程度 | | | | | | | |
| 计划实施的实质性程序[③] | 索引号 | 执行人 | | | | | |
| 1 | | | | | | | |
| 2 | | | | | | | |
| 3 | | | | | | | |
| 4 | | | | | | | |
| 5 | | | | | | | |
| 6 | | | | | | | |
| 7 | | | | | | | |
| 8 | | | | | | | |

续表

| 项目 | 财务报表认定 | | | | |
|---|---|---|---|---|---|
| | 存在 | 完整性 | 权利和义务 | 计价和分摊 | 列报 |
| 9 | | | | | |
| 10 | | | | | |
| …… | | | | | |
| | | | | | |
| | | | | | |

注：①结果取自风险评估工作底稿。
②结果取自该项目所属业务循环内部控制测试工作底稿。
③计划实施的实质性程序与财务报表认定之间的对应关系用“√”表示。

表6－2－2　应付账款替代程序测试表

| 被审计单位： | 索引号：FD3 |
|---|---|
| 项目：应付账款——（单位名称）替代测试表 | 财务报表截止日/期间： |
| 编制： | 复核： |
| 日期： | 日期： |

一、期初金额

二、贷方发生额

| 入账金额 | | | | 检查内容（用“√”“×”表示） | | | | |
|---|---|---|---|---|---|---|---|---|
| 序号 | 日期 | 凭证号 | 金额 | ① | ② | ③ | ④ | …… |
| 1 | | | | | | | | |
| 2 | | | | | | | | |
| 3 | | | | | | | | |
| 4 | | | | | | | | |
| …… | | | | | | | | |
| | | | | | | | | |
| 小计 | | | | | | | | |
| 全年贷方发生额合计 | | | | | | | | |
| 测试金额占全年贷方发生额比例 | | | | | | | | |

三、借方发生额

续表

| 入账金额 | | | | 检查内容（用“√”“×”表示） | | | | |
|---|---|---|---|---|---|---|---|---|
| 序号 | 日期 | 凭证号 | 金额 | ① | ② | ③ | ④ | …… |
| 1 | | | | | | | | |
| 2 | | | | | | | | |
| 3 | | | | | | | | |
| 4 | | | | | | | | |
| …… | | | | | | | | |
| | | | | | | | | |
| 小计 | | | | | | | | |
| 全年借方发生额合计 | | | | | | | | |
| 测试金额占全年贷方发生额比例 | | | | | | | | |
| 四、期末余额 | | | | | | | | |
| 五、期后付款检查 | | | | | | | | |
| 检查内容说明：①原始凭证内容是否完整；②记账凭证与原始凭证是否相符；③账务处理是否正确；④…… | | | | | | | | |
| 审计说明： | | | | | | | | |

**表 6－2－3**　　未入账应付账款汇总表

| 被审计单位： | | 索引号： | FD5 |
|---|---|---|---|
| 项目： | 未入账应付账款汇总表 | 财务报表截止日/期间： | |
| 编制： | | 复核： | |
| 日期： | | 日期： | |

| 应付账款单位 | 业务内容 | 应付金额 | 未付及未入账原因 |
|---|---|---|---|
| | | | |
| | | | |
| | | | |
| | | | |
| | | | |
| | | | |
| | | | |
| | | | |
| | | | |
| | | | |
| 审计说明： | | | |
| 编制说明：本表用来汇总实施审计程序后发现的未入账的应付账款。 | | | |

表6－2－4　　应付账款日后付款测试表

| 被审计单位： | | | | 索引号： | FD5－1 | | |
|---|---|---|---|---|---|---|---|
| 项目： | 应付账款日后付款测试表 | | | 财务报表截止日/期间： | | | |
| 编制： | | | | 复核： | | | |
| 日期： | | | | 日期： | | | |
| 序号 | 金额 | 银行对账单日期 | 支票 | | 明细账凭证 | | 说明 | 截止是否适当 |
| | | | 编号 | 日期 | 编号 | 日期 | | |
| | | | | | | | | |
| | | | | | | | | |
| | | | | | | | | |
| | | | | | | | | |
| | | | | | | | | |
| | | | | | | | | |
| | | | | | | | | |
| | | | | | | | | |
| | | | | | | | | |
| 审计说明： | | | | | | | | |

# 实训三　预收账款的审计

## 实训目的

通过本实训项目使学生明确预收账款审计的目的，掌握审计的程序和方法。

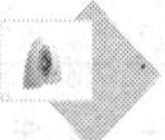

## 实训环境

上课教室，本章授课结束之后，由主讲教师布置。

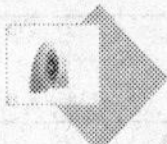

## 实训资料

长城公司预收账款明细情况见表6－3－1。

**表6－3－1**　长城公司预收账款明细表　单位：元

| 购货单位 | 年初余额 | 借方发生额 | 贷方发生额 | 期末余额 | 账龄 |
|---|---|---|---|---|---|
| 金山公司 | 345 678 | 3 645 977 | 3 546 845 | 246 546 | 一年内 |
| 华远公司 | 187 654 | 3 545 809 | 3 456 789 | 98 634 | |
| 华泰公司 | 238 763 | 5 033 922 | 4 978 615 | 183 456 | |
| 金轮公司 | 123 369 | 2 863 395 | 2 896 754 | 156 728 | |
| 合　计 | 895 464 | 15 089 103 | 14 879 003 | 685 364 | |

审计发表有四张大额转账凭证，列示如下：

2011 年 6 月 20 日　转账凭证（转字第 0617 号）

借：银行存款　340 000

　　贷：预收账款　340 000

2011 年 9 月 30 日　转账凭证（转字第 0922 号）

借：银行存款　459 000

　　贷：预收账款　459 000

2011 年 11 月 3 日　转账凭证（转字第 1204 号）

借：银行存款　524 965

　　贷：预收账款　524 965

2011 年 11 月 30 日　转账凭证（转字第 1323 号）

借：银行存款　227 000

　　贷：预收账款　227 000

## 实训要求

1. 请确定本次审计目标。
2. 请计划将要实施的审计程序。

**表6－3－2**　预收款项实质性程序

| 被审计单位： | 索　引　号：FE |
|---|---|
| 项　　目：预收账款 | 财务报表截止日/期间： |
| 编　　制： | 复　　核： |
| 日　　期： | 日　　期： |

续表

| 第一部分 认定、审计目标和审计程序对应关系 | | | | | |
|---|---|---|---|---|---|
| 一、审计目标与认定对应关系表 | | | | | |
| 审计目标 | 财务报表认定 | | | | |
| | 存在 | 完整性 | 权利和义务 | 计价和分摊 | 列报 |
| A 资产负债表中记录的预收款项是存在的 | | | | | |
| B 所有应当记录的预收款项均已记录 | | | | | |
| C 记录的预收账款是被审计单位应当履行的现时义务 | | | | | |
| D 预收款项以恰当的金额包括在财务报表中，与之相关的计价调整已恰当记录 | | | | | |
| E 预收款项已按照企业会计准则的规定在财务报表中做出恰当列报 | | | | | |

二、审计目标与审计程序对应关系表

| 审计目标 | 可供选择的审计程序 | 索引号 |
|---|---|---|
| D | 1. 获取或编制预收款项明细表 | FE2 |
| | （1）复核加计是否正确，并与报表数、总账数和明细账合计数核对是否相符；<br>（2）以非记账本位币结算的预收款项，检查其采用的折算汇率及折算是否正确；<br>（3）检查是否存在借方余额，必要时进行重分类调整 | |
| | （4）结合应收账款等往来款项的明细余额，检查是否存在应收、预收两方挂账的项目，必要时做出调整 | |
| | （5）标志重要客户 | |
| DB | 2. 检查预收款项长期挂账的原因，并做出记录，必要时提请被审计单位予以调整 | 略 |
| ABD | 3. 抽查预收款项有关的销货合同、仓库发货记录、货运单据和收款凭证，检查已实现销售的商品是否及时转销预收款项，确定预收款项期末余额的正确性和合理性 | 略 |
| ACD | 4. 对预收款项进行函证 | 略 |
| BA | 5. 通过货币资金的期后测试，以确定预收款项是否已计入恰当期间 | 略 |
| ABCD | 6. 标明预收关联方［包括持股5%以上（含5%）股东］的款项，执行关联方及其交易审计程序，并注明合并报表时应予抵销的金额 | 略 |
| | 7. 根据评估的舞弊风险等因素增加的审计程序 | 略 |
| E | 8. 检查预收款项是否已按照企业会计准则的规定在财务报表中做出恰当列报 | 略 |

续表

| 第二部分 计划实施的实质性程序 | | | | | | | |
|---|---|---|---|---|---|---|---|
| 项 目 | | | 财务报表认定 | | | | |
| | | | 存在 | 完整性 | 权利和义务 | 计价和分摊 | 列报 |
| 评估的重大错报风险水平[①] | | | | | | | |
| 控制测试结果是否支持风险评估结论[②] | | | | | | | |
| 需从实质性程序获取的保证程度 | | | | | | | |
| 计划实施的实质性程序[③] | 索引号 | 执行人 | | | | | |
| 1. | | | | | | | |
| 2. | | | | | | | |
| 3. | | | | | | | |
| 4. | | | | | | | |
| 5. | | | | | | | |
| 6. | | | | | | | |
| 7. | | | | | | | |
| 8. | | | | | | | |
| 9. | | | | | | | |
| 10. | | | | | | | |
| …… | | | | | | | |
| | | | | | | | |
| | | | | | | | |

注：①结果取自风险评估工作底稿。
②结果取自该项目所属业务循环内部控制测试工作底稿。
③计划实施的实质性程序与财务报表认定之间的对应关系用“√”表示。

## 表6-3-3 预收款项明细表

| | |
|---|---|
| 被审计单位：________ | 索 引 号：FE2 |
| 项 目：预收款项明细表 | 财务报表截止日/期间：________ |
| 编 制：________ | 复 核：________ |
| 日 期：________ | 日 期：________ |

| 单位名称 | 借方余额 | | | 贷方余额 | | | 合 计 | | | 备注 |
|---|---|---|---|---|---|---|---|---|---|---|
| | 原币 | 汇率 | 折合本位币 | 原币 | 汇率 | 折合本位币 | 原币 | 汇率 | 折合本位币 | |
| 一、关联方 | | | | | | | | | | |
| | | | | | | | | | | |

续表

| 单位名称 | 借方余额 | | | 贷方余额 | | | 合计 | | | 备注 |
|---|---|---|---|---|---|---|---|---|---|---|
| | 原币 | 汇率 | 折合本位币 | 原币 | 汇率 | 折合本位币 | 原币 | 汇率 | 折合本位币 | |
| | | | | | | | | | | |
| | | | | | | | | | | |
| | | | | | | | | | | |
| | | | | | | | | | | |
| | | | | | | | | | | |
| | | | | | | | | | | |
| 小计 | | | | | | | | | | |
| 二、非关联方 | | | | | | | | | | |
| | | | | | | | | | | |
| | | | | | | | | | | |
| | | | | | | | | | | |
| | | | | | | | | | | |
| | | | | | | | | | | |
| | | | | | | | | | | |
| | | | | | | | | | | |
| | | | | | | | | | | |
| 小计 | | | | | | | | | | |
| 合计 | | | | | | | | | | |
| 审计说明： | | | | | | | | | | |

# 实训四　应付职工薪酬的审计

## 实训目的

通过本实训使学生明确应付职工薪酬的审计目标，掌握职工薪酬审计的方法和程序。

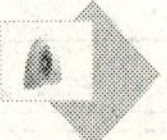

## 实训环境

上课教室，本章授课结束之后，由主讲教师布置。

## 实训资料

通海公司2011年12月份工资表，见表6-4-1。

**表6-4-1**　　工资表

2011年12月　　单位：元

| 序号 | 姓名 | 基本工资 | 岗位工资 | 补贴津贴 | 奖金 | 应发工资 | 养老金 | 实发工资 | 签字 |
|---|---|---|---|---|---|---|---|---|---|
| 1 | 霍　红 | 1 460.00 | 1 500.00 | 1 200.00 | 2 200.00 | 6 360.00 | 318.00 | 6 042.00 | |
| 2 | 王艳华 | 1 460.00 | 1 500.00 | 1 200.00 | 2 200.00 | 6 360.00 | 318.00 | 6 042.00 | |
| 3 | 肖　建 | 1 460.00 | 1 500.00 | 1 200.00 | 2 200.00 | 6 360.00 | 318.00 | 6 042.00 | |
| 4 | 王艳云 | 1 460.00 | 1 500.00 | 1 200.00 | 2 200.00 | 6 360.00 | 318.00 | 6 042.00 | |
| 5 | 马利平 | 1 460.00 | 1 500.00 | 1 200.00 | 2 200.00 | 6 360.00 | 318.00 | 6 042.00 | |
| 6 | 吴晓芬 | 1 460.00 | 1 500.00 | 1 200.00 | 2 200.00 | 6 360.00 | 318.00 | 6 042.00 | |
| 7 | 韩朝军 | 1 460.00 | 1 500.00 | 1 200.00 | 2 200.00 | 6 360.00 | 318.00 | 6 042.00 | |
| 8 | 李彩霞 | 1 460.00 | 1 500.00 | 1 200.00 | 2 200.00 | 6 360.00 | 318.00 | 6 042.00 | |
| 9 | 于艳梅 | 1 460.00 | 1 500.00 | 1 200.00 | 2 200.00 | 6 360.00 | 318.00 | 6 042.00 | |
| 10 | 杨凤玲 | 1 460.00 | 1 500.00 | 1 200.00 | 2 200.00 | 6 360.00 | 318.00 | 6 042.00 | |
| 11 | 王桂凤 | 1 460.00 | 1 500.00 | 1 200.00 | 2 200.00 | 6 360.00 | 318.00 | 6 042.00 | |
| 12 | 张小明 | 1 460.00 | 1 500.00 | 1 200.00 | 2 200.00 | 6 360.00 | 318.00 | 6 042.00 | |
| 13 | 肖　海 | 1 460.00 | 1 500.00 | 1 200.00 | 2 200.00 | 6 360.00 | 318.00 | 6 042.00 | |
| 14 | 田　艳 | 1 460.00 | 1 500.00 | 1 200.00 | 2 200.00 | 6 360.00 | 318.00 | 6 042.00 | |
| 15 | 王淑香 | 1 460.00 | 1 500.00 | 1 200.00 | 2 200.00 | 6 360.00 | 318.00 | 6 042.00 | |
| 16 | 张大海 | 1 460.00 | 1 500.00 | 1 200.00 | 2 200.00 | 6 360.00 | 318.00 | 6 042.00 | |
| 17 | 李秋芹 | 1 460.00 | 1 500.00 | 1 200.00 | 2 200.00 | 6 360.00 | 318.00 | 6 042.00 | |
| 18 | 郭　杰 | 1 460.00 | 1 500.00 | 1 200.00 | 2 200.00 | 6 360.00 | 318.00 | 6 042.00 | |
| 19 | 李红利 | 1 460.00 | 1 500.00 | 1 200.00 | 2 200.00 | 6 360.00 | 318.00 | 6 042.00 | |
| 20 | 薛威 | 1 460.00 | 1 500.00 | 1 200.00 | 2 200.00 | 6 360.00 | 318.00 | 6 042.00 | |
| 21 | 唐兆新 | 1 460.00 | 1 500.00 | 1 200.00 | 2 200.00 | 6 360.00 | 318.00 | 6 042.00 | |
| 22 | 王利学 | 1 460.00 | 1 500.00 | 1 200.00 | 2 200.00 | 6 360.00 | 318.00 | 6 042.00 | |
| 23 | 陈雪涛 | 1 460.00 | 1 500.00 | 1 200.00 | 2 200.00 | 6 360.00 | 318.00 | 6 042.00 | |
| 24 | 王　瑾 | 1 460.00 | 1 500.00 | 1 200.00 | 2 200.00 | 6 360.00 | 318.00 | 6 042.00 | |
| 25 | 刘　林 | 1 460.00 | 1 500.00 | 1 200.00 | 2 200.00 | 6 360.00 | 318.00 | 6 042.00 | |
| 26 | 李　兰 | 1 460.00 | 1 500.00 | 1 200.00 | 2 200.00 | 6 360.00 | 325.00 | 6 035.00 | |

续表

| 序号 | 姓名 | 基本工资 | 岗位工资 | 补贴津贴 | 奖金 | 应发工资 | 养老金 | 实发工资 | 签字 |
|---|---|---|---|---|---|---|---|---|---|
| 27 | 赵玉芬 | 1 460.00 | 1 500.00 | 1 200.00 | 2 200.00 | 6 360.00 | 325.00 | 6 035.00 | |
| 28 | 李　京 | 1 460.00 | 1 500.00 | 1 200.00 | 2 200.00 | 6 360.00 | 325.00 | 6 035.00 | |
| 29 | 严　力 | 1 460.00 | 1 500.00 | 1 200.00 | 2 200.00 | 6 360.00 | 333.00 | 6 027.00 | |
| 30 | 魏国庆 | 1 460.00 | 2 750.00 | 1 200.00 | 2 400.00 | 7 810.00 | 333.00 | 7 477.00 | |
| 31 | 肖华宇 | 1 460.00 | 2 750.00 | 1 200.00 | 2 400.00 | 7 810.00 | 495.00 | 7 315.00 | |
| 32 | 王　刚 | 1 460.00 | 2 750.00 | 1 200.00 | 2 400.00 | 7 810.00 | 495.00 | 7 315.00 | |
| 小计 | | 46 720.00 | 51 750.00 | 38 400.00 | 71 000.00 | 20 7870.00 | 10 581.00 | 197 289.00 | |

## 实训要求

1. 审查应付职工薪酬时应注意哪些问题？

2. 应该实施哪些相应的审计程序？

3. 编制完成下列审计工作底稿（见表6－4－2，表6－4－3，表6－4－4，表6－4－5，表6－4－6，表6－4－7。

**表6－4－2**　　应付职工薪酬实质性程序

| 被审计单位： | | | | | 索　引　号：FF |
|---|---|---|---|---|---|
| 项　　目：应付职工薪酬 | | | | | 财务报表截止日/期间： |
| 编　　制： | | | | | 复　　核： |
| 日　　期： | | | | | 日　　期： |
| **第一部分　认定、审计目标和审计程序对应关系** | | | | | |
| 一、审计目标与认定对应关系表 | | | | | |
| 审计目标 | 财务报表认定 | | | | |
| | 存在 | 完整性 | 权利和义务 | 计价和分摊 | 列报 |
| A 资产负债表中记录的应付职工薪酬是存在的 | | | | | |
| B 所有应当记录的应付职工薪酬均已记录 | | | | | |
| C 记录的应付职工薪酬是被审计单位应当履行的现时义务 | | | | | |
| D 应付职工薪酬以恰当的金额包括在财务报表中，与之相关的计价调整已恰当记录 | | | | | |
| E 应付职工薪酬已按照企业会计准则的规定在财务报表中做出恰当列报 | | | | | |

续表

| 二、审计目标与审计程序对应关系表 | | |
|---|---|---|
| 审计目标 | 可供选择的审计程序 | 索引号 |
| D | 1. 获取或编制应付职工薪酬明细表，复核加计是否正确，并与报表数、总账数和明细账合计数核对是否相符 | FF2 |
| ABD | 2. 实质性分析程序：<br>(1) 针对已识别需要运用分析程序的有关项目，并基于对被审计单位及其环境的了解，通常可进行以下比较，同时考虑有关数据间关系的影响，以建立有关数据的期望值：<br>①比较被审计单位员工人数的变动情况，检查被审计单位各部门各月工资费用的发生额是否有异常波动，若有，则查明波动原因是否合理；<br>②比较本期与上期工资费用总额，要求被审计单位解释其增减变动原因，或取得管理层关于员工工资标准的决议；<br>③结合员工社会保险缴纳情况，明确被审计单位员工范围，检查是否与关联公司员工工资混淆列支；<br>④核对下列相互独立部门的相关数据：<br>工资部门记录的工资支出与出纳记录的工资支付数；<br>工资部门记录的工时与生产部门记录的工时。<br>⑤比较本期应付职工薪酬余额与上期应付职工薪酬余额，是否有异常变动。<br>(2) 确定可接受的差异额；<br>(3) 将实际情况与期望值比较，识别需要进一步调查的差异；<br>(4) 如果其差额超过可接受的差异额，调查并获取充分的理解和恰当的佐证审计证据（如通过检查相关的凭证）；<br>(5) 评估分析程序的测试结果 | 略 |
| ABD | 3. 检查工资、奖金、津贴和补贴：<br>(1) 计提是否正确，依据是否充分，将执行的工资标准与有关规定核对，并对工资总额进行测试；被审计单位如果实行工效挂钩，应取得有关主管部门确认的效益工资发放额认定证明，结合有关合同文件和实际完成的指标，检查其计提额是否正确，是否应做纳税调整。<br>(2) 检查分配方法与上年是否一致，除因解除与职工的劳动关系给予的补偿直接计入管理费用外，被审计单位是否是根据职工提供服务的受益对象，分别下列情况进行处理：<br>①应由生产产品、提供劳务负担的职工薪酬，计入产品成本或劳务成本；<br>②应由在建工程、无形资产负担的职工薪酬，计入建造固定资产或无形资产；<br>③作为外商投资企业，按规定从净利润中提取的职工奖励及福利基金，是否相应计入“利润分配－提取的职工奖励及福利基金”科目；<br>④其他职工薪酬，计入当期损益；<br>(3) 检查发放金额是否正确，代扣的款项及其金额是否正确；<br>(4) 检查是否存在属于拖欠性质的职工薪酬，并了解拖欠的原因 | FF3<br>FF4<br>FF5 |
| ABD | 4. 检查社会保险费（包括医疗、养老、失业、工伤、生育保险费）、住房公积金、工会经费和职工教育经费等计提（分配）和支付（或使用）的会计处理是否正确，依据是否充分 | FF3<br>FF4<br>FF5 |

续表

| 审计目标 | 可供选择的审计程序 | 索引号 |
| --- | --- | --- |
| ABD | 5. 检查辞退职工与福利的下列项目：<br>（1）对于职工没有选择权的辞退计划，检查按辞退职工数量、辞退补偿标准计提辞退福利负债金额是否正确；<br>（2）对于自愿接受裁减的建议，检查按接受裁减建议的预计职工数量、辞退补偿标准（该标准确定）等计提辞退福利负债金额是否正确；<br>（3）检查实质性辞退工作在一年内完成，但付款时间超过一年的辞退福利，是否按折现后的金额计量，折现率的选择是否合理；<br>（4）检查计提辞退福利负债的会计处理是否正确，是否将计提金额计入当期管理费用；<br>（5）检查辞退福利支付凭证是否真实正确 | FF3<br>FF4<br>FF5 |
| ABD | 6. 检查非货币性福利：<br>（1）检查以自产产品发放给职工的非货币性福利，检查是否根据受益对象，按照该产品的公允价值，计入相关资产成本或当期损益，同时确认应付职工薪酬；对于难以认定受益对象的非货币性福利，是否直接计入当期损益和应付职工薪酬；<br>（2）检查无偿向职工提供住房的非货币性福利，是否根据受益对象，将该住房每期应计提的折旧计入相关资产成本或当期损益，同时确认应付职工薪酬。对于难以认定受益对象的非货币性福利，是否直接计入当期损益和应付职工薪酬；<br>（3）检查租赁住房等资产供职工无偿使用的非货币性福利，是否根据受益对象，将每期应付的租金计入相关资产成本或当期损益，并确认应付职工薪酬。对于难以认定受益对象的非货币性福利，是否直接计入当期损益和应付职工薪酬 | FF3 |
| ABD | 7. 检查以现金与职工结算的股份支付：<br>（1）检查授予后立即可行权的以现金结算的股份支付，是否在授予日以承担负债的公允价值计入相关成本或费用；<br>（2）检查完成等待期内的服务或达到规定业绩条件以后才可行权的以现金结算的股份支付，在等待期内的每个资产负债表日，是否以可行权情况的最佳估计为基础，按照承担负债的公允价值金额，将当期取得的服务计入成本或费用。在资产负债表日，后续信息表明当期承担债务的公允价值与以前估计不同的，是否进行调整，并在可行权日，调整至实际可行权水平；<br>（3）检查可行权日之后，以现金结算的股份支付当期公允价值的变动金额，是否借记或贷记"公允价值变动损益"；<br>（4）检查在可行权日，实际以现金结算的股份支付金额是否正确，会计处理是否恰当 | FF4<br>FF5 |
| BAC | 8. 检查应付职工薪酬的期后付款情况，并关注在资产负债表日至财务报表批准报出日之间，是否有确凿证据表明需要调整资产负债表日原确认的应付职工薪酬事项 | FF5 |
|  | 9. 根据评估的舞弊风险等因素增加的其他审计程序 | 略 |
| E | 10. 检查应付职工薪酬是否已按照企业会计准则的规定在财务报表中做出恰当的列报：<br>（1）检查是否在附注中披露与职工薪酬有关的信息：<br>①应当支付给职工的工资、奖金、津贴和补贴，及其期末应付未付金额；<br>②应当为职工缴纳的医疗、养老、失业、工伤和生育等社会保险费，及其期末应付未付金额；<br>③应当为职工缴存的住房公积金，及其期末应付未付金额；<br>④为职工提供的非货币性福利，及其计算依据；<br>⑤应当支付的因解除劳动关系给予的补偿，及其期末应付未付金额；<br>⑥其他职工薪酬；<br>（2）检查因自愿接受裁减建议的职工数量、补偿标准等不确定而产生的预计负债（应付职工薪酬），是否按照《企业会计准则第13号——或有事项》进行披露 | 略 |

续表

| 第二部分　计划实施的实质性程序 | | | | | | | |
|---|---|---|---|---|---|---|---|
| 项　　目 | | | 财务报表认定 | | | | |
| | | | 存在 | 完整性 | 权利和义务 | 计价和分摊 | 列报 |
| 评估的重大错报风险水平① | | | | | | | |
| 控制测试结果是否支持风险评估结论② | | | | | | | |
| 需从实质性程序获取的保证程度 | | | | | | | |
| 计划实施的实质性程序③ | 索引号 | 执行人 | | | | | |
| 1. | | | | | | | |
| 2. | | | | | | | |
| 3. | | | | | | | |
| 4. | | | | | | | |
| 5. | | | | | | | |
| 6. | | | | | | | |
| 7. | | | | | | | |
| 8. | | | | | | | |
| 9. | | | | | | | |
| 10. | | | | | | | |
| …… | | | | | | | |
| | | | | | | | |
| | | | | | | | |
| | | | | | | | |
| | | | | | | | |

注：①结果取自风险评估工作底稿。
②结果取自该项目所属业务循环内部控制测试工作底稿。
③计划实施的实质性程序与财务报表认定之间的对应关系用"√"表示。

**表 6－4－3**　　应付职工薪酬审定表

| 被审计单位： | | | | 索　　引　　号： | FF1 | | | |
|---|---|---|---|---|---|---|---|---|
| 项　　目： | 应付职工薪酬审定表 | | | 财务报表截止日/期间： | | | | |
| 编　　制： | | | | 复　　核： | | | | |
| 日　　期： | | | | 日　　期： | | | | |
| 项目名称 | 期末未审数 | 账项调整 | | 重分类调整 | | 期末审定数 | 上期末审定数 | 索引号 |
| | | 借方 | 贷方 | 借方 | 贷方 | | | |
| 1. 工资 | | | | | | | | |
| 2. 奖金 | | | | | | | | |
| 3. 津贴 | | | | | | | | |
| 4. 补贴 | | | | | | | | |
| 5. 职工福利 | | | | | | | | |

续表

| 项目名称 | 期末未审数 | 账项调整 | | 重分类调整 | | 期末审定数 | 上期末审定数 | 索引号 |
|---|---|---|---|---|---|---|---|---|
| | | 借方 | 贷方 | 借方 | 贷方 | | | |
| 6. 社会保险费 | | | | | | | | |
| （1）医疗保险费 | | | | | | | | |
| （2）养老保险费 | | | | | | | | |
| （3）失业保险费 | | | | | | | | |
| （4）工伤保险费 | | | | | | | | |
| （5）生育保险费 | | | | | | | | |
| 7. 住房公积金 | | | | | | | | |
| 8. 工会经费 | | | | | | | | |
| 9. 职工教育经费 | | | | | | | | |
| 10. 非货币性福利 | | | | | | | | |
| 11. 辞退福利 | | | | | | | | |
| 12. 以现金结算的股份支付 | | | | | | | | |
| …… | | | | | | | | |
| 合　计 | | | | | | | | |
| 审计结论： | | | | | | | | |

**表6-4-4　　应付职工薪酬明细表**

| 被审计单位： | | 索引号：FF2 | | | |
|---|---|---|---|---|---|
| 项　　目：应付职工薪酬明细表 | | 财务报表截止日/期间： | | | |
| 编　　制： | | 复　　核： | | | |
| 日　　期： | | 日　　期： | | | |
| 项目名称 | 期初数 | 本期增加 | 本期减少 | 期末数 | 备注 |
| 1. 工资 | | | | | |
| 2. 奖金 | | | | | |
| 3. 津贴 | | | | | |
| 4. 补贴 | | | | | |
| 5. 职工福利 | | | | | |
| 6. 社会保险费 | | | | | |
| （1）医疗保险费 | | | | | |
| （2）养老保险费 | | | | | |
| （3）失业保险费 | | | | | |
| （4）工伤保险费 | | | | | |
| （5）生育保险费 | | | | | |

续表

| 项目名称 | 期初数 | 本期增加 | 本期减少 | 期末数 | 备注 |
|---|---|---|---|---|---|
| 7. 住房公积金 | | | | | |
| 8. 工会经费 | | | | | |
| 9. 职工教育经费 | | | | | |
| 10. 非货币性福利 | | | | | |
| 11. 辞退福利 | | | | | |
| 12. 以现金结算的股份支付 | | | | | |
| …… | | | | | |
| | | | | | |
| 合　计 | | | | | |
| 审计说明： | | | | | |

**表6－4－5**　应付职工薪酬计提检查情况表

| 被审计单位： | | 索　　引　　号： | FF3 |
|---|---|---|---|
| 项　　　目： | 应付职工薪酬计提检查情况表 | 财务报表截止日/期间： | |
| 编　　　制： | | 复　　　　核： | |
| 日　　　期： | | 日　　　　期： | |

| 项目名称 | 已计提金额 | 应计提基数 | 计提比例 | 应计提金额 | 应提与已提的差异 | 备注 |
|---|---|---|---|---|---|---|
| 1. 工资 | | | | | | |
| 2. 奖金 | | | | | | |
| 3. 津贴 | | | | | | |
| 4. 补贴 | | | | | | |
| 5. 职工福利 | | | | | | |
| 6. 社会保险费 | | | | | | |
| （1）医疗保险费 | | | | | | |
| （2）养老保险费 | | | | | | |
| （3）失业保险费 | | | | | | |
| （4）工伤保险费 | | | | | | |
| （5）生育保险费 | | | | | | |
| 7. 住房公积金 | | | | | | |
| 8. 工会经费 | | | | | | |
| 9. 职工教育经费 | | | | | | |
| 10. 非货币性福利 | | | | | | |
| 11. 辞退福利 | | | | | | |

续表

| 项目名称 | 已计提金额 | 应计提基数 | 计提比例 | 应计提金额 | 应提与已提的差异 | 备注 |
|---|---|---|---|---|---|---|
| 12. 以现金结算的股份支付 | | | | | | |
| …… | | | | | | |
| | | | | | | |
| | | | | | | |
| 合　计 | | | | | | |
| 审计说明： | | | | | | |

表 6-4-6　应付职工薪酬分配检查情况表

| 被审计单位： | | 索引号： | FF4 |
|---|---|---|---|
| 项目： | 应付职工薪酬分配检查情况表 | 财务报表截止日/期间： | |
| 编制： | | 复核： | |
| 日期： | | 日期： | |

| 项目名称 | 产品成本 | 在建工程 | 销售费用 | …… | 合计 | 核对是否正确 | 差异原因 |
|---|---|---|---|---|---|---|---|
| 1. 工资 | | | | | | | |
| 2. 奖金 | | | | | | | |
| 3. 津贴 | | | | | | | |
| 4. 补贴 | | | | | | | |
| 5. 职工福利 | | | | | | | |
| 6. 社会保险费 | | | | | | | |
| (1) 医疗保险费 | | | | | | | |
| (2) 养老保险费 | | | | | | | |
| (3) 失业保险费 | | | | | | | |
| (4) 工伤保险费 | | | | | | | |
| (5) 生育保险费 | | | | | | | |
| 7. 住房公积金 | | | | | | | |
| 8. 工会经费 | | | | | | | |
| 9. 职工教育经费 | | | | | | | |
| 10. 非货币性福利 | | | | | | | |
| 11. 辞退福利 | | | | | | | |
| 12. 以现金结算的股份支付 | | | | | | | |
| …… | | | | | | | |
| | | | | | | | |
| 合　计 | | | | | | | |
| 审计说明： | | | | | | | |

表 6-4-7　　应付职工薪酬（支付）检查情况表

| 被审计单位： | | | | | 索引号：FF5 | | | | | |
|---|---|---|---|---|---|---|---|---|---|---|
| 项目：应付职工薪酬（支付）检查情况表 | | | | | 财务报表截止日/期间： | | | | | |
| 编制： | | | | | 复核： | | | | | |
| 日期： | | | | | 日期： | | | | | |
| 记账日期 | 凭证编号 | 业务内容 | 对应科目 | 金额 | 核对内容（用“√”、“×”表示） | | | | | 备注 |
| | | | | | 1 | 2 | 3 | 4 | 5 | |
| | | | | | | | | | | |
| | | | | | | | | | | |
| | | | | | | | | | | |
| | | | | | | | | | | |
| | | | | | | | | | | |
| | | | | | | | | | | |
| | | | | | | | | | | |
| | | | | | | | | | | |
| | | | | | | | | | | |
| | | | | | | | | | | |
| | | | | | | | | | | |
| | | | | | | | | | | |

核对内容说明：

1. 原始凭证是否齐全；
2. 记账凭证与原始凭证是否相符；
3. 账务处理是否正确；
4. 是否记录于恰当的会计期间；
5. ……

审计说明：

## 实训五　长期借款的审计

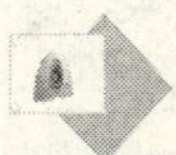

### 实训目的

通过本实训让学生了解长期借款审计中应关注的主要问题，审计的目标，审计的方法和程序。

## 实训环境

上课教室，本章授课结束之后，由主讲教师布置。

## 实训资料

审计人员肖勇审计某企业2010年年度报表时，看到该单位2010年7月1日从开户行取得贷款1 500万元，利率12%，期限2年，用于修建厂房。2011年10月10日厂房全部完工并交付使用。从银行取得的贷款全部用于修建厂房，随着工程进度逐渐投入工程中，并于工程完工后全部结转了建造成本。

借：固定资产——厂房　　15 000 000

　　贷：在建工程——厂房　　15 000 000

另有当年借款利息的会计核算凭证（六个月）：

利息费用 = 15 000 000 × 6 × 12% / 12 = 900 000

借：财务费用　　900 000

　　贷：预提费用　　900 000

## 实训要求

1. 审计人员肖勇发现了什么问题？
2. 针对所发现的问题，肖勇应提出什么处理建议？

# 实训六　实收资本的审计

## 实训目的

1. 通过本实训，使学生了解审计实收资本项目时应该考虑的问题，并掌握实收资本审计的流程。

2. 熟练掌握实收资本的审计程序，以及适用的审计方法。

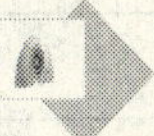

## 实训环境

上课教室，本章授课结束之后，由主讲教师布置实收资本的审计作业。

## 实训资料

某公司2010年1月15日实收资本明细情况如下：

收到王刚投入现金100 000元；刘小明投入材料100 000元；收到林峰投入材料及设备共计金额300 000元。

2010年的实收资本总账见表6－6－1。

**表6－6－1**　　实收资本总账　　单位：元

| 2010年 | | 摘要 | 借方 | 贷方 | 余额 |
|---|---|---|---|---|---|
| 1月 | 15日 | 收投资款 | | 500 000 | 500 000 |
| 12月 | 31日 | 固定资产盘亏 | 120 000 | | 380 000 |
| 12月 | 31日 | 结转下年 | | | 380 000 |

## 实训要求

1. 该单位实收资本的核算存在什么问题？可能是什么原因造成的？

2. 如果根本没有12万元的设备投资发生，可以通过什么方式进行了解？注册会计师应该怎么做？

3. 编制完成下列审计工作底稿（见表6－6－2，表6－6－3，表6－6－4）。

**表6－6－2**　　实收资本（股本）实质性程序

| 被审计单位： | 索　引　号：QA |
|---|---|
| 项　　目：实收资本（股本） | 财务报表截止日/期间： |
| 编　　制： | 复　　核： |
| 日　　期： | 日　　期： |

续表

**第一部分　认定、审计目标和审计程序对应关系**

一、审计目标与认定对应关系表

| 审计目标 | 财务报表认定 | | | | |
|---|---|---|---|---|---|
| | 存在 | 完整性 | 权利和义务 | 计价和分摊 | 列报 |
| A 资产负债表中记录的实收资本（股本）是存在的 | √ | | | | |
| B 所有应当记录的实收资本（股本）均已记录，实收资本（股本）的增减变动符合法律、法规和合同、章程规定 | | √ | | | |
| C 实收资本（股本）以恰当的金额包括在财务报表中 | | | √ | | |
| D 实收资本（股本）已按照企业会计准则的规定在财务报表中做出恰当列报 | | | | √ | |

二、审计目标与审计程序对应关系表

| 审计目标 | 可供选择的审计程序 | 索引号 |
|---|---|---|
| C | 1. 获取或编制实收资本（股本）明细表：<br>（1）复核加计是否正确，并与报表数、总账数和明细账合计数核对是否相符；<br>（2）以非记账本位币出资的，检查其折算汇率是否符合规定，折算差额的会计处理是否正确 | QA2 |
| ABC | 2. 首次接受委托的客户，取得历次验资报告，将其所载明的投资者名称、投资方式、投资金额、到账时间等内容与被审计单位历资实收资本（股本）变动的账面记录、会计凭证及附件等核对 | 略 |
| AB | 3. 审阅公司章程、股东（大）会、董事会会议记录中有关实收资本（股本）的规定。收集与实收资本（股本）变动有关的董事会会议纪要、股东（大）会决议、合同、协议、公司章程及营业执照，公司设立批文、验资报告等法律性文件，并更新永久性档案 | 略 |
| AC | 4. 检查投入资本是否真实存在，审阅和核对与投入资本有关的原始凭证、会计记录、必要时向投资者函证实缴资本额，对有关财产和实物价值进行鉴定，以确定投入资本的真实性：<br>（1）对于发行在外的股票，应检查股票的发行活动。检查的内容包括已发行股票的登记簿、募股清单、银行对账单、会计账面记录等。必要时，可向证券交易所和金融机构函证股票发行的数量；<br>（2）对于发行在外的股票，应检查股票发行费用的会计处理是否符合有关规定 | 略 |
| ACB | 5. 检查出资期限和出资方式、出资额，检查投资者是不按合同、协议、章程约定的时间和方式缴付出资额，是否已经注册会计师验证。若已验资，应审阅验资报告 | 略 |

续表

| 审计目标 | 可供选择的审计程序 | 索引号 |
|---|---|---|
| ACB | 6. 检查实收资本（股本）增减变动的原因，查阅其是否与董事会纪要、补充合同、协议及其他有关法律性文件的规定一致，逐笔追查至原始凭证，检查其会计处理是否正确。注意有无抽资或变相抽资的情况，如有，应取证核实，做恰当处理。对首次接受委托的客户，除取得验资报告外，还应检查并复印记账凭证进账单：<br>（1）对于股份有限公司，应检查股票收回的交易活动，检查的内容包括已发行股票的登记簿、收回的股票、银行对账单、会计账面记录等；<br>（2）以发放股票股利增资的，检查股东（大）会决议，检查相关增资手续是否办理，会计处理是否正确；<br>（3）对于以资本公积、盈余公积和未分配利润转增资本的，应取得股东（大）会等资料，并审核是否符合国家有关规定，会计处理是否正确；<br>（4）以权益结算的股份支付行权时增资，取得相关资料，检查是否符合相关规定，会计处理是否正确；<br>（5）以回购股票以及其他法定程序报经批准减资的，检查股东（大）会决议以及相关的法律文件，手续是否办理，会计处理是否正确；<br>（6）中外合作经营企业在合作期间归还投资的，收集与已归还投资变动有关的公司章程、合同、董事会会议纪要、政府部门的批准文件等资料，查明其是否合规、合法，并更新永久性档案，并对已归还投资的发生额逐项审计至原始凭证，检查应用的折算汇率和会计处理是否符合相关规定 | 略 |
| D | 7. 根据证券登记公司提供的股东名录，检查被审计单位及其子公司、合营企业与联营企业是否有违反规定的持股情况 | 略 |
| A | 8. 检查认股权证及其有关交易，确定委托人及认股人是否遵守认股合约或认股权证中的有关规定 | 略 |
|  | 9. 根据评估的舞弊风险等因素增加的其他审计程序 | 略 |
| D | 10. 检查实收资本（股本）是否已按照企业会计准则的规定在财务报表中做出恰当列报 | 略 |

<table>
<tr><th colspan="8">第二部分　计划实施的实质性程序</th></tr>
<tr><td colspan="3" rowspan="2">项　目</td><td colspan="5">财务报表认定</td></tr>
<tr><td>存在</td><td>完整性</td><td>权利和义务</td><td>计价和分摊</td><td>列报</td></tr>
<tr><td colspan="3">评估的重大错报风险水平①</td><td></td><td></td><td></td><td></td><td></td></tr>
<tr><td colspan="3">控制测试结果是否支持风险评估结论②</td><td></td><td></td><td></td><td></td><td></td></tr>
<tr><td colspan="3">需从实质性程序获取的保证程度</td><td></td><td></td><td></td><td></td><td></td></tr>
<tr><td>计划实施的实质性程序③</td><td>索引号</td><td>执行人</td><td></td><td></td><td></td><td></td><td></td></tr>
<tr><td>1.</td><td></td><td></td><td></td><td></td><td></td><td></td><td></td></tr>
<tr><td>2.</td><td></td><td></td><td></td><td></td><td></td><td></td><td></td></tr>
<tr><td>3.</td><td></td><td></td><td></td><td></td><td></td><td></td><td></td></tr>
</table>

续表

| 项目 | | | 财务报表认定 | | | | |
|---|---|---|---|---|---|---|---|
| | | | 存在 | 完整性 | 权利和义务 | 计价和分摊 | 列报 |
| 计划实施的实质性程序 | 索引号 | 执行人 | | | | | |
| 4. | | | | | | | |
| 5. | | | | | | | |
| 6. | | | | | | | |
| 7. | | | | | | | |
| 8. | | | | | | | |
| 9. | | | | | | | |
| 10. | | | | | | | |
| …… | | | | | | | |
| | | | | | | | |

注：①结果取自风险评估工作底稿。
②结果取自该项目所属业务循环内部控制测试工作底稿。
③计划实施的实质性程序与财务报表认定之间的对应关系用打“√”表示。

**表 6-6-3　　实收资本（股本）审定表**

被审计单位：＿＿＿＿＿＿　索　引　号：QA1
项　　目：实收资本（股本）审定表　财务报表截止日/期间：＿＿＿＿
编　　制：＿＿＿＿＿＿　复　　核：＿＿＿＿
日　　期：＿＿＿＿＿＿　日　　期：＿＿＿＿

| 项目名称 | 期末未审数 | 账项调整 | | 重分类调整 | | 期末审定数 | 上期末审定数 | 索引号 |
|---|---|---|---|---|---|---|---|---|
| | | 借方 | 贷方 | 借方 | 贷方 | | | |
| | | | | | | | | |
| | | | | | | | | |
| | | | | | | | | |
| | | | | | | | | |
| | | | | | | | | |
| | | | | | | | | |
| | | | | | | | | |
| 合计 | | | | | | | | |

审计结论：

表 6-6-4　实收资本（股本）明细表

| 被审计单位： | | | 索引号：QA2 | | |
|---|---|---|---|---|---|
| 项目：实收资本（股本）明细表 | | | 财务报表截止日/期间： | | |
| 编制： | | | 复核： | | |
| 日期： | | | 日期： | | |
| 股东名称 | 期初余额 | 本期增加 | 本期减少 | 期末余额 | 备注 |
| | | | | | |
| | | | | | |
| | | | | | |
| | | | | | |
| | | | | | |
| | | | | | |
| | | | | | |
| 合计 | | | | | |
| 审计说明： | | | | | |

## 实训七　资本公积的审计

### 实训目的

1. 通过本实训，使学生了解审计资本公积项目时应该考虑的问题，并掌握资本公积审计的流程。

2. 熟练掌握资本公积的审计程序，以及适用的审计方法。

### 实训环境

上课教室。

## 实训资料

某小型粮油食品加工企业成立10年，收入、利润基本稳定。近三年来销售收入逐年提高，盈利情况越来越好。几位股东决定扩大经营规模，增加投资额，换领营业执照。于是召开了股东大会。

股东大会纪要：关于增加投资扩大生产规模的决议

会议时间：2011年5月20日

参加人员：王陵、林伟、李平、刘力［前四位为原股东］、杜峰

会议内容：增加投资人杜峰，使投资额达到100万元

原投资结构：王陵40万元、林伟20万元、李平10万元、刘力10万元。原投资总额不能达到100万元的注册资金需要。

结果：同意杜峰投资20万元，占10%股份，其余部分做资本溢价处理。

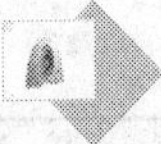

## 实训要求

分组讨论：

1. 这样的做法是否正确？
2. 审计过程中应注意什么问题？

# 实训八 盈余公积的审计

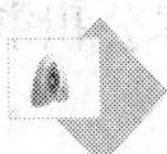

## 实训目的

1. 通过本实训，使学生了解审计盈余公积项目时应该考虑的问题，并掌握盈余公积审计的流程。
2. 熟练掌握盈余公积的审计程序，以及适用的审计方法。

## 实训环境

上课教室。

### 实训资料

某公司2011年年末结转各账户余额时，将盈余公积账户余额100万元转增资本，使得该公司注册资本增加到280万元人民币。

### 实训要求

1. 这种做法是否符合法律法规的规定？
2. 审计中主要应考虑什么问题？

## 实训九 未分配利润的审计

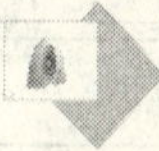

### 实训目的

1. 通过本实训，使学生了解审计未分配利润项目时应该考虑的问题，并掌握未分配利润审计的流程。
2. 熟练掌握未分配利润的审计程序，以及适用的审计方法。

### 实训环境

上课教室。

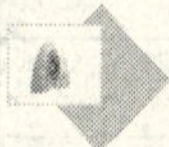

### 实训资料

某公司2011年年末给员工发放一笔奖金，有相关凭证和奖金发放明细见表6－9－1，列示如下：

转账凭证：

借：利润分配——未分配利润　　165 800

　　贷：应付职工薪酬　　165 800

**表 6－9－1** 奖金发放明细表

2011 年 12 月 15 日 单位：元

| 姓　名 | 奖金数额 | 领款人 |
|---|---|---|
| 张大刚 | 5 000 | |
| 王晓红 | 3 500 | |
| 李　伟 | 8 000 | |
| …… | …… | |
| 合　计 | 165 800 | |

审批：林立 制表：李英

## 实训要求

分组讨论：

1. 存在什么问题？
2. 该怎样进行调整？
3. 未分配利润审计中常见的错弊有哪些？
4. 了解并完成下列有关表格（见表 6－9－2，表 6－9－3，表 6－9－4）。

**表 6－9－2** 未分配利润实质性程序

| 被审计单位： | | | | | 索引号：QD |
|---|---|---|---|---|---|
| 项目：未分配利润 | | | | | 财务报表截止日/期间： |
| 编制： | | | | | 复核： |
| 日期： | | | | | 日期： |
| **第一部分　认定、审计目标和审计程序对应关系** | | | | | |
| 一、审计目标与认定对应关系表 | | | | | |
| 审计目标 | 财务报表认定 | | | | |
| | 存在 | 完整性 | 权利和义务 | 计价和分摊 | 列报 |
| A 资产负债表中记录的未分配利润是存在的 | √ | | | | |
| B 所有应当记录的未分配利润均已记录，未分配利润增减变动符合法律、法规和章程的规定 | | √ | | | |
| C 未分配利润以恰当的金额包括在财务表中 | | | | √ | |
| D 未分配利润已按照企业会计准则的规定在财务报表中做出恰当列报 | | | | | √ |

续表

| 二、审计目标与审计程序对应关系表 | | |
|---|---|---|
| 审计目标 | 可供选择的审计程序 | 索引号 |
| C | 1. 获取或编制利润分配明细表，复核加计是否正确，与报表数、总账数及明细账合计数核对是否相符 | QD2 |
| AC | 2. 将未分配利润年初数不清与上年审定数核对是否相符，检查涉及损益的上年审计调整是否正确入账 | 略 |
| AB | 3. 获取与未分配利润有关的董事会会议纪要、股东（大）会决议、政府部门批文及有关合同、协议、公司章程等文件资料，并更新永久性档案 | 略 |
| ABC | 4. 检查董事会会议纪要、股东（大）会决议、利润分配方案等资料，对照有关规定确认利润分配的合法性 | 略 |
| ABC | 5. 检查未分配利润变动的相关凭证，结合所获取的文件资料，确定其会计处理是否正确 | 略 |
| C | 6. 了解本年利润弥补以前年度亏损的情况，确定本期末未弥补亏损金额。如果已超过弥补期限，且已因为抵扣亏损而确认递延所得税资产的，应当进行调整 | 略 |
| ABC | 7. 检查本期未分配利润变动除净利润转入以外的全部相关凭证，结合所获取的文件资料，确定其会计处理是否正确 | 略 |
| ABC | 8. 结合以前年度损益科目的审计，检查以前年度损益调整的内容是否真实、合理，注意对以前年度所得税的影响。对重大调整事项应逐项核实发生的原因、依据和有关资料，复核数据的正确性 | 略 |
| | 9. 根据评估的舞弊风险等因素增加的审计程序 | 略 |
| D | 10. 检查未分配利润是否已按照企业会计准则的规定在财务报表中做出恰当列报：检查对资产负债表日后至财务报告批准报出日之间由董事会或类似机构所制定利润分配方案中拟分配的股利，是否在财务报表附注中单披露 | 略 |

**第二部分　计划实施的实质性程序**

| 项　　目 | | | 财务报表认定 | | | | |
|---|---|---|---|---|---|---|---|
| | | | 存在 | 完整性 | 权利和义务 | 计价和分摊 | 列报 |
| 评估的重大错报风险水平① | | | | | | | |
| 控制测试结果是否支持风险评估结论② | | | | | | | |
| 需从实质性程序获取的保证程度 | | | | | | | |
| 计划实施的实质性程序③ | 索引号 | 执行人 | | | | | |
| 1. | | | | | | | |
| 2. | | | | | | | |
| 3. | | | | | | | |
| 4. | | | | | | | |
| 5. | | | | | | | |
| 6. | | | | | | | |

续表

| 项　目 | | | 财务报表认定 | | | | |
|---|---|---|---|---|---|---|---|
| | | | 存在 | 完整性 | 权利和义务 | 计价和分摊 | 列报 |
| 计划实施的实质性程序 | 索引号 | 执行人 | | | | | |
| 7. | | | | | | | |
| 8. | | | | | | | |
| 9. | | | | | | | |
| 10. | | | | | | | |
| …… | | | | | | | |
| | | | | | | | |

注：①结果取自风险评估工作底稿。
②结果取自项目所属业务循环内部控制测试工作底稿。
③计划实施的实质性程序与财务报表认定之间的对应关系用"√"表示。

**表 6－9－3**　　未分配利润审定表

被审计单位：　　　　索　引　号：QD1
项　　目：未分配利润审定表　　　　财务报表截止日/期间：
编　　制：　　　　复　　核：
日　　期：　　　　日　　期：

| 项目名称 | 期末未审数 | 账项调整 | | 重分类调整 | | 期末审定数 | 上期末审定数 |
|---|---|---|---|---|---|---|---|
| | | 借方 | 贷方 | 借方 | 贷方 | | |
| | | | | | | | |
| | | | | | | | |
| | | | | | | | |
| | | | | | | | |
| | | | | | | | |
| | | | | | | | |
| | | | | | | | |
| | | | | | | | |
| | | | | | | | |
| | | | | | | | |

审计结论：

表 6－9－4　　未分配利润明细表

| 被审计单位： | | 索　引　号：QD2 | |
|---|---|---|---|
| 项　　目：未分配利润明细表 | | 财务报表截止日/期间： | |
| 编　　制： | | 复　　核： | |
| 日　　期： | | 日　　期： | |
| 项目名称 | 本期数 | 上期数 | 备注 |
| 一、上年年末余额 | | | |
| 加：会计政策变更 | | | |
| 　　前期差错更正 | | | |
| 二、本年年初余额 | | | |
| 三、本期净利润 | | | |
| 四、利润分配 | | | |
| 1. 提取盈余公积 | | | |
| 2. 对所有者（股东）的分配 | | | |
| 3. 其他 | | | |
| 五、所有者权益内部结转 | | | |
| 1. 盈余公积弥补亏损 | | | |
| 2. 其他 | | | |
| 六、本年年末余额 | | | |
| | | | |
| | | | |
| 审计说明： | | | |

# 实训十　主营业务收入的审计

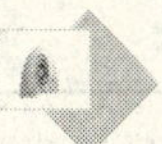

## 实训目的

1. 通过实训课程使学生了解主营业务收入审计的要点；
2. 掌握销售截止测试；
3. 学会编制主营业务收入的审计工作底稿。

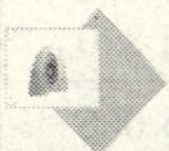

## 实训环境

上课教室。

## 实训资料

通海公司2011年1～12月的主营业务收入见表6－10－1。

表6－10－1　　主营业务收入情况表　　单位：万元

| 月份 | 全部产品的销售收入 | | 主要产品的销售收入 | |
|---|---|---|---|---|
| | 本年 | 上年 | 本年 | 上年 |
| 1 | 830 | 792 | 135 | 131 |
| 2 | 716 | 656 | 170 | 166 |
| 3 | 779 | 723 | 188 | 190 |
| 4 | 1 719 | 1 500 | 239 | 210 |
| 5 | 1 150 | 1 123 | 256 | 250 |
| 6 | 1 331 | 1 288 | 216 | 211 |
| 7 | 1 200 | 1 178 | 290 | 278 |
| 8 | 786 | 812 | 250 | 256 |
| 9 | 1 068 | 1 034 | 244 | 241 |
| 10 | 1 336 | 1 276 | 277 | 275 |
| 11 | 1 306 | 1 254 | 304 | 298 |
| 12 | 1 570 | 1 212 | 328 | 325 |
| 合计 | 13 791 | 12 848 | 2 897 | 2 831 |

假定计划抽查8月、10月和12月的发票及所附凭证，具体情况见表6－10－2。

表6－10－2　　抽查发票及凭证

| 发票内容 | | | | | 记账凭证记录 | | | | | |
|---|---|---|---|---|---|---|---|---|---|---|
| 月 | 日 | 发票号 | 购货单位 | 发票总金额（元） | 月 | 日 | 凭证号 | 借方 | 贷方 | 金额（元） |
| 8 | 2 | 00127 | D钢材经销处 | 50 000 | 7 | 30 | | | | 50 000 |
| 8 | 6 | 00136 | B工厂 | 24 000 | 8 | 6 | | | | 24 000 |
| 8 | 18 | 00170 | C公司 | 80 000 | 8 | 12 | | | | 80 000 |
| 8 | 26 | 00182 | E公司 | 6 820 | 8 | 20 | | | | 6 820 |
| 10 | 3 | 00390 | A公司 | 5 066 | 9 | 28 | | | | 5 066 |
| 10 | 5 | A0019 | C公司 | 56 000 | 10 | 3 | | | | 65 000 |
| 10 | 8 | 00422 | B工厂 | 480 | 10 | 8 | | | | 480 |

续表

| 发票内容 | | | | | 记账凭证记录 | | | | | |
|---|---|---|---|---|---|---|---|---|---|---|
| 月 | 日 | 发票号 | 购货单位 | 发票总金额（元） | 月 | 日 | 凭证号 | 借方 | 贷方 | 金额（元） |
| 10 | 12 | B0011 | E 公司 | 9 800 | 10 | 12 | | | | 9 800 |
| 10 | 25 | 00500 | T 公司 | 86 800 | 9 | 16 | | | | 86 600 |
| 12 | 2 | A0032 | Y 个人 | 180 | 11 | 20 | | | | 180 |
| 12 | 5 | 00599 | G 个人 | 200 | 12 | 3 | | | | 200 |
| 12 | 20 | 00675 | C 公司 | 65 400 | 12 | 20 | | | | 65 400 |
| 12 | 28 | 00711 | E 公司 | 7 800 | | 28 | | | | 78 000 |

## 实训要求

1. 通海公司可能存在哪些问题？

2. 根据上述资料（必要时可合理设计有关背景资料），编制营业收入审计的相关工作底稿（见表 6－10－3，表 6－10－4，表 6－10－5，表 6－10－6，表 6－10－7，表 6－10－8，表 6－10－9）。

**表 6－10－3**　　　　营业收入实质性程序

| 被审计单位： | 索　　引　　号： |
|---|---|
| 项　　目：营业收入 | 财务报表截止日/期间： |
| 编　　制： | 复　　核： |
| 日　　期： | 日　　期： |

**第一部分　认定、审计目标和审计程序对应关系**

一、审计目标与认定对应关系表

| 审计目标 | 财务报表认定 | | | | | |
|---|---|---|---|---|---|---|
| | 发生 | 完整性 | 准确性 | 截止 | 分类 | 列报 |
| A 利润表中记录的营业收入已发生，且与被审计单位有关 | √ | | | | | |
| B 所有应当记录的营业收入均已记录 | | √ | | | | |
| C 与营业收入有关的金额及其他数据已恰当记录 | | | √ | | | |
| D 营业收入已记录于正确的会计期间 | | | | √ | | |
| E 营业收入已记录于恰当的账户 | | | | | √ | |
| F 营业收入已按照企业会计准则规定在财务报表中做出恰当的列报 | | | | | | √ |

续表

二、审计目标与审计程序对应关系表

| 审计目标 | 可供选择的审计程序 | 索引号 |
|---|---|---|
| （一）主营业务收入 | | |
| C | 1. 获取或编制主营业务收入明细表：<br>（1）复核加计是否正确，并与总账数和明细账合计数核对是否相符，结合其他业务收入科目与报表数核对是否相符；<br>（2）检查以非记账本位币结算的主营业务收入的折算是否正确 | SA2 |
| ABC | 2. 实质性分析程序（必要时）：<br>（1）针对已识别需要运用分析程序的有关项目，并基于对被审计单位及其环境的了解，通过进行以下比较，同时考虑有关数据间关系的影响，以建立有关数据的期望值：<br>①将本期的主营业务收入与上期的主营业务收入进行比较，分析产品销售的结构和价格变动是否异常，并分析异常变动的原因；<br>②计算本期重要产品的毛利率，与上期比较，检查是否存在异常，各期之间是否存在重大波动并查明原因；<br>③比较本期各月各类主营业务收入的波动情况，分析其变动趋势是否正常，是否符合被审计单位季节性、周期性的经营规律，查明异常现象和重大波动的原因；<br>④将本期重要产品的毛利率与同行业企业进行对比分析，检查是否存在异常；<br>⑤根据增值税发票申报表或普通发票，估算全年收入，与实际收入金额比较。<br>（2）确定可接受的差异额；<br>（3）将实际情况与期望值相比较，识别需要进一步调查的差异；<br>（4）如果其差额超过可接受的差异额，调查并获取充分的解释和恰当的佐证审计证据（如通过检查相关的凭证等）；<br>（5）评估分析程序的测试结果 | SA3<br>SA4<br>SA3<br>SA4 |
| ABCD | 3. 检查主营业务收入的确认条件、方法是否符合企业会计准则，前后期是否一致；关注周期性、偶然性的收入是否符合既定的收入确认原则、方法 | 略 |
| C | 4. 获取产品价格目录，抽查售价是否符合价格政策，并注意销售给关联方或关系密切的重要客户的产品价格是否合理，有无以低价或高价结算的方法相互之间转移利润的现象 | 略 |
| ABCD | 5. 抽取____张发货单，审查出库日期、品名、数量等是否与发票、销售合同、记账凭证等一致 | 略 |
| ACD | 6. 抽取____张记账凭证，审查入账日期、品名、数量、单价、金额等是否与发票、发货单、销售合同等一致 | 略 |
| AC | 7. 结合对应收账款的审计，选择主要客户函证本期销售额 | 略 |
| A | 8. 对于出口销售，应当将销售记录与出口报关单、货运提单、销售发票等出口销售单据进行核对，必要时向海关函证 | 略 |

续表

| 审计目标 | 可供选择的审计程序 | 索引号 |
|---|---|---|
| D | 9. 销售的截止测试：<br>（1）通过测试资产负债表日前后____天且金额大于____的发货单据，将应收账款和收入明细账进行核对；同时，从应收账款和收入明细账选取在资产负债表日前后____天且金额大于____的凭证，与发货单据核对，以确定销售是否存在跨期现象；<br>（2）复核资产负债表日前后销售和发货水平，确定业务活动水平是否异常（如与正常水平相比），并考虑是否有必要追加截止程序；<br>（3）取得资产负债表日后所有的销售退回记录，检查是否存在提前确认收入的情况；<br>（4）结合对资产负债表日应收账款的函证程序，检查有无还未取得对方认可的大额销售；<br>（5）调整重大跨期销售 | SA5－1<br>SA5－2 |
| A | 10. 存在销货退回的，检查手续是否符合规定，结合原始销售凭证检查其会计处理是否正确。结合存货项目审计关注其真实性 | 略 |
| C | 11. 销售折扣与折让：<br>（1）获取或编制折扣与折让明细表，复核加计正确，并与明细账合计数核对相符；<br>（2）取得被审计单位有关折扣与折让的具体规定和其他文件资料，并抽查较大的折扣与折让发生额的授权批准情况，与实际执行情况进行核对，检查其是否经授权批准，是否合法、真实；<br>（3）销售折让与折扣是否及时足额提交对方，有无虚设中介、转移收入、私设账外“小金库”等情况；<br>（4）检查折扣与折让的会计处理是否正确 | 略 |
| ABCDE | 12. 检查有无特殊的销售行为，如委托代销、分期收款销售、商品需要安装和检验的销售、附有退回条件的销售、售后租回、售后回购、以旧换新、出口销售等，选择恰当的审计程序进行审核 | 略 |
| AC | 13. 调查向关联方销售的情况，记录其交易品种、价格、数量、金额和比例，并记录占总销售收入的比例。对于合并范围内的销售活动，记录应予合并抵销的金额 | 略 |
| AC | 14. 调查集团内部销售的情况，记录其交易价格、数量和金额，并追查在编制合并财务报表时是否已予以抵销 | 略 |
|  | 15. 根据评估的舞弊风险等因素增加的审计程序 | 略 |
| （二）其他业务收入 | | |
| C | 16. 获取或编制其他业务收入明细表，复核加计是否正确，并与总账数和明细账合计数核对是否相符，结合主营业务收入科目与营业收入报表数核对是否相符 | SA6 |
| ABCDE | 17. 检查原始凭证等相关资料，分析交易的实质，确定其是否符合收入确认的条件，并检查其会计处理是否正确 | 略 |
| AC | 18. 用材料进行非货币性资产交换的，应确定其是否具有商业实质且公允价值能够可靠计量 | 略 |
|  | 19. 根据评估的舞弊风险等因素增加的审计程序 | 略 |
| （三）列报 | | |
| F | 20. 检查营业收入是否已按照企业会计准则的规定在财务报表中做出恰当列报 | 略 |

续表

| 第二部分　计划实施的实质性程序 | | | | | | | | |
|---|---|---|---|---|---|---|---|---|
| 项　　目 | | | 财务报表认定 | | | | | |
| | | | 发生 | 完整性 | 准确性 | 截止 | 分类 | 列报 |
| 评估的重大错报风险水平① | | | | | | | | |
| 控制测试结果是否支持风险评估结论② | | | | | | | | |
| 需从实质性程序获取的保证程度 | | | | | | | | |
| 计划实施的实质性程序③ | 索引号 | 执行人 | | | | | | |
| 1. | | | | | | | | |
| 2. | | | | | | | | |
| 3. | | | | | | | | |
| 4. | | | | | | | | |
| 5. | | | | | | | | |
| 6. | | | | | | | | |
| 7. | | | | | | | | |
| 8. | | | | | | | | |
| 9. | | | | | | | | |
| 10. | | | | | | | | |
| …… | | | | | | | | |
| | | | | | | | | |

注：①结果取自风险评估工作底稿。
②结果取自项目所属业务循环内部控制测试工作底稿。
③计划实施的实质性程序与财务报表认定之间的对应关系用“√”表示。

**表6－10－4**　　营业收入审定表

| 被审计单位： | 索　引　号：SA1 |
|---|---|
| 项　　目：营业收入审定表 | 财务报表截止日/期间： |
| 编　　制： | 复　　核： |
| 日　　期： | 日　　期： |

| 项目类别 | 本期未审数 | 账项调整 | | 本期审定数 | 上期审定数 | 索引号 |
|---|---|---|---|---|---|---|
| | | 借方 | 贷方 | | | |
| 一、主营业务收入 | | | | | | |
| 1 | | | | | | |
| 2 | | | | | | |
| 3 | | | | | | |
| 4 | | | | | | |
| 5 | | | | | | |
| 6 | | | | | | |
| 7 | | | | | | |
| 8 | | | | | | |
| 小　计 | | | | | | |

续表

| 项目类别 | 本期未审数 | 账项调整 | | 本期审定数 | 上期审定数 | 索引号 |
|---|---|---|---|---|---|---|
| | | 借方 | 贷方 | | | |
| 二、其他业务收入 | | | | | | |
| 1 | | | | | | |
| 2 | | | | | | |
| 3 | | | | | | |
| 4 | | | | | | |
| 5 | | | | | | |
| 6 | | | | | | |
| 7 | | | | | | |
| 8 | | | | | | |
| 小　计 | | | | | | |
| 营业收入合计 | | | | | | |
| 审计结论： | | | | | | |

**表 6－10－5**　　主营业务收入明细表

| | | |
|---|---|---|
| 被审计单位： | 索　　引　　号： | SA2 |
| 项　　目：主营业务收入明细表 | 财务报表截止日/期间： | |
| 编　　制： | 复　　核： | |
| 日　　期： | 日　　期： | |

| 月份 | 主营业务收入明细项目 | | | | | | | | | |
|---|---|---|---|---|---|---|---|---|---|---|
| | 合计 | | | | | | | | | |
| 1 | | | | | | | | | | |
| 2 | | | | | | | | | | |
| 3 | | | | | | | | | | |
| 4 | | | | | | | | | | |
| 5 | | | | | | | | | | |
| 6 | | | | | | | | | | |
| 7 | | | | | | | | | | |
| 8 | | | | | | | | | | |
| 9 | | | | | | | | | | |
| 10 | | | | | | | | | | |

续表

| 月份 | 主营业务收入明细项目 | | | | | | | | | |
|---|---|---|---|---|---|---|---|---|---|---|
| | 合计 | | | | | | | | | |
| 11 | | | | | | | | | | |
| 12 | | | | | | | | | | |
| 合　计 | | | | | | | | | | |
| 上期数 | | | | | | | | | | |
| 变动额 | | | | | | | | | | |
| 变动比例 | | | | | | | | | | |

审计说明：

## 表6－10－6　业务/产品销售分析表

| 被审计单位： | | 索　　引　　号： | SA3 |
|---|---|---|---|
| 项　　目： | 业务/产品销售分析表 | 财务报表截止日/期间： | |
| 编　　制： | | 复　　核： | |
| 日　　期： | | 日　　期： | |

| 收入类别/产品名称 | 本期数 | | | | 上期数 | | | | 变动幅度 | | | |
|---|---|---|---|---|---|---|---|---|---|---|---|---|
| | 数量 | 主营业务收入 | 主营业务成本 | 毛利率 | 数量 | 主营业务收入 | 主营业务成本 | 毛利率 | 数量 | 主营业务收入 | 主营业务成本 | 毛利率 |
| | | | | | | | | | | | | |
| | | | | | | | | | | | | |
| | | | | | | | | | | | | |
| | | | | | | | | | | | | |
| | | | | | | | | | | | | |
| | | | | | | | | | | | | |
| | | | | | | | | | | | | |
| | | | | | | | | | | | | |
| | | | | | | | | | | | | |
| | | | | | | | | | | | | |
| | | | | | | | | | | | | |
| | | | | | | | | | | | | |
| | | | | | | | | | | | | |
| | | | | | | | | | | | | |
| | | | | | | | | | | | | |

审计说明：

表6－10－7　　月度毛利率分析表

| 被审计单位： | | 索引号： | SA4 |
|---|---|---|---|
| 项目： | 月度毛利率分析表 | 财务报表截止日/期间： | |
| 编制： | | 复核： | |
| 日期： | | 日期： | |

| 月份 | 本期数 | | | | 上期数 | | | | 变动幅度 | | | |
|---|---|---|---|---|---|---|---|---|---|---|---|---|
| | 主营业务收入 | 主营业务成本 | 毛利 | 毛利率 | 主营业务收入 | 主营业务成本 | 毛利 | 毛利率 | 主营业务收入 | 主营业务成本 | 毛利 | 毛利率 |
| 1 | | | | | | | | | | | | |
| 2 | | | | | | | | | | | | |
| 3 | | | | | | | | | | | | |
| 4 | | | | | | | | | | | | |
| 5 | | | | | | | | | | | | |
| 6 | | | | | | | | | | | | |
| 7 | | | | | | | | | | | | |
| 8 | | | | | | | | | | | | |
| 9 | | | | | | | | | | | | |
| 10 | | | | | | | | | | | | |
| 11 | | | | | | | | | | | | |
| 12 | | | | | | | | | | | | |
| 合计 | | | | | | | | | | | | |
| 审计说明： | | | | | | | | | | | | |

表6－10－8　　主营业务收入截止测试

| 被审计单位： | | 索引号： | SA5－1 |
|---|---|---|---|
| 项目： | 主营业务收入截止测试 | 财务报表截止日/期间： | |
| 编制： | | 复核： | |
| 日期： | | 日期： | |

| 编号 | 发货单 | | 发票内容 | | | | | 明细账 | | | | 是否跨期（用“√”、“×”表示） |
|---|---|---|---|---|---|---|---|---|---|---|---|---|
| | 日期 | 号码 | 日期 | 客户名称 | 货物名称 | 销售额 | 税额 | 日期 | 凭证号 | 主营业务收入 | 应交税金 | |
| | | | | | | | | | | | | |
| | | | | | | | | | | | | |
| | | | | | | | | | | | | |
| | | | | | | | | | | | | |
| | | | | | | | | | | | | |

续表

| 编号 | 发货单 | | | | 发票内容 | | | 明细账 | | | | 是否跨期（用“√”、“×”表示） |
|---|---|---|---|---|---|---|---|---|---|---|---|---|
| | 日期 | 号码 | 日期 | 客户名称 | 货物名称 | 销售额 | 税额 | 日期 | 凭证号 | 主营业务收入 | 应交税金 | |
| 截止日前 | | | | | | | | | | | | |
| 截止日期：2011 年×月×日<br>截止日后 | | | | | | | | | | | | |
| | | | | | | | | | | | | |
| | | | | | | | | | | | | |
| | | | | | | | | | | | | |
| | | | | | | | | | | | | |
| | | | | | | | | | | | | |
| 注：从发货单到明细账 | | | | | | | | | | | | |
| 审计说明： | | | | | | | | | | | | |

**表 6 -10 -9** 主营业务收入截止测试

| | |
|---|---|
| 被审计单位： | 索引号：SA5 -1 |
| 项目：主营业务收入截止测试 | 财务报表截止日/期间： |
| 编制： | 复核： |
| 日期： | 日期： |

| 编号 | 明细账 | | | | 发票内容 | | | | | 发货单 | | 是否跨期（用“√”、“×”表示） |
|---|---|---|---|---|---|---|---|---|---|---|---|---|
| | 日期 | 凭证号 | 主营业务收入 | 应交税金 | 日期 | 客户名称 | 货物名称 | 销售额 | 税额 | 日期 | 号码 | |
| | | | | | | | | | | | | |
| | | | | | | | | | | | | |
| | | | | | | | | | | | | |
| | | | | | | | | | | | | |
| | | | | | | | | | | | | |
| | | | | | | | | | | | | |
| 截止日前 | | | | | | | | | | | | |
| 截止日期：2011 年×月×日<br>截止日后 | | | | | | | | | | | | |
| | | | | | | | | | | | | |
| | | | | | | | | | | | | |
| | | | | | | | | | | | | |
| | | | | | | | | | | | | |
| | | | | | | | | | | | | |
| 注：从明细账到发货单。 | | | | | | | | | | | | |
| 审计说明： | | | | | | | | | | | | |

# 实训十一　营业外收入的审计

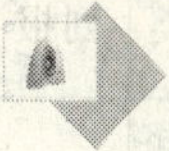

## 实训目的

1. 通过实训课程使学生了解营业外收入审计的要点。
2. 学会编制营业外收入的审计工作底稿。

## 实训环境

上课教室。

## 实训资料

某企业在2011年年度共发生以下营业外收入：
1. 3月10日，收到汽车报废残值收入3 200元；
2. 5月16日，没收逾期包装物押金9 000元；
3. 7月30日，转让500平方米库房一处，收入85万元；
4. 9月8日，处理一台设备收入52 000元。

经查看，原始凭证齐全；手续完备并有授权批准；账务处理正确。

## 实训要求

1. 审计营业外收入应注意哪些问题？
2. 完成以下审计工作底稿（见表6－11－1，表6－11－2，表6－11－3，表6－11－4）。

**表6－11－1**　　营业外收入实质性程序

| | | | |
|---|---|---|---|
| 被审计单位： | | 索　引　号： | |
| 项　　目： | 营业外收入 | 财务报表截止日/期间： | |
| 编　　制： | | 复　　核： | |
| 日　　期： | | 日　　期： | |

续表

**第一部分　认定、审计目标和审计程序对应关系**

一、审计目标与认定对应关系表

| 审计目标 | 财务报表认定 | | | | | |
|---|---|---|---|---|---|---|
| | 发生 | 完整性 | 准确性 | 截止 | 分类 | 列报 |
| A 利润表中记录的营业外收入已发生，且与被审计单位有关 | √ | | | | | |
| B 所有应当记录的营业外收入均已记录 | | √ | | | | |
| C 与营业外收入有关的金额及其他数据已恰当记录 | | | √ | | | |
| D 营业外收入已记录于正确的会计期间 | | | | √ | | |
| E 营业外收入已记录于恰当账户 | | | | | √ | |
| F 营业外收入已按照企业会计准则的规定在财务报表中做出恰当列报 | | | | | | √ |

二、审计目标与审计程序对应关系表

| 审计目标 | 可供选择的审计程序 | 索引号 |
|---|---|---|
| C | 1. 获取或编制营业外收入明细表，复核其加计数是否正确，并与报表数、总账数和明细账合计数核对是否相符 | SJ2 |
| E | 2. 检查营业外收入明细项目的设置是否符合规定的核算内容与范围，是否划清营业外收入与其他收入的界限 | SJ2 |
| ABC | 3. 检查非流动资产处置利得：应结合相关非流动资产的审计，检查是否在授权范围内履行了必要的批准程序，抽查相关原始凭证，审核其内容的真实性和依据的充分性，检查会计处理是否符合相关规定 | SJ3 |
| ABC | 4. 检查非货币性资产交换利得；应结合非货币性资产交换的审计，检查是否在授权范围内履行了必要的批准程序，并抽查相关原始凭证，审核其内容的真实性和依据的充分性，检查会计处理是否符合相关规定 | SJ3 |
| ABC | 5. 检查债务重组利得：应结合债务重组的审计，检查是否在授权范围内履行了必要的批准程序，并抽查相关原始凭证，审核其内容的真实性和依据的充分性，检查会计处理是否符合相关规定 | SJ3 |
| ABC | 6. 检查政府补助：应结合递延收益审计，审查各项政府补助的批准文件，复核收入的性质、金额、入账时间是否正确 | SJ3 |
| ABC | 7. 检查盘盈利得：应结合相关资产的盘点及监盘资料，检查金额计算是否正确，是否获得必要审批程序，抽查相关原始凭证，审核其内容的真实性和依据的充分性，检查会计处理是否符合相关规定 | SJ3 |
| ABC | 8. 检查捐赠利得，检查相关的原始凭证，相应的税金是否提取，金额计算及账务处理是否正确 | SJ3 |
| ABC | 9. 检查其他营业外收入，结合相关科目审计，检查入账金额及会计处理是否正确 | 略 |
| D | 10. 抽取资产负债表日前后____天的____张凭证，实施截止性测试，若存在异常迹象，并考虑是否有必要追加审计程序，对于重大跨期项目，应作必要调整 | SJ3 |

续表

| 审计目标 | 可供选择的审计程序 | 索引号 |
|---|---|---|
| | 11. 根据评估的舞弊风险等因素增加的其他审计程序 | 略 |
| F | 12. 检查营业外收入是否已按照企业会计准则的规定在财务报表中做出恰当列报。检查营业外收入是否按照非流动资产处置利得、非货币性资产交换利得、债务重组利得、政府补助、盘盈利得、捐赠利得等分项披露 | 略 |

**第二部分　计划实施的实质性程序**

| 项　目 | | | 财务报表认定 | | | | | |
|---|---|---|---|---|---|---|---|---|
| | | | 发生 | 完整性 | 准确性 | 截止 | 分类 | 列报 |
| 评估的重大错报风险水平① | | | | | | | | |
| 控制测试结果是否支持风险评估结论② | | | | | | | | |
| 需从实质性程序获取的保证程序 | | | | | | | | |
| 计划实施的实质性程序③ | 索引号 | 执行人 | | | | | | |
| 1. | | | | | | | | |
| 2. | | | | | | | | |
| 3. | | | | | | | | |
| 4. | | | | | | | | |
| 5. | | | | | | | | |
| 6. | | | | | | | | |
| 7. | | | | | | | | |
| 8. | | | | | | | | |
| 9. | | | | | | | | |
| 10. | | | | | | | | |
| …… | | | | | | | | |
| | | | | | | | | |
| | | | | | | | | |

注：①结果取自风险评估工作底稿。

②结果取自该项目所属业务循环内部控制测试的工作底稿。

③计划实施的实质性程序与财务报表认定之间的对应关系用“√”表示。

**表6－11－2**　　营业外收入审定表

| 被审计单位： | | 索　引　号： | SJ1 |
|---|---|---|---|
| 项　　目： | 营业外收入审定表 | 财务报表截止日/期间： | |
| 编　　制： | | 复　　核： | |
| 日　　期： | | 日　　期： | |

| 项目名称 | 本期未审数 | 账项调整 | | 本期审定数 | 上期审定数 | 索引号 |
|---|---|---|---|---|---|---|
| | | 借方 | 贷方 | | | |
| 1. 处置非流动资产利得小计 | | | | | | |
| 其中：处置固定资产利得 | | | | | | |
| 　　处置无形资产利得 | | | | | | |

续表

| 项目名称 | 本期未审数 | 账项调整 | | 本期审定数 | 上期审定数 | 索引号 |
|---|---|---|---|---|---|---|
| | | 借方 | 贷方 | | | |
| 2. 非货币性资产交换利得 | | | | | | |
| 3. 债务重组利得 | | | | | | |
| 4. 政府补助 | | | | | | |
| 5. 盘盈利得 | | | | | | |
| 6. 捐赠利得 | | | | | | |
| 7. 其他 | | | | | | |
| …… | | | | | | |
| | | | | | | |
| 合　计 | | | | | | |
| 审计结论： | | | | | | |

表6－11－3　　营业外收入明细表

| 被审计单位： | | 索　引　号： SJ2 |
|---|---|---|
| 项　　目： | 营业外收入明细表 | 财务报表截止日/期间： |
| 编　　制： | | 复　　核： |
| 日　　期： | | 日　　期： |

| 项目名称 | 1月 | … | 本期合计 | 上期合计 | 差异额 | 差异率（%） |
|---|---|---|---|---|---|---|
| 1. 处置非流动资产利得小计 | | | | | | |
| 其中：处置固定资产利得 | | | | | | |
| 　　　处置无形资产利得 | | | | | | |
| 2. 非货币性资产交换利得 | | | | | | |
| 3. 债务重组利得 | | | | | | |
| 4. 政府补助 | | | | | | |
| 5. 盘盈利得 | | | | | | |
| 6. 捐赠利得 | | | | | | |
| 7. 其他 | | | | | | |
| …… | | | | | | |
| | | | | | | |
| 合　计 | | | | | | |
| 审计说明： | | | | | | |

表 6-11-4

# 营业外收入检查情况表

| 被审计单位： | | 索　引　号： | SJ3 |
|---|---|---|---|
| 项　目： | 营业外收入检查情况表 | 财务报表截止日/期间： | |
| 编　制： | | 复　核： | |
| 日　期： | | 日　期： | |

| 记账日期 | 凭证编号 | 业务内容 | 对应科目 | 金额 | 核对内容（用"√"、"×"表示） | | | | | 备注 |
|---|---|---|---|---|---|---|---|---|---|---|
| | | | | | 1 | 2 | 3 | 4 | 5 | |
| | | | | | | | | | | |
| | | | | | | | | | | |
| | | | | | | | | | | |
| | | | | | | | | | | |
| | | | | | | | | | | |
| | | | | | | | | | | |
| | | | | | | | | | | |
| | | | | | | | | | | |
| | | | | | | | | | | |
| | | | | | | | | | | |
| | | | | | | | | | | |
| | | | | | | | | | | |
| | | | | | | | | | | |

核对内容说明：

1. 原始凭证是否齐全；
2. 记账凭证与原始凭证是否相符；
3. 账务处理是否正确；
4. 是否记录于恰当的会计期间；
5. ……

审计说明：

# 审计意见的形成

## 实训一　期后事项的审计意见

### 实训目的

1. 了解并掌握两类不同期后事项的判断和影响。

2. 了解并掌握对期后事项（包含调整和披露事项）实施的各种审计程序。

3. 了解并掌握注册会计师处理双方意见分歧的总体要求。

4. 了解并掌握在形成审计意见时，注册会计师评价报表合法性、公允性时应当考虑的内容。

### 实训环境

审计实验室或审计实习基地（某会计师事务所）。

在审计实验室或会计师事务所，主讲老师为同学们配备了各种沟通的场所和沟通的工具，配备了为最终形成审计意见而依据的审计证据、审计工作底稿以及被审计单位的账簿和凭证等原始资料。

### 实训资料

某农畜产股份有限公司，总资产为3 500万元，主要营业项目为牛、猪等畜牧养殖业。对其2010年度的财务报表，注册会计师于2011年3月15日完成了外勤审计工作，并预定3月25日签订无保留意见的审计报告。然而，就在审计报告印刷、校对的过程中，3月18日当地报纸刊登了一条头版新闻“某省某县发现口蹄疫”。根据报道，这是该省70年来首

次发现的重大疫情，并且有迅速蔓延之势。

注册会计师分析，该公司存货中除了养殖鱼和牧草不受影响之外，无论是种牛、种猪、肉牛、肉猪等皆在口蹄疫侵袭之列。经过严格计算该项存货总账面价值占公司总资产的40%，占流动资产的73%，属于重大事项。

## 实训要求

1. 请同学们选择必要适当的审计程序，证明该公司畜牧产品是否受到感染？即使现在未受感染，是否属于或有事项？如果该公司总资产的40%瞬间全部变为损失，其金额高达1 400万元，这项损失究竟是期后事项还是或有损失？

2. 如果是期后事项，程度如何，如何在审计报告中表达？

3. 如果损失严重时，该项损失究竟是否应列入报表的非常损失项目？

4. 该公司是否有持续经营能力，是否会受到质疑？

5. 完成期后事项审计工作底稿（见表7－1－1）。

**表7－1－1**　　　　　　　　　　期后事项

| 被审计单位： | 索　　引　　号：DH |
|---|---|
| 项　　目：期后事项 | 财务报表截止日/期间： |
| 编　　制： | 复　　核： |
| 日　　期： | 日　　期： |

一、审计目标

1. 确定期后事项是否存在和完整；
2. 确定期后事项的会计处理是否符合企业会计准则的规定；
3. 确定期后事项的列报是否恰当。

二、审计程序

| 可供选择的审计程序 | 索引号 | 执行人 |
|---|---|---|
| 1. 检查被审计单位建立的、用于识别期后事项的政策和程序 | 略 | |
| 2. 取得并审阅股东大会、董事会和管理当局的会议记录以及涉及诉讼的相关文件等，查明识别资产负债表日后发生的对本期会计报表产生重大影响的事项。包括调整事项和非调整事项。调整事项包括截止日后已证实重大资产发生的减值、大额的销售退回、已确定获取或支付的大额赔偿、期后进一步确定了期前购入资产的成本或售出资产的收入、期后发现了财务报表舞弊或差错等；非调整事项包括期后发生的重大诉讼、仲裁、承诺、董事会批准了的利润分配方案、股票和债券的发行、巨额举债、资本公积转增资本、巨额亏损、企业合并或处置子公司、自然灾害导致资产重大损失、资产价格、税收政策、外汇汇率发生较大变动等 | 略 | |

续表

| 可供选择的审计程序 | 索引号 | 执行人 |
|---|---|---|
| 3. 在尽量接近审计报告日时，查阅股东会、董事会及其专门委员会在资产负债表日后举行的会议的纪要，并在不能获取会议纪要时询问会议讨论的事项 | 略 | |
| 4. | | |
| 5. | | |
| 6. | | |
| 7. | | |
| 8. | | |
| 9. | | |
| 10. | | |
| 11. | | |
| …… | | |
| | | |
| 注：<br>1. 期后事项的审计程序至少在两个时点执行：即将完成外勤工作时和提交审计报告时。两个时点间的间隔时间越长，注册会计师对期后事项的审计就需要越多时间和精力；<br>2. 期后事项的审计程序取决于项目组的专业判断，可根据被审计单位的具体情况予以增减；<br>3. 期后事项应与销售确认、应付款项等的期后测试程序结合考虑，尤其是要对舞弊迹象保持警觉。例如，记录虚假销售的分录很可能在资产负债表日后转回，注册会计师在审计期后销售退回、应收账款贷方记录等时就应保持警觉。再比如缺乏商业实质的交易也往往是舞弊的迹象；<br>4. 查阅会计记录应重点关注的项目：（1）与借款、固定资产销售相关的收款记录；（2）与异常开支有关的付款记录；（3）销售和应收账款中的大额退货、折让或贷项记录；（4）异常的会计分录 | | |

# 实训二　前后任注册会计师沟通

## 实训目的

1. 理解前任注册会计师与后任注册会计师之间的沟通的意义。

2. 了解并掌握注册会计师接受委托以后，前任与后任注册会计师沟通的主要障碍。掌握后任注册会计师如何查阅前任注册会计师的工作底稿，以及后任利用前任工作底稿的责任。

3. 了解并掌握注册会计师处理双方意见分歧的总体要求。

## 实训环境

审计实验室或审计实习基地（某会计师事务所）。

在审计实验室或事务所，主讲老师为同学们配备了各种沟通的场所和沟通的工具，配备了为最终形成审计意见而依据的审计证据、审计工作底稿以及被审计单位的账簿和凭证等原始资料。

## 实训资料

在前后任沟通环节中，双方就使用工作底稿达成一致意见时，应当填制两种格式的确认函。一种是不含有使用限制条款的确认函（见表7-2-1）；另一种是含有使用限制条款的确认函（见表7-2-2）。

以下分别是M会计师事务所（前任注册会计师）与N会计师事务所（后任注册会计师），双方就有关审计工作底稿的查阅和使用问题获取的确认函范例。

**表7-2-1** 前任注册会计师向后任注册会计师就工作底稿使用问题获取的确认函范例（不含有使用限制条款）

<table>
<tr><td colspan="2">

**确认函**

N会计师事务所：

我们已经按照中国注册会计师审计准则对ABC公司20×1年度财务报表进行审计，出具了审计报告。在审计报告日后，我们没有实施任何审计程序。贵所为了执行ABC公司20×2年度财务报表审计业务，要求查阅我们对ABC公司财务报表审计形成的工作底稿。我们已经征得ABC公司同意，决定允许贵所查阅有关的工作底稿。

我们对ABC公司20×1年度财务报表的审计及形成的工作底稿并不一定能够满足贵所的查阅目的，因此，贵所拟了解的事项可能并未在我们的工作底稿中予以提及。由于我们在职业判断的运用以及对审计风险和重要性水平的评估方面可能与贵所存在差异，对某些事项的表述可能与贵所有所不同，我们不能针对贵所的目的就我所工作底稿提供的信息是否充分、适当作出任何声明。

我们理解贵所查阅工作底稿的目的旨在制订审计计划，以便于执行ABC公司20×2年度财务报表审计业务。按照贵所的要求，我们将提供（具体列明工作底稿的名称或种类）工作底稿复印件。贵所应当对获取的任何工作底稿复印件的内容予以保密。此外，如果第三方要求提供ABC公司的审计工作底稿，当涉及我所工作底稿的内容时，贵所应当在向该第三方提供之前征得我们的同意。如果贵所由于提供了工作底稿而收到传票、传讯或其他形式的调查通知，且工作底稿含有我所工作底稿的内容，贵所应当尽快通知我们并提供有关传票、传讯或其他形式的调查通知的复印件。

请贵所在本确认函上盖章并署明日期后寄送给我们，以示对上述内容的确认。

（M会计师事务所盖章）<br>年 月 日

</td></tr>
<tr><td>同意：<br>（N会计师事务所盖章）<br>年 月 日</td><td>不同意：<br>（N会计师事务所盖章）<br>年 月 日</td></tr>
</table>

**表 7－2－2　前任注册会计师向后任注册会计师就工作底稿使用问题获取的确认函范例（含有使用限制条款）**

<table>
<tr><td colspan="2">

**确认函**

N 会计师事务所：

我们已经按照中国注册会计师审计准则对 ABC 公司 20×1 年度财务报表进行审计，出具了审计报告。在审计报告日后，我们没有实施任何审计程序。贵所为了执行 ABC 公司 20×2 年度财务报表审计业务，要求查阅我们对 ABC 公司财务报表审计形成的工作底稿。我们已经征得 ABC 公司同意，决定允许贵所查阅有关的工作底稿。

我们对 ABC 公司 20×1 年度财务报表的审计及形成的工作底稿并不一定能够满足贵所的查阅目的，因此，贵所拟了解的事项可能并未在我们的工作底稿中予以提及。由于我们在职业判断的运用以及对审计风险和重要性水平的评估方面可能与贵所存在差异，对某些事项的表述可能与贵所有所不同，我们不能针对贵所的目的就我所工作底稿提供的信息是否充分、适当作出任何声明。

我们理解贵所查阅工作底稿的目的旨在制订审计计划，以便于执行 ABC 公司 20×2 年度财务报表审计业务。按照贵所的要求，我们将提供（具体列明工作底稿的名称或种类）工作底稿复印件。贵所应当对获取的任何工作底稿复印件的内容予以保密。此外，如果第三方要求提供 ABC 公司的审计工作底稿，当涉及我所工作底稿的内容时，贵所应当在向该第三方提供之前征得我们的同意。如果贵所由于提供了工作底稿而收到传票、传讯或其他形式的调查通知，且工作底稿含有我所工作底稿的内容，贵所应当尽快通知我们并提供有关传票、传讯或其他形式的调查通知的复印件。

由于贵所查阅工作底稿旨在制订审计计划，而非对我们的工作底稿进行审阅，因此贵所应当：（1）不得通过查阅所获取的信息用于其他任何目的；（2）在查阅工作底稿后，不对任何人作出关于我所的审计是否遵循了审计准则的口头和书面评论；（3）当涉及我所审计质量时，贵所不应提供任何专家证词、诉讼服务或承接对我所审计质量的评价业务。

请贵所在本确认函上盖章并署明日期后寄送给我们，以示对上述内容的确认。

（M 会计师事务所盖章）<br>年　月　日

</td></tr>
<tr><td>同意：<br>（N 会计师事务所盖章）<br>年　月　日</td><td>不同意：<br>（N 会计师事务所盖章）<br>年　月　日</td></tr>
</table>

## 实训要求

1. 请同学们分析和比较两种确认函的内容区别？
2. 为什么第二种确认函能够提供更多的接触工作底稿的机会？

# 实训三　审计意见的形成

## 实训目的

1. 通过本单元实训，使学生们掌握审计意见形成的主要环节，以及在各个环节中应重点考虑的问题。如在形成审计意见前，前任注册会计师与后任注册会计师之间的沟通、期后事项的合理关注、审计调整事项、解决事务所与被审计单位双方的意见分歧、最终形成审计意见。

2. 了解并掌握在形成审计意见时，注册会计师评价报表合法性、公允性时应当考虑的内容。

## 实训环境

审计实验室或审计实习基地（某会计师事务所）。

在审计实验室或事务所，主讲老师为同学们配备了各种沟通的场所和沟通的工具，配备了为最终形成审计意见而依据的审计证据、审计工作底稿以及被审计单位的账簿和凭证等原始资料。

## 实训资料

P 会计师事务所于 2012 年 2 月 10 日完成了对 ABC 股份有限公司 2011 年度财务报表的审计工作。在复核审计工作底稿时发现以下情况：

（1）公司不愿提供 2011 年、2010 年、2009 年比较会计报表；

（2）公司对 2011 年度应调整的应收账款 800 万元作了调整，但对注册会计师提出的应予调整的其他应收款 5 万元拒绝调整（重要性水平 15 万元）；

（3）公司有五笔应收账款无法实施函证审计程序，但已运用其他相关审计程序进行了必要验证；

（4）该公司作为一桩商标侵权案的被告，2011 年年末公司的法律顾问及相关人员均确认该案件败诉的可能性超过 50%，且赔偿金额能够合理估计，公司已在该年度报表附注中作了说明，但公司没有确认相应的负债；

（5）该公司 2011 年度未提取存货跌价准备。

## 实训要求

1. 请同学们分析上述情况对审计结论或审计报告有哪些影响？

2. 请同学们针对第二种情况编写一份审计报告。

# 计算机审计实训（鼎信诺审计系统）

## 实训一 了解审计软件

### 实训目的

1. 通过本实训，使学生初步了解当前国产审计风险的基本情况，了解审计软件的发展方向。

2. 初步了解审计软件的基本特点。

### 实训环境

网络查询、会计师事务所实习。

### 实训资料

目前，计算机技术在我国各个行业得到不同程度的普及，会计电算化更是异军突起(可用图8－1－1说明)，在我国已经形成了一定的市场规模，市面上常见的会计软件，如用友、金蝶等都已经是较为成熟的产品；但是审计电算化在我国还算是刚刚开始，虽然市面上也有几种商业化的审计软件，但应该说来，中国的审计软件行业还是处于群龙无首的状态。当前主要的国产审计软件有：北京通审软件的“通审2000”，北京中审华科的“审易”，上海博科资讯的“审计之星”，西安海星的“金剑审计”，珠海中普公司的“中普审计”，珠海金长源的“审计直通车”等。在本单元中，我们将以北京鼎信诺科技有限公司开发的“鼎信诺审计系统”为例，首先介绍审计软件的基本功能，后面再以本系统为平台，开展计算机辅助审计工作。

“鼎信诺审计系统”是针对注册会计师审计行业设计开发的，它融合了风险导向审计

和中国注册会计师协会2007年发布的《财务报表审计工作底稿编制指南》，将风险评估底稿、控制测试底稿以及实质性测试底稿恰当地结合为一个整体，实现了由“了解被审计单位及其环境”，到“在被审计单位整体层面了解和评价内部控制”，到“在被审计单位业务流程层面了解和评价内部控制”，经过“项目组讨论”和“风险评估结果汇总”，对进一步审计工作（包括：控制测试和实质性测试）做出判断，得出“总体审计策略”。

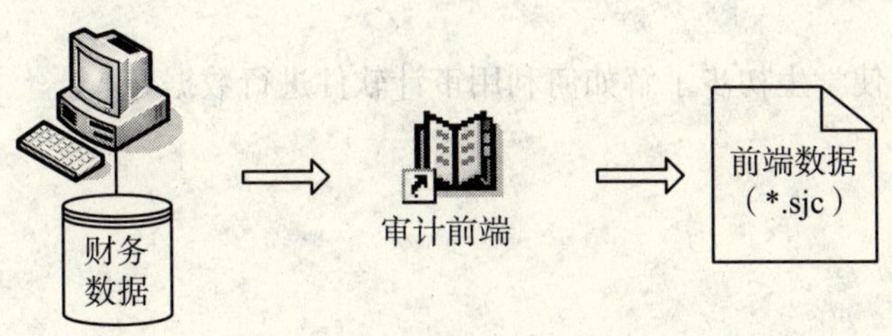


**图8－1－1　审计前端**

“鼎信诺审计系统”的数据采集功能很强，其可导入的财务电子账套涵盖了市场常见的财务软件，包括：金蝶、用友、速达、安易、浪潮、新中大、远光、远方、久其、博科、南北财务、润嘉、施易、万能财务、兴竹、永信、中财信、金财、金算盘、九鼎、企业之魂、四方等等。

“鼎信诺审计系统”的主要特点如下：

第一，设计规范，专业性强：在深入分析审计行业需求和特点的基础上，按照国家财政部颁布的《中国注册会计师审计准则》和《企业会计准则》的要求设计，并且兼顾中国证监会的相关要求及新近颁布的财会法规。

第二，开放性、灵活性强：在规范性的同时，各种显示格式、计算公式、工作底稿、打印格式、文档等都可由审计人员进行添加删除和调整修改。系统提供多种数据移植功能，可以从多种专业财务软件采集数据，在不同项目间或不同计算机间进行项目数据的导入、导出、合并。

第三，可靠性、安全性高：软件经过多家会计师事务所测试应用，证明系统运行高效可靠。系统采取科学合理的数据操作模式和细致的用户管理方式，确保了用户数据的安全存储和多用户权限的有效管理。

第四，易用性、实用性强：在长期实践的基础上充分考虑了用户的使用需求，向用户提供了友好的使用界面，以独特的多级向导形式引导用户、简化操作；在快速、准确得出审计结果的前提下还提供了多种辅助功能、快捷操作方式和详细的在线帮助，前端程序、工作底稿等功能极大地减轻了审计人员的工作量，提高了准确性。

## 实训要求

以书面形式介绍并比较至少4种国产审计软件的基本功能与特点。

# 实训二 审计数据导入

## 实训目的

通过本实训，使学生初步了解如何利用审计软件进行数据导入。

## 实训资料

审计数据导入，即是将被审计单位的未审计会计报表的有关数据导入至审计软件系统。未审会计报表包括资产负债表、损益表、现金流量表和所有者权益变动表。实质性测试阶段首先要核对账面数与报表数是否一致，如果不一致需要进行账表差异调整，因此未审会计报表中数据分为账面数、未审数和报表数，账面数是由通过被审计单位会计科目余额合计得到的，系统可以自动把被审计单位的科目与报表项目对应上，用户也可以通过拖拽方式来设置科目与报表项目的对应关系；未审数是由账面数加减账表差异调整数得到的，报表数是根据被审计单位提供的会计报表录入的，也可以直接复制未审数得到。如果未审数与报表数有差异，“差异”列将以红色显示出来，然后用户可以进行账表差异调整，直到差异消失。此外，账面数和账表差异调整两列默认是隐藏的。

操作如下：

先选择“会计报表/未审会计报表”菜单（如图 8－2－1 所示）。此时系统弹出“未审会计报表”窗口。

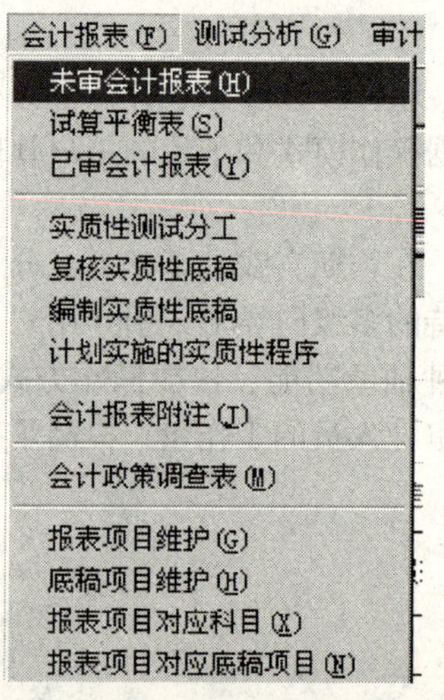


图 8－2－1 未审会计报表－1

“未审会计报表”窗口包括：会计报表、会计报表列表、被审计单位科目列表和工具栏（如图8－2－2所示）。在“未审会计报表”的工具栏中有“显示/隐藏列”、“重新计算”、“科目上期数”和“报表上期数”、“未审到报表”按钮。

具体介绍如下。

“显示/隐藏列”按钮：点击“显示/隐藏列”按钮，系统弹出“设置列显示”窗口（如图8－2－3所示）。在“显示栏”中选中对应的“列名称”后，系统将在报表中显示选中的列。反之，如果想要隐藏报表中某列，可将“显示栏”中的“√”去掉。

**图8－2－2　未审会计报表－2、工具栏**

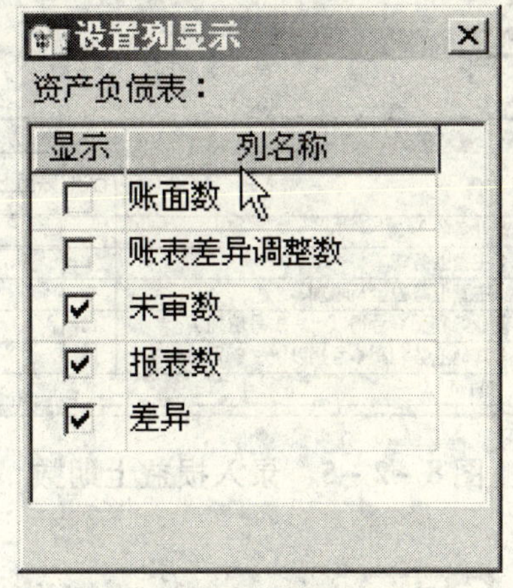


**图8－2－3　设置列显示**

“重新计算”按钮：此按钮主要用于科目余额数据发生了变化后，未审数需要重新计算。例如，科目余额发生了变化，或者添加了报表项目等，需要“重新计算”。

“科目上期数”按钮：损益类科目的“上期期初数”、“账面上期借方发生额”、“账面上期贷方发生额”是存在于上期的会计账套中，用户要想取得以上财务数据，必须通过手工录入的方法。点击“科目上期数”按钮，系统弹出“科目上年数”窗口（如图 8-2-4 所示），在对应的列中输入数据。注意：该功能主要是生成损益表中未审上期发生额。

科目上年数

级次

全部
1001 现金
1002 银行存款
1009 其他货币资金
1101 短期投资
1102 短期投资跌价准备
1111 应收票据
1121 应收股利
1122 应收利息

| 选择 | 亍号 | 科目编号 | 科目名称 | 科目类别 | 贷方 | 目级 | 明细 | 上期期初数 | 账面上期借方发生额 | 账面上期贷方发生额 | 账面期初数 | 平衡关 |
|---|---|---|---|---|---|---|---|---|---|---|---|---|
| 1 | | 1001 | 现金 | 流动资产 | 借 | 1 | 是 | | | | 8,616.33 | 不平 |
| 2 | | 1002 | 银行存款 | 流动资产 | 借 | 1 | 否 | | | | 3,555,217.03 | 不平 |
| 3 | | 1002.01 | 工商银行 | 流动资产 | 借 | 2 | 是 | | | | 2,552,582.72 | 不平 |
| 4 | | 1002.02 | [illegible]信用社 | 流动资产 | 借 | 2 | 是 | | | | 1,000,000.00 | 不平 |
| 5 | | 1002.03 | 国税银行 | 流动资产 | 借 | 2 | 是 | | | | 1,553.36 | 不平 |
| 6 | | 1002.04 | 地税银行 | 流动资产 | 借 | 2 | 是 | | | | 1,080.95 | 不平 |
| 7 | | 1002.05 | [illegible]东 | 流动资产 | 借 | 2 | 是 | | | | | |
| 8 | | 1002.06 | 农行保证金帐户 | 流动资产 | 借 | 2 | 是 | | | | | |
| 9 | | 1009 | 其他货币资金 | 流动资产 | 借 | 1 | 是 | | | | | |

图 8-2-4　科目上年数

“报表上期数”按钮：点击此按钮，系统弹出“录入损益上期数”窗口（如图 8-2-5 所示）。此功能用于“损益表”中“账面上期发生额”的数据录入。点击此按钮后录入数据，然后点工具栏中的“保存”。数据会直接保存在报表项目中，而科目余额表不发生变化。如果使用“科目上期数”按钮输入数据，数据首先保存在科目余额表中，然后通过科目余额表再重算一次报表，从而反映到损益表中。

“未审到报表”按钮：未审会计报表的报表期初数和报表期末数是用户根据被审单位的报表的实际数据手工填列的，如果用户已将报表中的未审数与被审计单位提供的报表数进行核对，两者不存在差异。就可以使用“未审到报表”按钮将未审数一次复制到报表数。具体方法：点击 未审 报表 按钮，系统弹出“拷贝数据”窗口（如图 8-2-6 所示），

录入损益上期数

| | A | B | C |
|---|---|---|---|
| 1 | 项　　　目 | 行次 | 账面上期发生额 |
| 3 | 一、主营业务收入 | 1 | |
| 4 | 减：主营业务成本 | 4 | |
| 5 | 主营业务税金及附加 | 5 | |
| 6 | 二、主营业务利润（亏损以“-”号填列） | 10 | |
| 7 | 加：其他业务利润（亏损以“-”号填列） | 11 | |

第1页

图 8-2-5　录入损益上期数

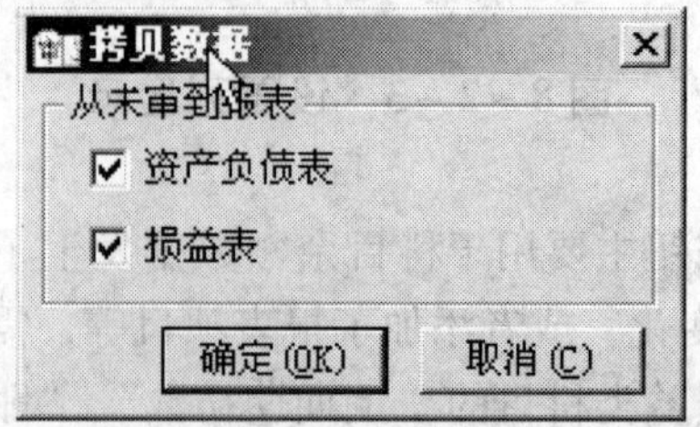


图 8-2-6　拷贝数据

选中要拷贝的报表，按确定。用户也可以先在报表数中手工输入企业提供的会计报表，然后核对未审数和输入的报表数。

## 实训要求

利用实习指导老师提供的电子财务账套数据，进行数据导入。

# 实训三　设置科目和报表项目的对应关系

## 实训目的

通过本实训，使学生能够在审计软件环境中设置会计科目和报表项目的对应关系。

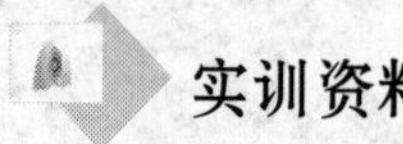

## 实训资料

在“会计报表”中，选择“未审会计报表”，系统开始自动建立被审计单位科目与报表项目的对应关系，比如：现金、银行存款和其他货币资金这三个科目会自动对应到货币资金报表项目中。也可以将科目余额表中明细科目与报表项目作对应。例如，在损益表中需要将“利润分配——提取法定公益金”与科目余额表中明细科目“利润分配——提取法定公益金”作对应。

报表项目的未审数是由该报表项目对应科目的未审数计算得到的（选择不同的页签来切换资产负债表和损益表），科目背景是绿色的表示已经建立了报表项目的对应关系；白色的表示还没有建立对应关系。没有对应关系的科目可以通过拖拽的方式建立对应关系。说明：在损益表中“期初未审发生额”列的数据是通过手工录入的。若存在多年账套的情况下，未审上期发生额则会自动取出数据，无须手工输入（请参考“科目上期数”按钮的使用方法）。

当鼠标点击“会计报表”中的一个报表项目时，右边“被审计单位科目”中有和该报表项目有对应关系的科目变成蓝色的斜体字。

注意：在“被审计单位科目列表”中用户可以用 Ctrl 或者 Shift 键配合鼠标左键选中多个科目通过拖动对应到“会计报表”的报表项目中。

用户可以选择一级科目对应到报表项目上，也可以选择其他级次的科目进行对应。通过选择“被审计单位科目”下方“全部”、“已对应”、“未对应”和“当前选中”过滤条件，可以方便地浏览用户关注的科目。

当科目对应报表项目完成后，企业的未审会计报表也就生成了。系统会校对资产负债表左右两侧是否满足平衡关系。如果不平衡会计报表第 4 行会用红字报警，并给出差额。

说明：系统支持通假字的对应，因为被审计单位千差万别科目名称也可能在写法上有差别，比如“应收账款”可能写成“应收帐款”，因为账和帐系统会认为是一样的，同样溢和益也是一样，用户可以在“系统”菜单下的“基础信息维护/通假字”中进行设置。“未审会计报表”形成后一定要“保存”，否则，工作底稿审定表和明细表就没有数据。

如果需要删除某科目和报表项目的对应关系，则在“被审计单位会计科目”的蓝底色的行上面点击鼠标右键，会弹出浮动菜单（如图 8－3－1 所示），选择“删除与××的对应关系”既可删除对应关系，同时对应科目的底色由绿色变为白色。鼠标右键弹出的浮动菜单同时也说明了当前科目和那些报表项目有对应关系。

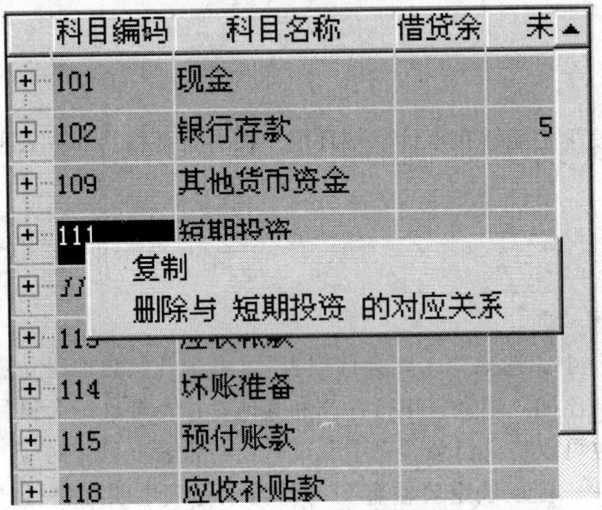

**图 8－3－1　删除科目和报表项目的对应关系－1**

注意：当对应关系建立好了请点击工具条上的保存图标，保存已选用的会计制度和对应关系。

保存后，在“会计报表”中点击右键，系统弹出菜单（如图 8－3－2 所示），包括：“负值重分类”、“期初账表差异调整”、“期末账表差异调整”、“打开底稿”、“删除底稿”、“修改报表项目”、“设置当前报表项目”、“插入报表项目”和“删除报表项目”。以下分别介绍功能：（“负值重分类”、“期初账表差异调整”和“期末账表差异调整”，请参考审计调整章节中的内容，这里不再介绍）。

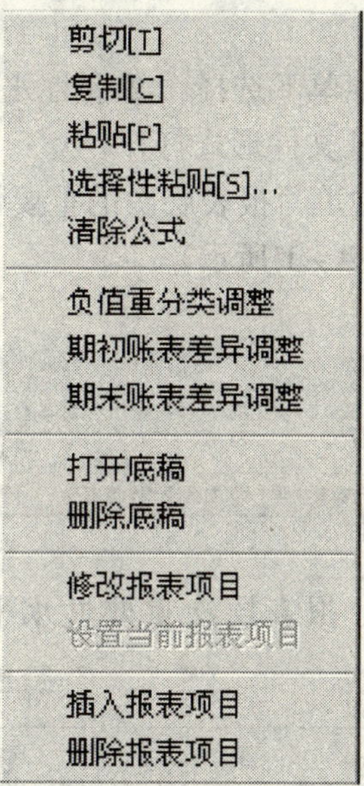


**图 8－3－2　未审会计报表－3**

### 实训要求

1. 根据给出的会计数据，设计会计科目及报表项目的对应关系。
2. 找出会计数据中期初余额、借方发生额、贷方发生额、期末余额不平衡的项目。
3. 找出会计数据中期末总账与明细分类账不平的科目。
4. 找出会计数据中 2006 年期初额与 2007 年期末余额不一致的科目。

## 实训四　执行分析性程序

### 实训目的

通过本实训，使学生能够利用审计软件执行分析性程序。

### 实训资料

1. 重要性水平分析。

用户在审计的过程中需要根据被审计单位的及其环境的了解从数量和性质两方面来确

定报表和科目层次的重要性水平。

操作如下：在“测试分析”菜单下选择“重要性水平分析”或者是“计划阶段”下单击“重要性水平分析”，以 Excel 文件形式打开。

在“重要性水平分析”窗口中填写报表层次的重要性水平和科目层次的重要性水平，最后单击“保存”按钮（如图 8－4－1 所示）。

Microsoft Excel - 财务报表底稿.xls

文件(F) 编辑(E) 视图(V) 插入(I) 格式(O) 工具(T) 数据(D) 窗口(W) 帮助(H) 鼎信诺审计(D)

底稿信息 | 生成当前表数据(M) | 生成全部表数据 | 数据源 | 数据列 | 更新当前表 | 更新全部表 | 删除数据(单数据源

C87 科目重要性水平

**报表层次重要性水平**

被审计单位：2006　编制：　日期：　索引号：SP001

报表截止日：2008年12月31日　复核：　日期：　项目：重要性水平分析-报表层次重要性水平

| 项目名称 | 上期数 | 本期数 | 比率(%) | 上期重要性水平参考值 | 本期重要性水平参考值 |
|---|---|---|---|---|---|
| 总资产法 | 321,844,218 | 323,220,198 | | - | - |
| 净资产法 | 218,156,126 | 167,957,999 | | - | - |
| 营业收入 | - | 49,274,023 | | - | - |
| 税前利润法 | - | 4,950,366 | | - | - |
| 税后利润法 | - | 4,950,366 | | - | - |
| 请选择分析方法 | 总资产法 | 报表层次重要性水平 | | | - |
| 选择此分析方法的原因 | | | | | |

科目层次重要性水平

| 报表编号 | 项目名称 | 余额(发生额) | 比率(%) | 比率调整(%) | 修正比率(%) | 本期重要性水平参考值 | 重要性水平 |
|---|---|---|---|---|---|---|---|
| 1001 | 货币资金 | 9,269,486 | 0.96 | | 0.96 | - | |
| 1101 | 交易性金融资产 | - | - | | - | - | |
| 1121 | 应收票据 | 380,000 | 0.04 | | 0.04 | - | |
| 1122 | 应收账款 | 6,309,200 | 0.66 | | 0.66 | - | |
| 1123 | 预付款项 | 2,080,171 | 0.22 | | 0.22 | - | |
| 1131 | 应收股利 | - | - | | - | - | |
| 1132 | 应收利息 | - | - | | - | - | |

图 8－4－1 报表层次重要性水平

2. 趋势分析表。

趋势分析表不仅可分析本年的趋势变化还可在输入多年的账套时进行多年的趋势分析操作如下：

选择“测试分析/趋势分析表（未审）或（已审）/趋势分析表多年（未审）或（已审）”菜单（或者点击“系统窗口”计划阶段的“趋势分析表”），就可以打开趋势分析表窗口（如图 8－4－2 所示）。

**损益表趋势分析表(未审)**

被审计单位：2006　　编制：　　日期：　　索引号
报表截止日：2008年12月31日　　复核：　　日期：　　项目：

单位：元

| 会计报表项目 | 上期数 | | 期末数 | |
|---|---|---|---|---|
| | 金额① | 结构比% ② | 金额③ | 结构比% ④ |
| 一、营业收入 | - | | 49,274,023.06 | 100.00% |
| 减：营业成本 | - | | 43,065,007.88 | 87.40% |
| 营业税金及附加 | - | | 104,715.80 | 0.21% |
| 销售费用 | - | | 97,411.39 | 0.20% |
| 管理费用 | - | | 8,012,527.89 | 16.26% |
| 财务费用 | - | | 1,133,400.68 | 2.30% |
| 资产减值损失 | - | | - | 0.00% |
| 加：公允价值变动收益（损失以“-”号填列） | - | | - | 0.00% |
| 投资收益（损失以“-”号填列） | - | | -1,463,460.24 | -2.97% |
| 其中：对联营企业和合营企业的投资收益 | - | | - | 0.00% |

图8-4-2　趋势分析表-1

趋势分析表窗口中包含资产负债表趋势分析表和损益表趋势分析表两个表页。趋势分析表是审计系统自动生成，用户可以直接看到分析数据。趋势分析表（未审）反映的是对未审会计报表分析的结果，趋势分析表（已审）反映的是对已审会计报表分析的结果。

3. 财务分析表。

财务分析表不仅可分析本年的财务状况还可在输入多年的账套时进行多年的财务状况分析操作如下：

选择“测试分析/财务分析表（未审）或（已审）/财务分析表多年（未审）或（已审）”菜单（或者点击“系统窗口”计划阶段的“财务分析表”），就可以打开财务分析表（如图8-4-3所示）。

**财务分析(未审)**

被审计单位：2006　　编制：　　日期：
报表截止日：2008年12月31日　　复核：　　日期：

| 比率指标 | 计算公式 | 上期数 ① | 本期数 ② |
|---|---|---|---|
| **一、流动性** | | | |
| 流动比率 | 流动资产÷流动负债 | 0.50 | 0.20 |
| 速动比率 | （流动资产-存货）÷流动负债 | 0.50 | 0.20 |
| 现金比率 | 货币资金÷流动负债 | 0.16 | 0.07 |
| 已获利息倍数 | 息税前利润÷利息费用 | | |
| 固定支出保障倍数 | （税前利润+固定支出）÷固定支出 | | |
| 经营活动现金流量与固定支出比率 | 经营活动净现金流量÷固定支出 | | |
| 利息与长期负债比率 | 利息费用÷长期负债×100% | 0.00% | 0.00% |
| **二、资产管理比率** | | | |
| 存货周转率 | 主营业务成本÷存货平均余额×100% | 0.00% | 204845.94% |
| 应收账款周转率 | 主营业务收入净额÷应收账款平均余额×100% | 0.00% | 702.14% |
| 营运资金周转率 | 主营业务收入净额÷（流动资产－流动负债）×100% | 0.00% | -43.42% |
| 总资产周转率 | 主营业务收入净额÷平均资产总额×100% | 0.00% | 15.28% |
| **三、负债比率** | | | |

图8-4-3　财务分析表-1

财务分析表窗口中包含财务分析和数据表两个表页。趋势分析表是审计系统自动生成，用户可以直接看到分析数据。数据表主要用于取得报表项目的数据，根据这些数据就可以设置好我们用到的财务分析公式，用户也可以根据需要来添加自己的分析公式。

财务分析表（未审）反映的是对未审会计报表分析的结果，财务分析表（已审）反映的是对已审会计报表分析的结果。

4. 科目月余额图形分析。

科目月余额图形分析是以图形的方式，在不同科目之间按月对比月初余额、月借方发生额、月贷方发生额或月末余额。例如：对比主营业务收入的贷方发生额和主营业务成本的借方发生额各月之间的差异。

选择“测试分析/科目月余额图形分析”菜单，系统弹出“科目月余额图形分析”窗口。或者选择“系统窗口”中计划阶段下“科目月余额图形分析”（如图8－4－4所示）。在“科目月余额图形分析”窗口的左边是“科目树”。用户将鼠标放在“主营业务收入”科目上方，按下鼠标左键，将此科目拖拽到右上方的窗体，并点击“选择”列下方的单元格，在期初数、借方发生额、贷方发生额和期末数中选择适用的数据类型，系统将自动添加“主营业务收入”科目的相应数据并在右下方窗体中显示图形。用户点击“显示样式”下拉列表，可以选择各种显示图形，例如线形图、柱形图等。同样方法，拖拽“主营业务成本”科目到右上方窗体，“主营业务成本”的数据也以图形的方式显示在右下方（如图8－4－4所示）。

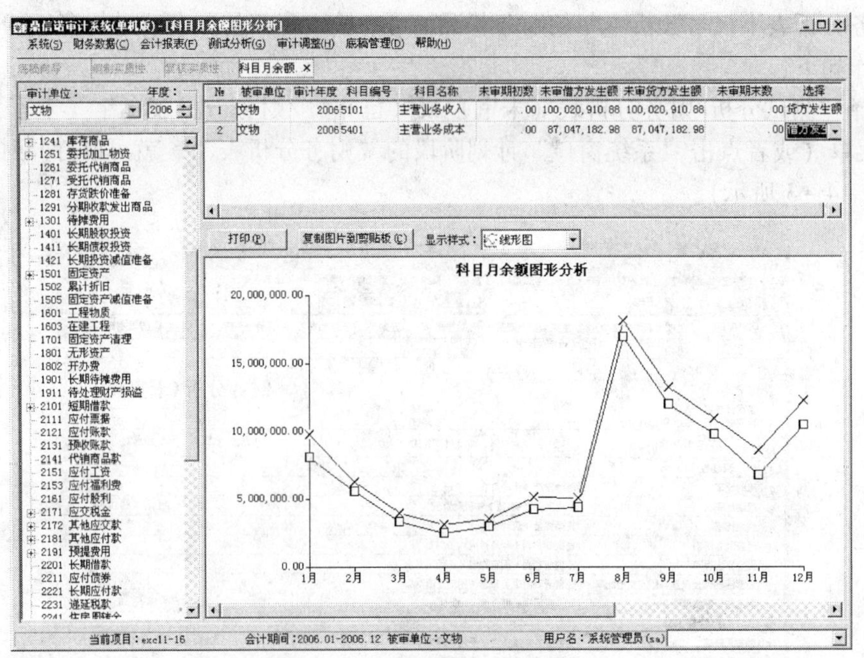


**图8－4－4　图形分析－1**

5. 科目余额比重分析。

科目余额比重分析是以图形的方式显示出某一个科目的数据在几个科目的数据之和中

所占的比重。此功能多用于分析某个下级科目数据占其上级科目数据的比重，或者某个非明细科目数据占其报表项目数据的比重。例如，用户可以分析“应收账款——某公司”明细科目余额占“应收账款”科目余额的比重或是“原材料”科目余额科目占“存货”报表项目数的比重。

“科目余额比重分析”操作方法与“科目月余额图形分析”操作方法相同。请参考“科目月余额图形分析”使用说明（如图 8 –4 –5 所示）。

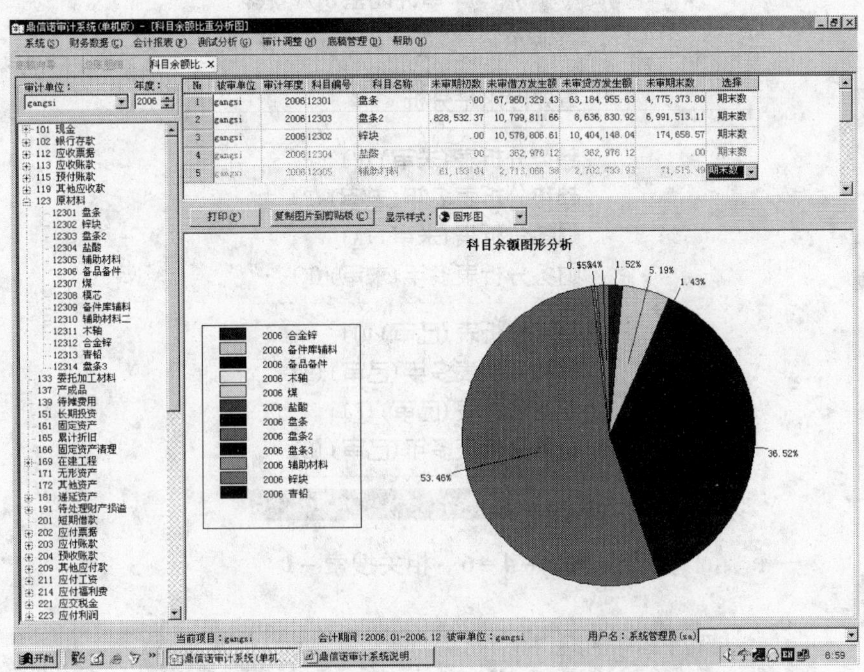

**图 8 –4 –5　比重分析 –1**

比如：想知道原材料中盘条，锌块等各具体材料占原材料的比重。把科目编号 12301，12302…12314 全部通过拖拽方式移到右边，才能显示所占的比重，一定对“选择”进行选择。如期初数、借方发生额、贷方发生额、期末数。所显示盘条 12301 的比重是 12301 占 12301 到 12314 合计的比重。

6. 相关搜索。

相关搜索也称交叉索引，它提供了统计某一科目或某些科目在凭证中的对方科目有哪些，对方科目的借方发生额合计、贷方发生额合计。例如，考核累计折旧科目和哪些科目相关、相关科目的金额以及凭证数量。

操作如下：

（1）选择主菜单“测试分析”下“相关搜索”（如图 8 –4 –6 所示）；

（2）在左侧窗口中“选择”列上“√”，可以选择一个也可以选择多个，然后点击“搜索”按钮，右侧搜索结果窗口即可显示相关科目有哪些，以及发生额合计、凭证张数。“科目之间相与”打“√”，点击搜索就会显示相与科目之间的凭证（如图 8 –4 –7 所示）

中选择科目累计折旧的贷方，点击“搜索”按钮，搜索结果显示“/累计折旧贷方 38 361.25”“/制造费用/折旧费借方 38 361.25”，说明“累计折旧”的贷方发生额全部是由“制造费用/折旧费”转来的。用户可以选择单元格（选择的单元格底色是黑色的），点击鼠标右键，选择复制即可将数据复制粘贴到工作底稿中。若对“只显示对方科目”打“√”就只显示“/制造费用/折旧费借方 38 361.25”。

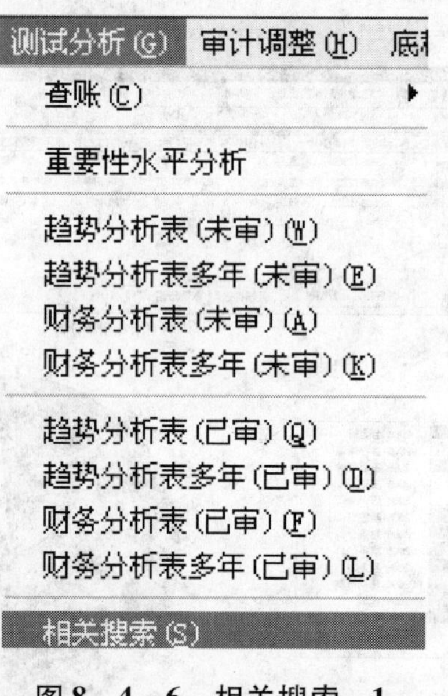


图 8-4-6　相关搜索-1

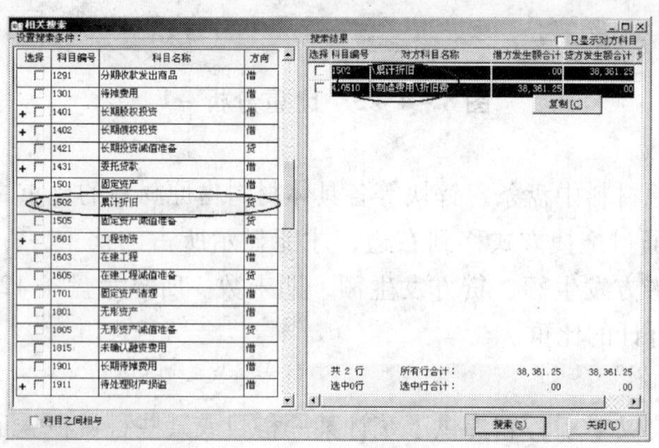

图 8-4-7　相关搜索-2

如果有两年及两年以上数据，系统提供了不用更换年度，就能实现年度的数据检索的功能。通过前面的创建项目，在新的审计项目下创建新的审计年度的操作步骤，导入多年的账套。通过“审计期间”下拉按钮，就能实现年度的更换，最后点击“搜索”，就能完成数据的检索功能（如图 8-4-8 所示）。

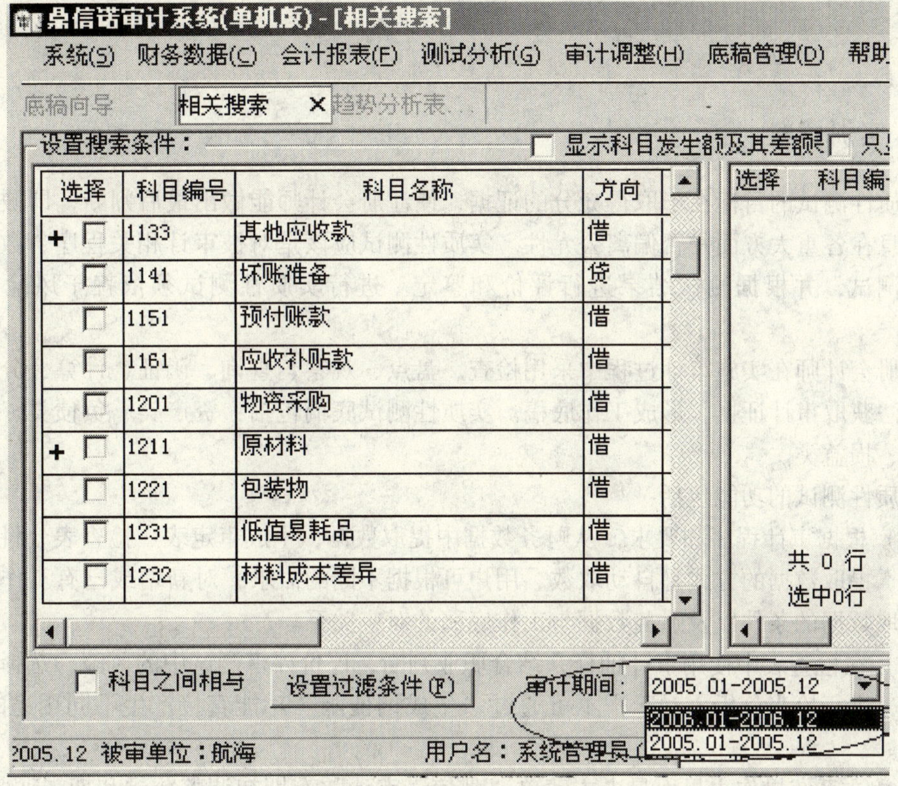


图 8-4-8　相关搜索二

## 实训要求

1. 找出 2007 年资产负债表趋势分析表（未审）和利润表趋势分析表（未审）增长率大于 30 的报表项目，并分析原因。

2. 利用“科目余额图形分析”功能，比较 2006 年度和 2007 年度主营业务收入，查看变动趋势。

# 实训五　执行实质性测试

## 实训目的

通过本实训，使学生能够在审计软件环境中执行实质性测试。

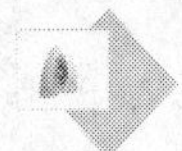

## 实训资料

实质性测试的目标在于取得充分的证据，使注册会计师能做出最后判断，即被审计单位的信息在各重大方面是否偏离公允性。实质性测试应该是对被审计相关程序、数据、文件进行测试，并根据测试结果进行评价和鉴定。进行实质性测试须依赖于风险评估的结果。

注册会计师在实施审计过程中采用检查、盘点、观察、查询、函证、计算、分析性复核等方法获取审计证据，形成工作底稿。实质性测试底稿包括：资产类、负债类、所有者权益类、损益类。

实质性测试的功能包括：

(1) 根据审计程序和要求，从财务数据中提取数据，生成审定表、检查表、科目余额明细表。提取数据的方式是自动取数。用户可根据不同的需求，对新增或已有工作底稿设置要提取数据的条件以及财务数据与工作底稿的对应关系。

(2) 在检查表中使用审计抽样并结合职业判断，评价评审测试中的风险，选择适当的样本量，进行恰当分析。对于样本可通过"生成询证函"功能直接产生不同用途的 Word 询证函。

(3) 在系统操作主界面最上方菜单"鼎信诺审计"有期初调整分录和期末调整分录，录入相关的调整数据及分录，保存后系统自动汇总。在网络版中，项目负责人或部门经理可随时掌握审计进展情况。

1. 打开工作底稿。

打开实质性测试底稿，有四种方式：

(1)"未审会计报表"、"试算平衡表"中打开，例如：在"未审会计报表"窗口中选中要打开的报表项目，点击鼠标右键弹出菜单，在弹出菜单中选择"打开底稿"，进入实质性测试底稿。例如：要打开"货币资金"的实质性测试底稿，在"未审会计报表"窗口中的"货币资金"上点击鼠标右键，弹出菜单。在弹出菜单中点击打开底稿进入"货币资金"的实质性测试底稿。

也可以在"报表项目"所在的单元格中点击鼠标右键弹出菜单，在弹出的菜单中选项择"打开底稿"（详见未审会计报表/打开工作底稿）。

"试算平衡表"中打开，操作步骤可以参照"未审会计报表"中打开底稿的操作步骤。

(2) 通过"底稿向导"打开底稿。选择"系统/底稿向导"菜单。系统弹出"底稿向导"窗口点击窗口左边的"实质性底稿"，然后双击下面所列的底稿即可（请参考"系统/底稿向导"操作说明）。

(3) 通过菜单"底稿管理/打开底稿"菜单打开实质性测试工作底稿。选择"底稿管理/打开底稿"菜单，系统弹出"实质性测试底稿"窗口（如图 8-5-1 所示）（注意：必须要先生成未审会计报表才可以在报表项目列表中看到项目）。

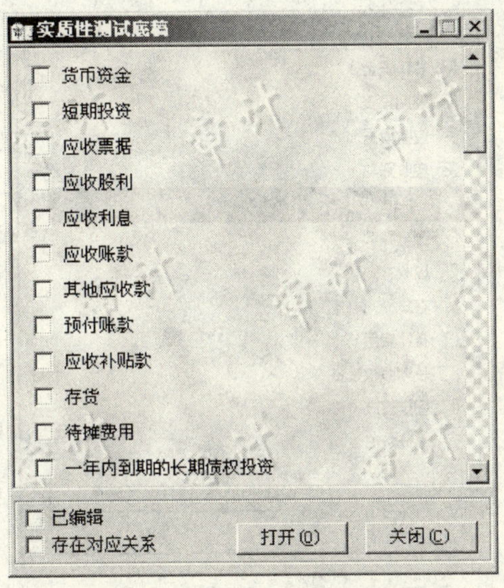


图 8 -5 -1　实质性测试 -1

可以双击要打开的实质性测试工作底稿也可以把需要打开的底稿打上勾，然后点击“打开”。

例如，要打开“货币资金”实质性测试工作底稿，可在实质性测试底稿窗口中，点击“货币资金”的选择框（如图 8 -5 -2 所示），然后点击“打开”按钮系统将弹出“货币资金”的实质性测试工作底稿。如果一次打开多个报表项目的实质性测试工作底稿，可点击要打开的报表项目选择框（如图 8 -5 -3 所示），然后点击“打开”按钮即可。

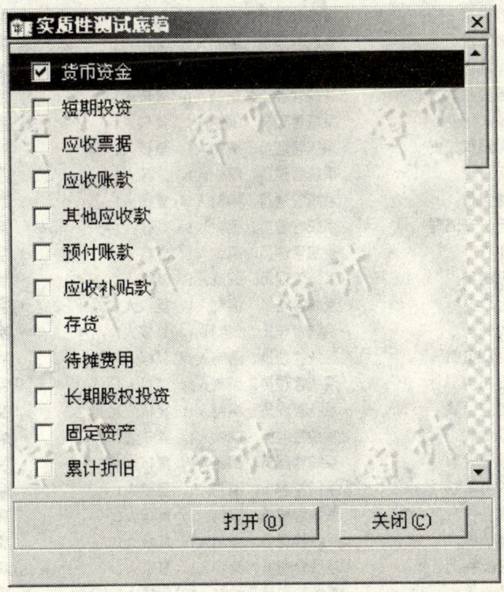

图 8 -5 -2　实质性测试 -2

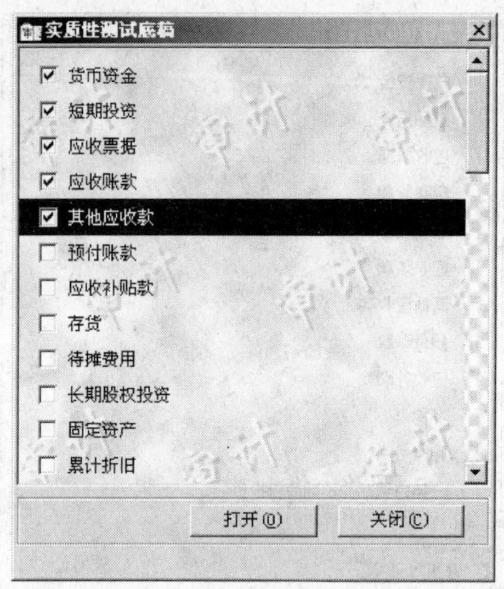


图 8-5-3　实质性测试-3

（4）通过系统界面的“完成阶段”下的“复核实质性底稿”中打开底稿。

单击“复核实质性底稿”，系统弹出“复核实质性底稿”（如图 8-5-4 所示），在“复核实质性底稿”中的底稿名称列双击选中要打开的底稿即可。

| | | | 索引号 | 底稿名称 | 编制人 | 复核人 |
|---|---|---|---|---|---|---|
| 编 | 复 | 质 | ZA | 货币资金 | 系统管理员、编制人1、复核人1 | 系统管理员、编制人1、复核 |
| 编 | 复 | 质 | ZB | 交易性金融资产 | 系统管理员、编制人1、复核人1 | 系统管理员、编制人1、复核 |
| 编 | 复 | 质 | ZC | 应收票据 | 系统管理员、编制人1、复核人1 | 系统管理员、编制人1、复核 |
| 编 | 复 | 质 | ZD | 应收账款 | 系统管理员、编制人1、复核人1 | 系统管理员、编制人1、复核 |
| 编 | 复 | 质 | ZE | 预付款项 | 系统管理员、编制人1、复核人1 | 系统管理员、编制人1、复核 |
| 编 | 复 | 质 | ZH | 其他应收款 | 系统管理员、编制人1、复核人1 | 系统管理员、编制人1、复核 |
| 编 | 复 | 质 | ZI | 存货 | 系统管理员、编制人1、复核人1 | 系统管理员、编制人1、复核 |
| 编 | 复 | 质 | ZM | 长期股权投资 | 系统管理员、编制人1、复核人1 | 系统管理员、编制人1、复核 |
| 编 | 复 | 质 | ZO | 固定资产 | 系统管理员、编制人1、复核人1 | 系统管理员、编制人1、复核 |
| 编 | 复 | 质 | ZP | 在建工程 | 系统管理员、编制人1、复核人1 | 系统管理员、编制人1、复核 |
| 编 | 复 | 质 | ZR | 固定资产清理 | 系统管理员、编制人1、复核人1 | 系统管理员、编制人1、复核 |
| 编 | 复 | 质 | ZU | 无形资产 | 系统管理员、编制人1、复核人1 | 系统管理员、编制人1、复核 |
| 编 | 复 | 质 | FA | 短期借款 | 系统管理员、编制人1、复核人1 | 系统管理员、编制人1、复核 |
| 编 | 复 | 质 | FC | 应付票据 | 系统管理员、编制人1、复核人1 | 系统管理员、编制人1、复核 |
| 编 | 复 | 质 | FD | 应付账款 | 系统管理员、编制人1、复核人1 | 系统管理员、编制人1、复核 |
| 编 | 复 | 质 | FF | 应付职工薪酬 | 系统管理员、编制人1、复核人1 | 系统管理员、编制人1、复核 |
| 编 | 复 | 质 | FG | 应交税费 | 系统管理员、编制人1、复核人1 | 系统管理员、编制人1、复核 |
| 编 | 复 | 质 | FJ | 其他应付款 | 系统管理员、编制人1、复核人1 | 系统管理员、编制人1、复核 |
| 编 | 复 | 质 | FK | 长期借款 | 系统管理员、编制人1、复核人1 | 系统管理员、编制人1、复核 |
| 编 | 复 | 质 | FN | 专项应付款 | 系统管理员、编制人1、复核人1 | 系统管理员、编制人1、复核 |
| 编 | 复 | 质 | QA | 实收资本(股本) | 系统管理员、编制人1、复核人1 | 系统管理员、编制人1、复核 |
| 编 | 复 | 质 | QB | 资本公积 | 系统管理员、编制人1、复核人1 | 系统管理员、编制人1、复核 |
| 编 | 复 | 质 | QC | 盈余公积 | 系统管理员、编制人1、复核人1 | 系统管理员、编制人1、复核 |
| 编 | 复 | 质 | QD | 未分配利润 | 系统管理员、编制人1、复核人1 | 系统管理员、编制人1、复核 |
| 编 | 复 | 质 | SA | 营业收入 | 系统管理员、编制人1、复核人1 | 系统管理员、编制人1、复核 |
| 编 | 复 | 质 | SB | 营业成本 | 系统管理员、编制人1、复核人1 | 系统管理员、编制人1、复核 |



图 8-5-4　复核实质性底稿

前面已经介绍了如何进入实质性测试工作底稿中，在这里详细介绍实质性测试工作底稿的使用。以“货币资金”的实质性测试工作底稿为例。

一般实质性测试底稿包括：审计程序、明细表、审定表、检查情况表等内容。可以在实质性测试底稿窗口中用鼠标点击标签 Sheet 进行切换查看各个表的详细情况。每个表页的窗口显示实质性工作底稿的内容。

有个四处界面是系统在 Excel 中添加的审计工作模块。

（1）工具栏。

包含有最常用底稿操作功能（如图 8－5－5 所示）。

底稿信息　生成当前表数据　生成全部表数据　数据源　数据列　更新当前表　更新全部表　删除数据(单数据源)　删除数据(所有)

√ × N\A A ∧ < B G S C ¢ T W T/B ▲ * * * ? Δ GRN GDN O □

**图 8－5－5　常用底稿**

（2）菜单。

在工具栏的基础上增添了更多的功能（如图 8－5－6 所示）。

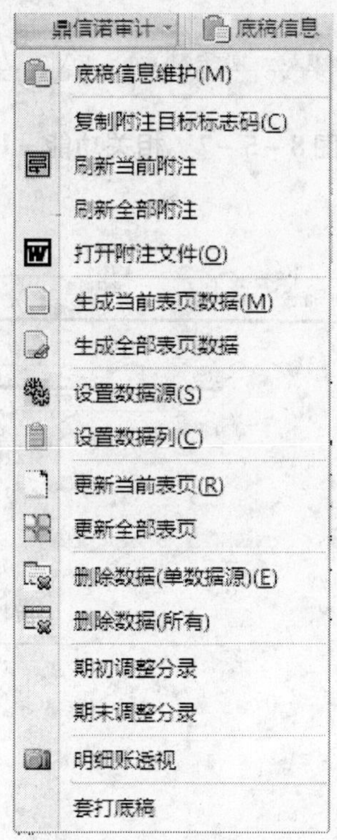


**图 8－5－6　更多功能**

（3）鼠标右键。

在 Excel 的单元格上和行标上点击鼠标右键还会有一些相关的功能（如图 8－5－7、图 8－5－8 所示）。

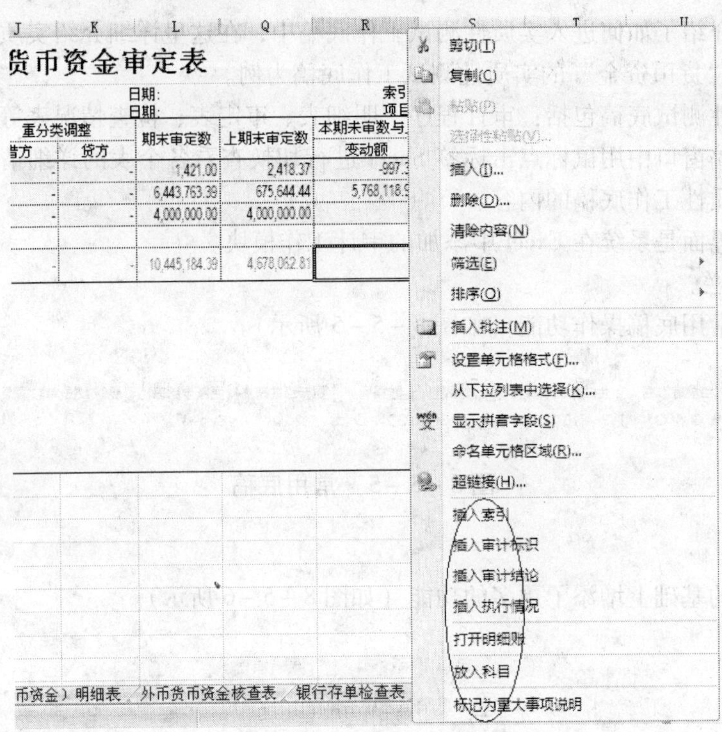


图 8-5-7 相关功能-1

图 8-5-8 相关功能-2

2. 底稿信息。

"底稿信息"(如图 8-5-9 所示)图标主要用于"审计说明"、"建议披露事项"、

“提请关注事项”和“审计结论”的输入。

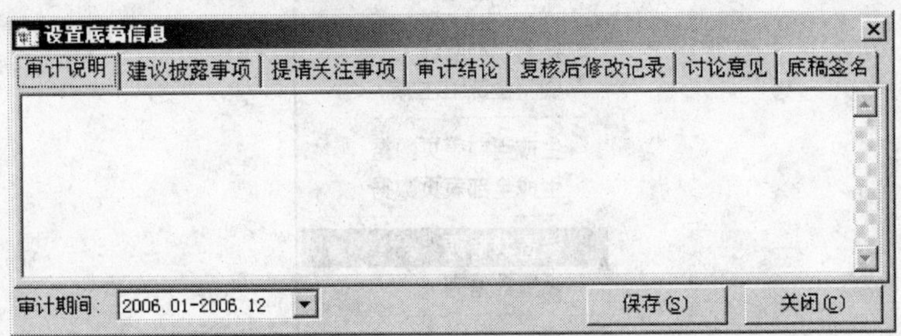


图 8－5－9　底稿信息

菜单“鼎信诺审计”可以做期初和期末调整分录等更多的审计工作。

3. 底稿信息维护。

填写审计说明、建议披露事项、提请关注事项、审计结论和底稿签名的地方，在填写时使用鼠标右键可以有一些快捷的标准便于我们提高编写速度。

4. 生成当前表页数据。

针对当前激活的设置有数据源的表页（Sheet）取出需要的数据。

5. 生成全部表页数据。

针对当前的 Excel 文件对所有的设置有数据源的表页（Sheet）取出需要的数据。

6. 更新当前表。

针对当前激活的设置有数据源的表页（Sheet）更新已经取出数据的行的数据，需要更新的列要通过列关系选中更新才能更新。

7. 更新全部表。

对 Excel 文件全部的表页（Sheet）进行更新。

8. 删除数据。

针对当前激活的设置有数据源的表页（Sheet）删除当前行对应数据源已经取出数据，整行删除。

“生成”和“更新”的区别：

“生成”数据只追加数据行，对于已经有的数据行不会重复追加也不再修改上面的任何数字，“更新”只对已经通过“生成”产生的数据行更新数据不产生新的行。

9. 设置数据源。

设置数据源的功能是设定当前的实质性测试工作底稿的某一行从哪张财务数据表（包括：科目余额表、科目月余额表、凭证表、核算项目总账、存货、固定资产卡片以及附加表）中取数以及取数的多种条件。例如，系统中提供了科目余额表、科目月余额表、凭证表、核算项目总账等几个表，用户就可以通过“设置数据源”选择当前实质性测试底稿对应的数据表。默认的实质性测试底稿已经为用户设置好了相应的数据源（更详细的操作可以下载专门针对该功能的多媒体教学）。

“设置数据源”窗口显示的数据来源是科目余额表（如图 8－5－10 所示），数据排列顺序是按科目编号递增的顺序，提取数据条件是当前报表项目所属的明细科目数据。

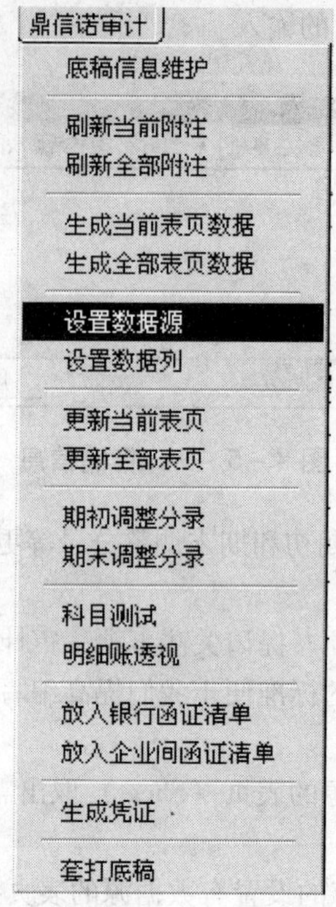


**图8－5－10　鼎信诺审计——设置数据源**

在设置数据源窗口中用户可以进行如下操作：

（1）选择使用的表，该下拉列表包括的数据表有科目余额表、科目月余额表、凭证表、存货、固定资产卡片以及附加表。当选择下拉列表中某个数据表时，下方的列表将相应列示出该数据表包含的列。如图8－5－11中的行号、科目编号、科目名称等就是“科目余额表”的列。

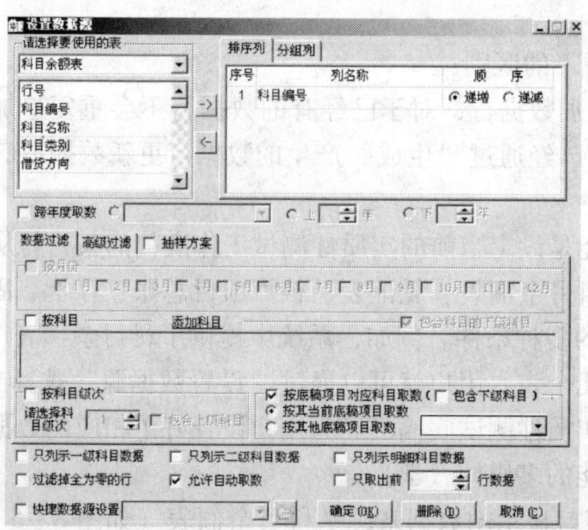


**图8－5－11　设置数据源－1**

（2）选择排序列，排序列的功能是使实质性测试底稿窗口中的表页中的数据按相应列进行排序显示，在设置数据源窗口的右上角有“排序列”，用户可以用鼠标从左面的列列表中（行号、科目编号、科目名称、科目类别等）拖拽到排序列中，用户想用那个列进行排序就把那列拖拽到排序列中。然后在“顺序”列中选择排序方式“递增”或“递减”。如果添加排序列后想删除所选择的排序列，可以用鼠标使用拖拽的方式将不需要的列拖拽到“列”列表中。

（3）选择分组列，分组列的功能是使实质性测试底稿窗口中的表页的数据按某列进行分组显示。例如数据表中有两个或两个以上的“现金——人民币”这个科目用户选择按科目名称分组后就只显示一条“现金——人民币”的数据，像发生额等取所有“现金——人民币”的和。选择分组列的操作和选择排序列的操作方式相同（如图 8－5－11 所示）。

（4）数据过滤，用户可以通过设置过滤条件，得到想要的数据。在设置数据源窗口的数据过滤页中包括按月份、按科目、按科目级次、按报表项目 4 项过滤内容（如图 8－5－12 所示）。

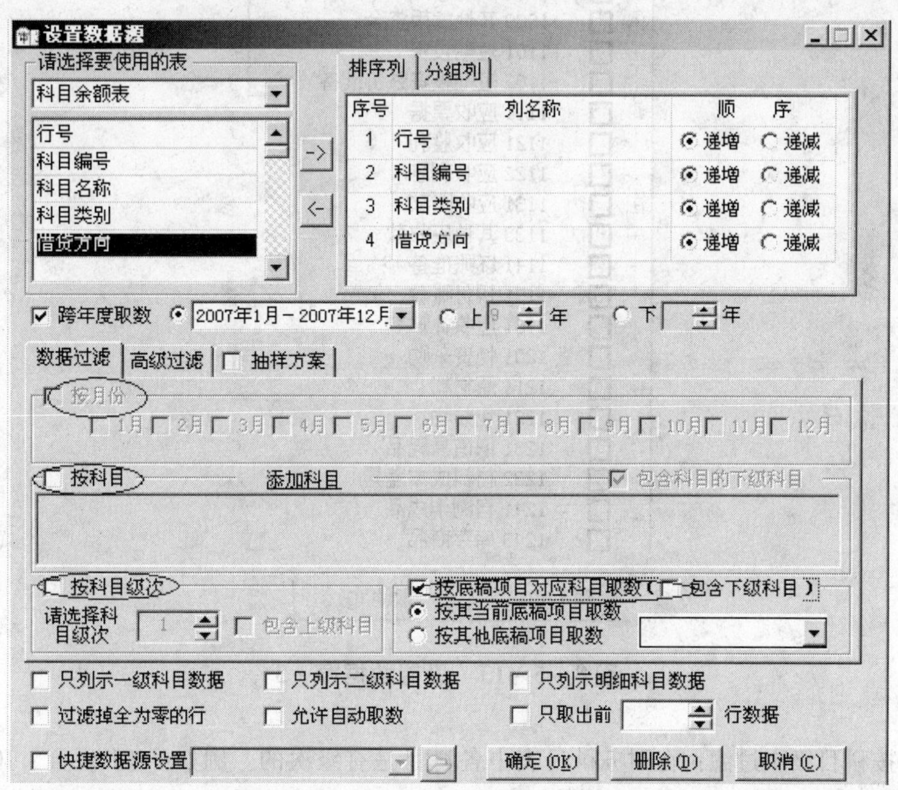


图 8－5－12　设置数据源－2

①按月份过滤：在所示图中“按月份”是不能使用的，这是因为所选择的表是科目余额表，而科目余额表中不存在月份信息，在其他表中像凭证表、科目月余额表中都可以使

用按月份过滤，它们都包含月份信息。选中月份后可以在1月至12月中随意选择月份只要选中相应的选择框就行。例如：用户只选择1月和6月的数据就只将1月和6月的选择框选中，其他的都设为非选中状态即可。

②按科目过滤：必须先选中“按科目”这个选择框，然后点击“添加科目”，系统弹出科目列表窗口（如图8-5-13所示）。用户可以根据实际情况从科目列表窗口左侧的树型列表中选择要过滤的科目，点击“确定”按钮即可。所选择的科目名称就会被显示在设置数据源窗口的文本框中。在按科目过滤的条件中还包含“包括科目的下级科目”选择框，如果没有选中“包括科目的下级科目”就只取出在文本框中列出科目的数据，如果选中则文本框中所列科目的下级科目数据也被取出。例如：“现金”科目，“现金”包括“人民币”、“美元”两个明细科目，如果选择了“包含科目的下级科目”，那么“人民币”、“美元”两个科目的数据也同时被取出，否则只有“现金”科目的数据。

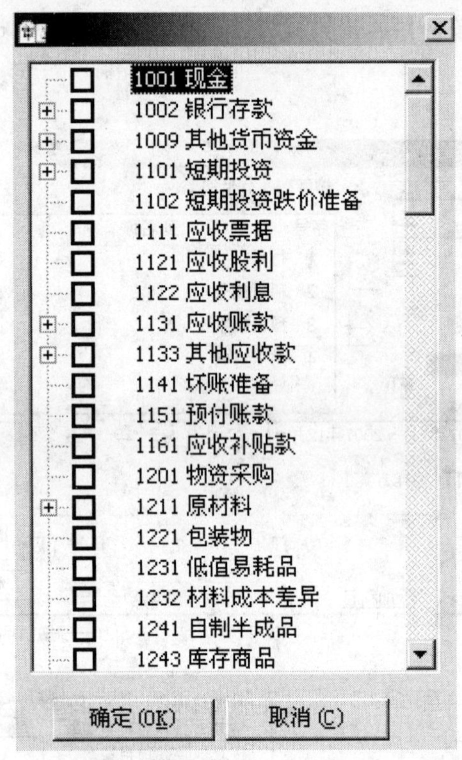


图8-5-13　设置数据源-3

③按科目级次过滤：在财务科目表中各科目是有级次的。例如：101 现金、10101 人民币、10102 美元，现金就是1级科目，人民币、美元是2级科目。在这里如果用户选择了按级次过滤就可以在选择级次的调整框中选出自己想要的级次。按科目级次过滤中还包括“包含上级科目”选择框，如果选中那么连同他上级的所有科目都显示出来，例如：科目级次中选择的是3就将1级、2级、3级科目的数据都取出来。否则就只选择出第3级科目。

④按底稿项目过滤：在审计中一个底稿项目可能对应多个科目。（像“货币资金”这个项目它可能对应“现金”，“银行存款”，“其他货币资金”3 个科目，像“应收票据”它可能对应“应收票据”1 个科目。）不同项目对应的科目也不同，实质性测试底稿窗口中的表页可以按某一个报表项目包含的科目进行取数，也可以不按底稿项目取数（将所有的科目数据都取出）（如图 8－5－14 所示）。如果没有选中设置数据源窗口“数据过滤”标签下的“按底稿项目”项（当前是选中状态）。系统就会将所有的科目数据都显示出来。如果选中了按底稿项目如图 8－5－14 所示状态。用户可以根据实际情况选择是按当前底稿项目出数还是按其他底稿项目出数，如果按其他底稿项目出数，应该先选中“按其他底稿项目出数”然后在其后的下拉列表中选择一个底稿项目。如果选中“包含底稿项目下级科目”，则所要显示科目及其下级科目的数据全部列出。

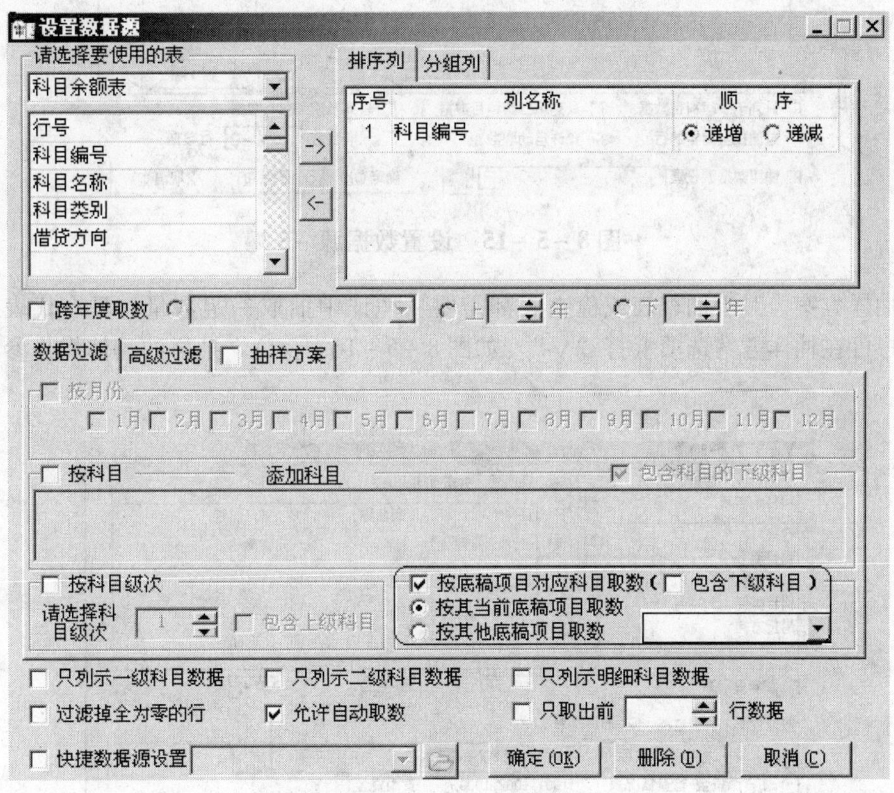


**图 8－5－14　设置数据源－4**

⑤高级过滤，也是为了用户通过设置过滤条件，得到想要的数据，例如：用户要得到“科目名称是人民币”的数据，可（如图 8－5－15 所示）在“高级过滤”中，点击“添加”按钮添加新过滤条件，在新过滤条件的“字段名”下选择“科目名称”，“操作符”下选择“等于”，值下选择“人民币”。“高级过滤”可添加多个条件。如果想删除已经添加的过滤条件，可以点击“删除”按钮。

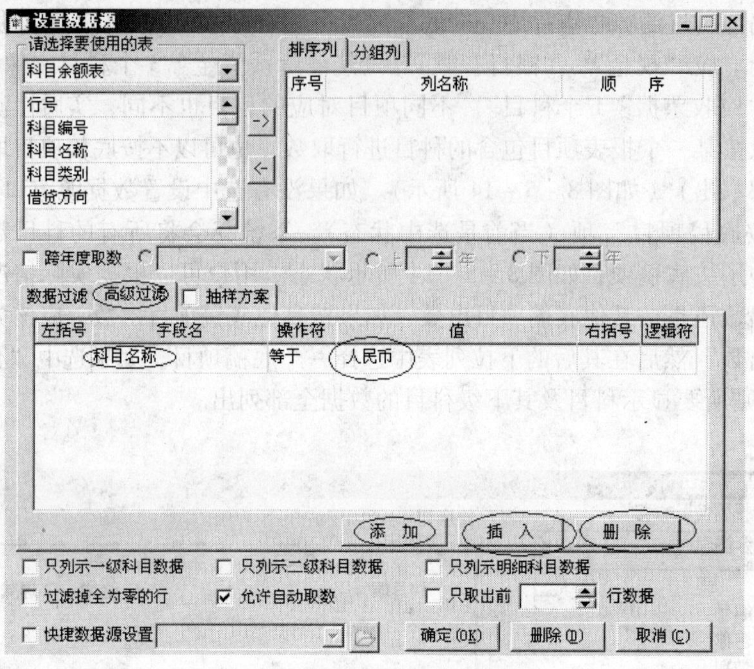


图 8－5－15 设置数据源－5

⑥抽样方案，对于抽查表或检查表都需要从凭证中抽取一定数量、具有代表性的凭证，用户可在抽样方案选项上打“√”（如图 8－5－16 所示）。抽样的具体操作参看“审计抽样”。

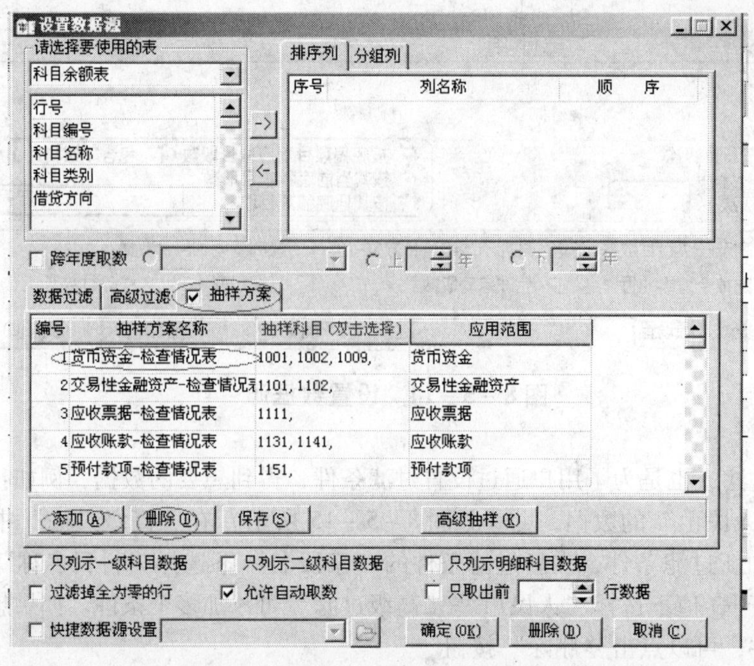


图 8－5－16 设置数据源－6

⑦只列示明细科目数据，在财务科目表中科目是分级次的，例如“111 短期投资”它下面有“111001 股票”，“111002 债券”，“111003 基金”，“111004 其他”，“111 短期投资”就是一个非明细科目其他 4 项是明细科目，如果选中“设置数据源”窗口中的“只显示明细科目数据”那么就在实质性测试底稿窗口的对应表页中就只显示“111001 股票”、“111002 债券”、“111003 基金”、“111004 其他”四个科目的数据，不出现“111 短期投资”科目的数据。否则不选中“只显示明细科目”那么所有的科目将都显示出来。“只列示二级科目数据”是只将二级科目的数据取出。

⑧过滤掉全为零的数据，在实际的财务处理中可能有的科目根本没有用到，也就是它的期初、期末、发生额等数据都是零就可以通过“过滤掉全为零的行”将那些科目去掉。否则就都在实质性测试底稿窗口对应的表页中显示出来了。注意：过滤掉全为零的数据只在科目表中可以使用。

⑨只取出前××行数据，如果底稿中数据量很大，用户只希望将数据较大的数据列示在底稿中，可以先将数据排序然后使用该功能，可以减少底稿中的数据量。

⑩跨年度取数，如果想取得非当前项目年度的数据可以使用跨年度取数功能，具体方法是在右侧的下拉菜单中选择一个会计年度或在下方输入上或下多少年（如图 8－5－17 所示）。

**图 8－5－17　跨年度取数**

在设置数据源窗口中所有条件都设置完成后，可以点击“确定”按钮即可返回到实质性测试底稿窗口中；在设置了数据源所在行的行号上增加了一个记录数据源设置的批注，然后用户可以通过选择“生成当前表数据”进行取数。

注意：设置数据源是针对行的，也就是说一个表页的一行只能设置一个数据源，但对不同的行可以设置不同的数据源。在设置数据源的行下面，都有相应的格式范例行。设置数据源后，插入的数据会在格式行之后插入，数据的格式和公式与格式范例行一样。

10. 数据/设置列对应关系。

实质性测试底稿设置数据源完成后，就可以开始“设置列对应关系”了。“设置列对应关系”是设定“设置数据源”中使用的表中包含的列与实质性底稿中的列对应关系。

操作如下：

（1）点击“数据列”按钮，系统弹出设置列对应关系窗口（如图 8－5－18 所示）。

（2）点击菜单“鼎信诺审计”下的“数据列”（如图 8－5－19 所示）。

质性测试底稿窗口中对某一表页进行操作时因为某些原因使数据被修改或被删除，要恢复原来的数据就可以通过“生成当前表数据”来实现。

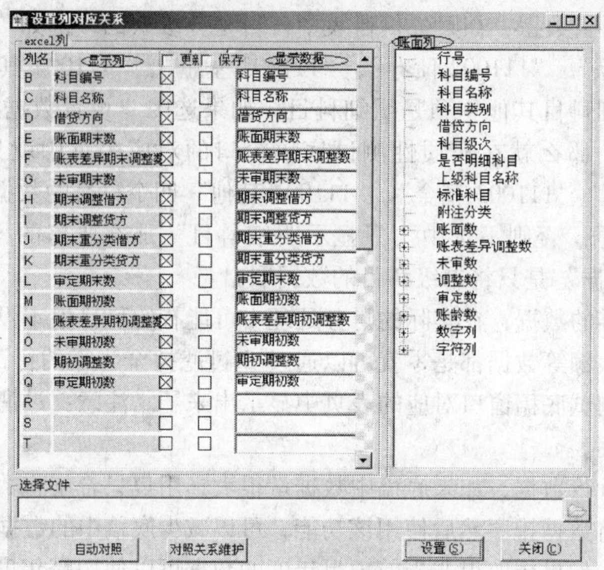


图 8－5－18 设置列对应关系－1

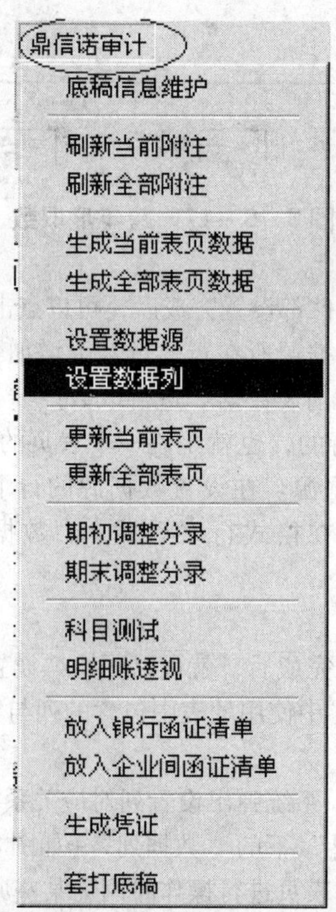


图 8－5－19 鼎信诺审计——数据列

当数据源和列关系设置好后，就可以用生成数据更新数据的功能来方便地完成你的底稿了，事实上我们的审计程序、审定表、明细表、检查情况表等就是给大家设置了数据源和列关系实现了数据和 Excel 之间的勾接。

11. 期初期末调整分录。

当有审计调整时插入调整分录，可以在菜单中选择也可以在明细表或者审定表行标上点击鼠标右键实现，具体讲解详见审计调整章节。

12. 套打底稿。

对所有保存过的底稿一次性都打印出来，没有开过的底稿是不会打印的，也可以挑选需要的进行打印。

操作如下：

在 Excel 文档中选择主菜单“鼎信诺审计”的下拉菜单下的“套打底稿”（如图 8－5－20 所示），系统弹出“套打底稿”窗口（如图 8－5－21 所示）。对保存过的底稿会列入“套打底稿”窗口中，在“套打底稿”窗口中把“全部（不包含特殊表页）”前面的单选框打上“√”时，不包含特殊表页的表前面的单选框都会打上“√”（如图 8－5－22 所示），把“包含特殊表页”前面的单选框打上“√”时，表名后面带“[－默认不打印]”前面的单选框会打上“√”（如图 8－5－23 所示）。

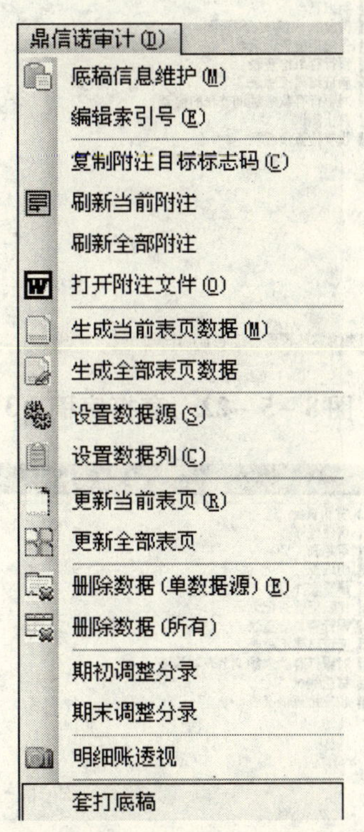


图 8－5－20　套打底稿－1

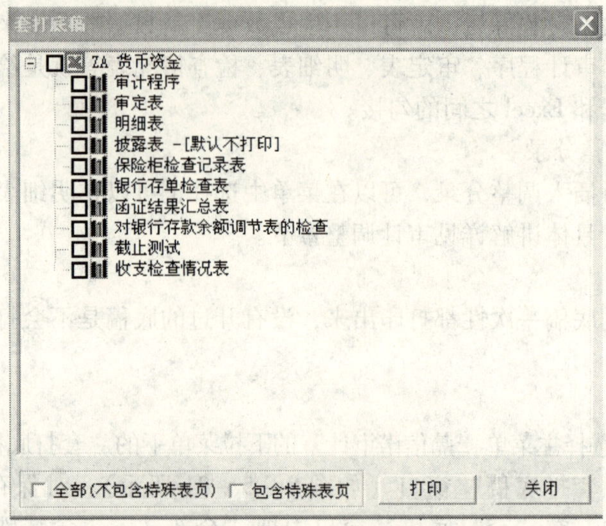


图 8-5-21 套打底稿-2

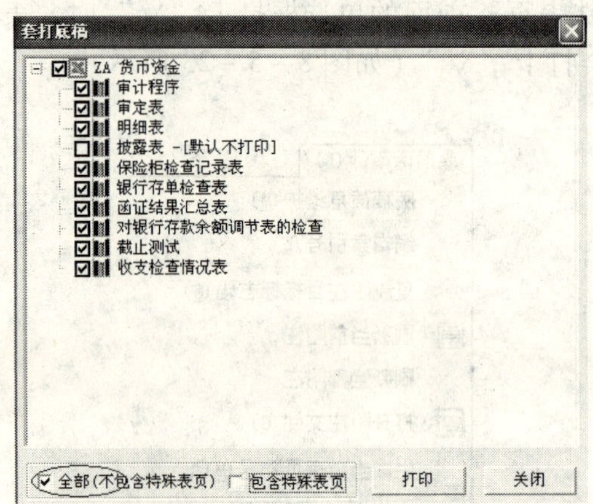


图 8-5-22 套打底稿-3

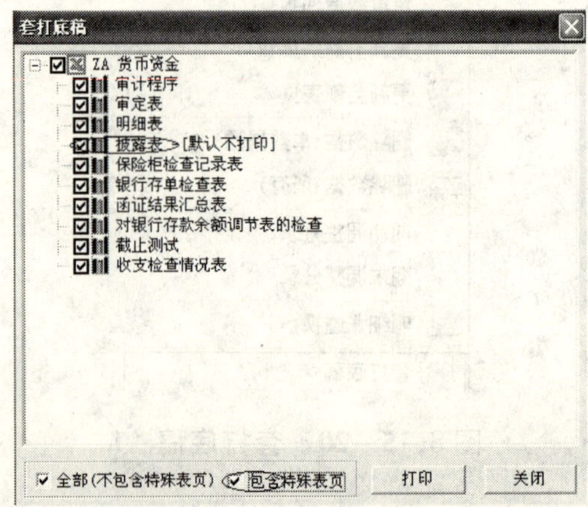


图 8-5-23 套打底稿-4

13. 插入审计标志、插入审计结论、插入执行情况。

审计过程中会常用到一些审计标志、结论或执行情况的符号，为了用户使用方便，系统提供这些符号（如图 8 - 5 - 24 所示），用户可以在实质性底稿的单元格中右击（如图 8 - 5 - 25 所示），菜单中直接选择（如图 8 - 5 - 25、图 8 - 5 - 26、图 8 - 5 - 27 所示）。如有公式的单元格插入标志、结论或执行情况的符号时会弹出提示。

图 8 - 5 - 24　插入审计标志等

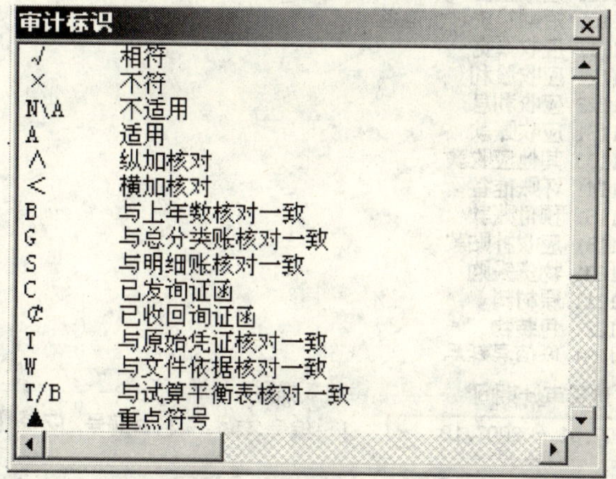


图 8 - 5 - 25　插入审计标志

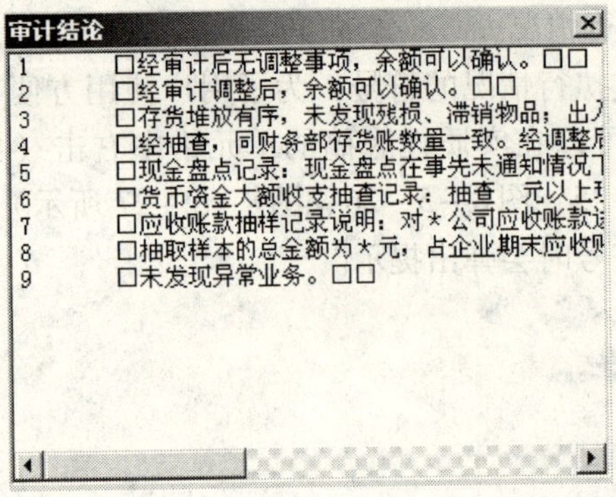

审计结论

1 □经审计后无调整事项，余额可以确认。□□
2 □经审计调整后，余额可以确认。□□
3 □存货堆放有序，未发现残损、滞销物品；出
4 □经抽查，同财务部存货账数量一致。经调整
5 □现金盘点记录：现金盘点在事先未通知情况
6 □货币资金大额收支抽查记录：抽查 元以上
7 □应收账款抽样记录说明：对＊公司应收账款
8 □抽取样本的总金额为＊元，占企业期末应收
9 □未发现异常业务。□□

图 8-5-26　插入审计结论

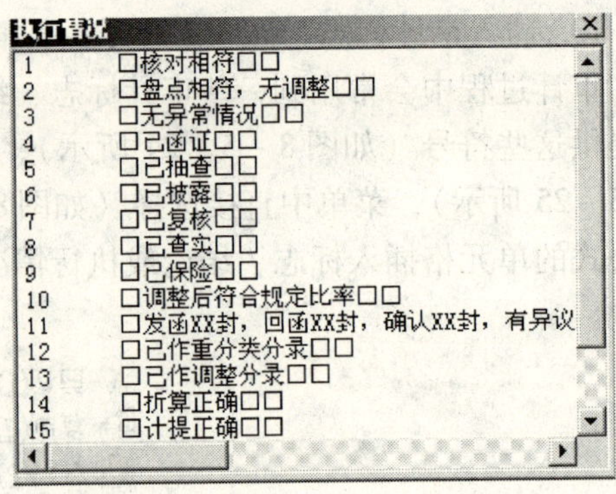


图 8-5-27　插入审计执行情况

14. 放入科目。

在实质性工作底稿中，右击单元格，选择“放入科目”子菜单，放入类型可以选择“编号名称”、“科目编号”、“科目名称”，同时可以进行“选择审计期间”的操作（如图 8-5-28 所示）。点击“确定”按钮就能在单元格中放入你选中的信息，通常该功能会配合一些已经设置好公式的底稿联合使用，比如替代测试表或者收入成本配比底稿等，选择科目后有公式的单元格就能自动取数。

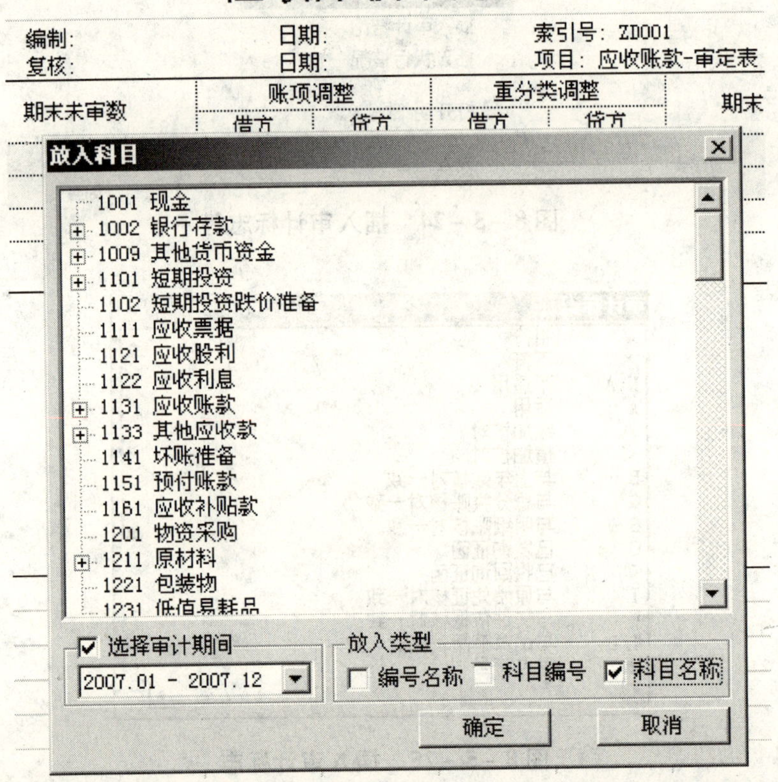


图 8-5-28　放入科目

15. 标记为重大事项说明。

底稿有很多的信息，但是做了该标注的内容保存底稿后会被统一列表在菜单“测试分析/底稿重大事项说明汇总”中看到，做底稿的标注好了后，项目负责人就能很方便地看到，并且还可以写批复内容。如图 8－5－29 所示。

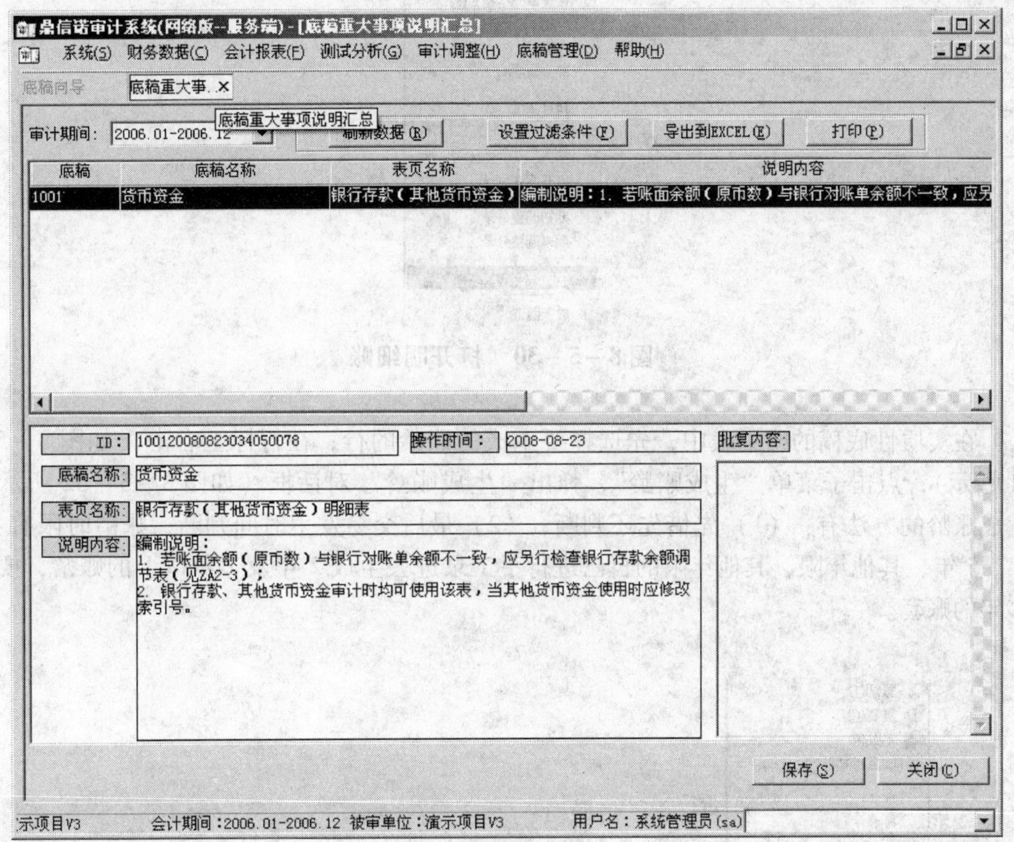


图 8－5－29　底稿重大事项说明汇总

16. 打开明细账。

在实质性底稿中，有数据的单元格上点鼠标右键，选择“打开明细账”子菜单（如图 8－5－30 所示），系统会弹出该科目的明细账，双击可以看到总账和记账凭证，方便用户查看。

17. 生成账龄。

账龄分析只有在当前项目下具有多个审计年度的情况下才能准确生成的账龄，如果只有一个审计年度，系统只能分析一年和一年以上两种情况。

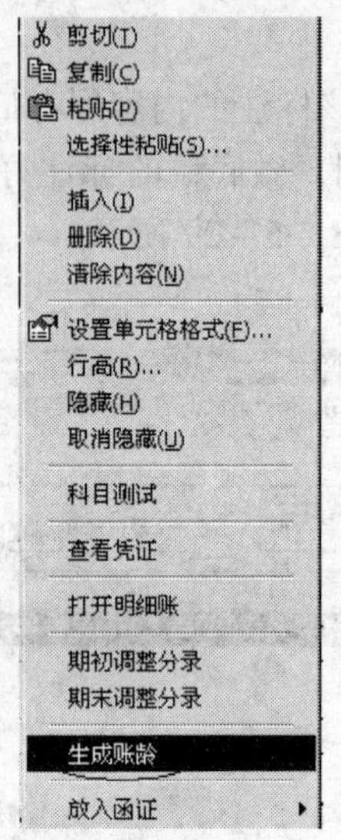


图 8-5-30　打开明细账

在实质性底稿的明细表中，先选择要生成的账龄的行，在行标上右击（如图 8-5-31 所示），点击子菜单“生成账龄”，弹出“生成账龄”对话框（如图 8-5-32 所示），生成账龄的方法有：（1）先借先还判断；（2）最后交易发生时间判断，账龄时限有：3 年、5 年、其他年限，其他年限的自己进行手工录进去生成 2 年及 2 年以上的账龄，要有多年的账套。

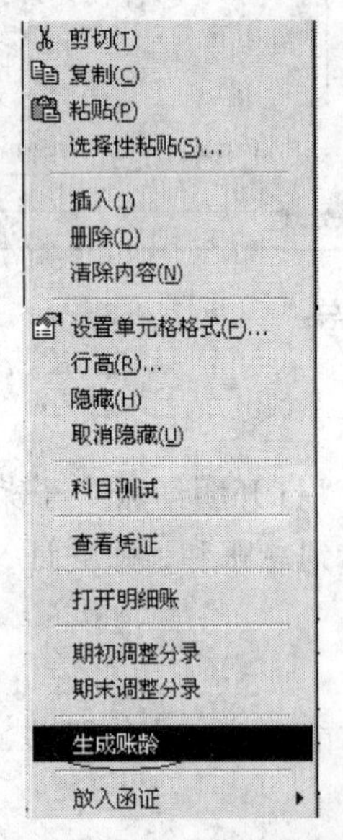


图 8-5-31　右击—行标

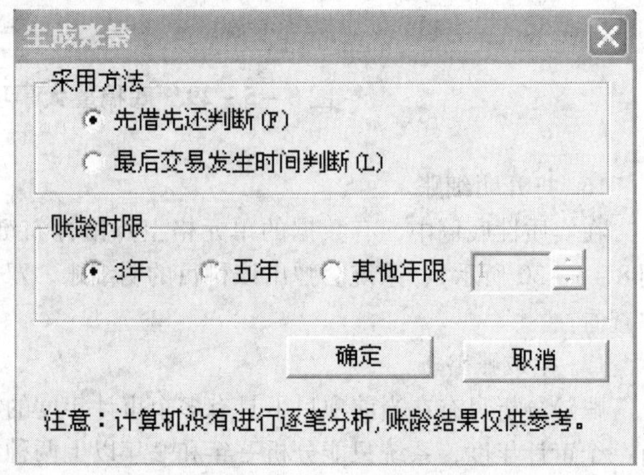


图 8-5-32　生成账龄

18. 放入函证。

“放入函证”是将在工作底稿中选择多行的数据合并到通用文档中。

在实质性的工作底稿中右击，在弹出的菜单中选择子菜单“放入函证”（如图 8 - 5 - 33 所示），可以进行选择：银行询证函、放入企业间询证函。数据的每一行（或记录）都会生成一个单独的文档。

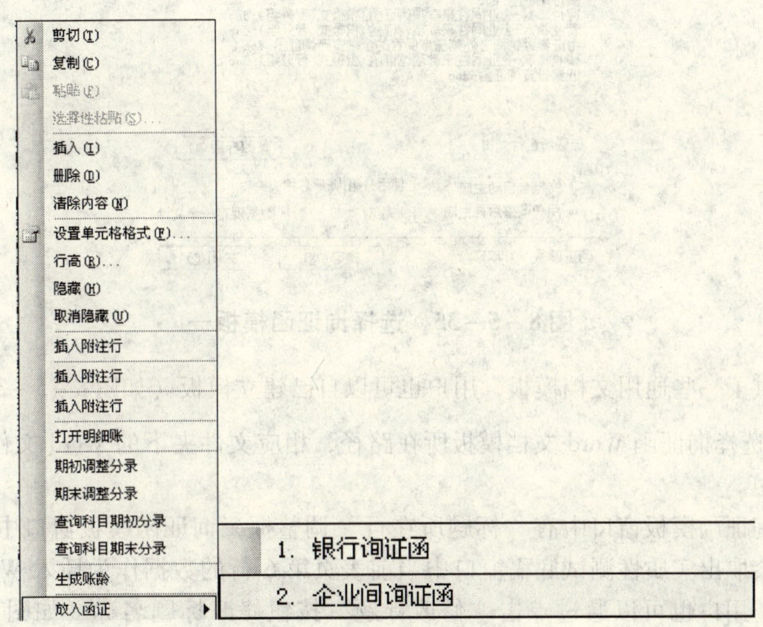


图 8 - 5 - 33　右击—放入函证

回到操作系统的主界面，在底稿向导中找到“询证函”文件夹，打开，找到相应的询证函的模板，双击打开。如图 8 - 5 - 34 所示。

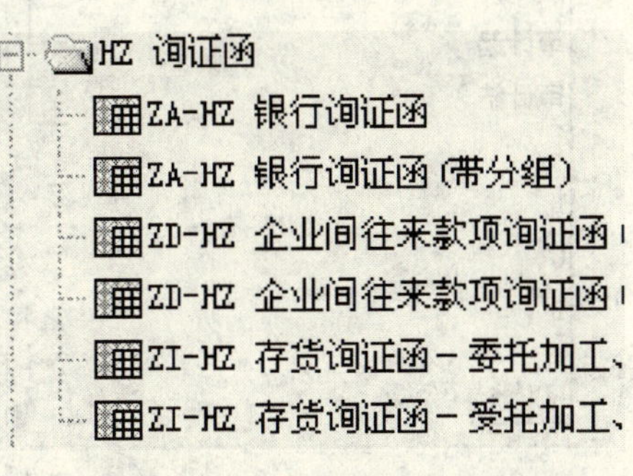


图 8 - 5 - 34　询证函模板

点击生成“生成询证函”，系统弹出“选择询证函模板”对话框，如图 8 - 5 - 35 所示。

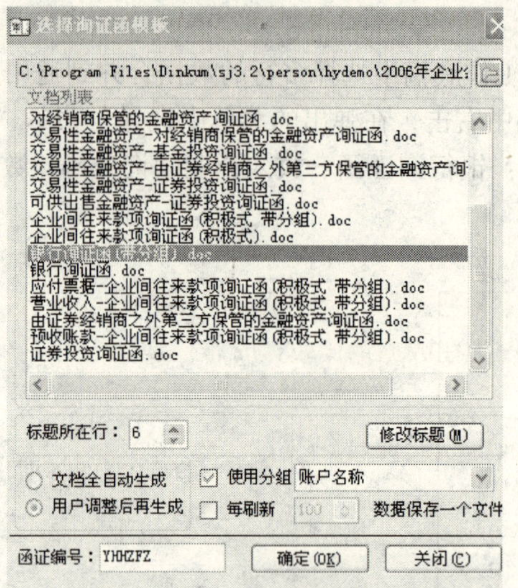


图 8-5-35 选择询证函模板一

系统提供了一些通用文档模板，用户也可以自己建立模板（如图 8-5-35 所示）。点击按钮来选择询证函 Word 文档模板所在路径，相应文件夹下的 Word 文件就会自动列到文档列表中。

在选择询证函模板窗口中有“标题所在行”调整框，询证函模板窗口中显示的是 6，那么系统就会取出实质性测试底稿窗口中当前表页第 6 行的数据作为插入 Word 文件时的合并域标题。用户也可以通过点击“修改标题”按钮修改标题名称（如图 8-5-35 所示），系统弹出修改标题名称窗口（如图 8-5-36 所示）。在标题名称列表中进行修改，点击“确定”按钮即可。

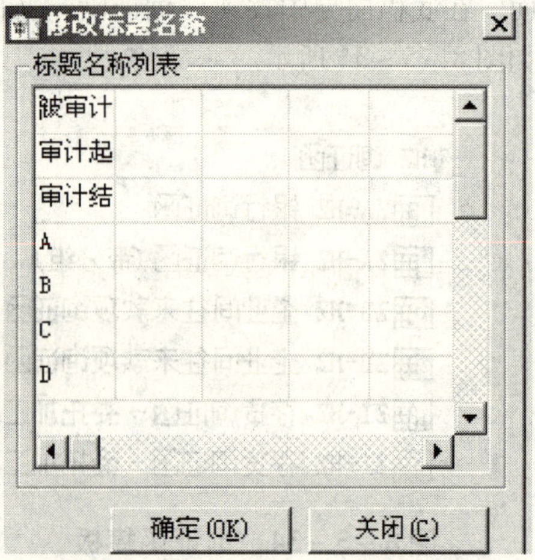

修改标题名称
标题名称列表
被审计
审计起
审计结
A
B
C
D
确定(OK) 关闭(C)

图 8-5-36 选择询证函模板二

用户在文档列表中选择一个通用文档，通用文档是可以修改或新增的。生成方式有“文档全自动生成”和“用户调整后再生成”两种方式，前一种方式适合 Word 文档中已

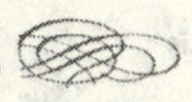

经插入了合并域的情况。这种情况不再需要用户再做什么操作就可以直接生成询证函，他的前提就是已经向 Word 文件中插入了合并域。选择"用户调整后再生成"方式后系统就会打开所选询证函模板的 Word 文档，由用户在 Word 文档中添加合并域，添加完毕后返回到系统（不要关闭 Word 文件），点击确定后系统会自动生成所要的询证函（如图 8-5-35 所示）。

在选择询证函模板窗口中还包括"使用分组"和"保存文件"两个参数。用户可以设置按某一列进行分组取数。保存文件适合生成大数据量的询证函，用户可以设定在刷新多少个文件后保存一个文件，因为在数据量比较大时容易造成内存不足，完不成要实现的功能。

在设置完成后在询证函模板窗口中点击"确定"按钮即可，这里按默认设置举例，打开相应的 Word 文档，用户可以在弹出的 Word 窗口工具栏上点击插入域按钮。由于 Word 版本不同工具栏上的按钮不同这里给出了 Word 2000 和 Word 2003 两个版本的例子。

用户可以根据 Word 的不同版本来使用，按照图 8-5-36 所示来操作。选择要插入的数据（例如：被审单位、索引号、项目等）插入到 Word 文件的适当位置。然后返回到系统中（不要关闭 Word 文件）。可以看到系统弹出的提示窗口。

在提示窗口中点击确定，如果 Word 文件中确实设置了合并域，那么系统就会自动生成用户所要求的询证函。如果没有设置合并域，系统会判断出并给出提示窗口，生成完毕后系统会弹出窗口询问是否打开所生成的询证函。用户可以根据自己的实际情况选择打开或不打开。

在询证函生成后系统还在生成询证函的底稿中追加了一个"函证控制表"此表主要是用来统计回函的情况（如图 8-5-37 所示）。

函证结果汇总表

被审计单位名称:56　　　　编制人:　　　　日期:
会计期间:2007年01月—2007年12月　　　　复核人:　　　　日期:

| 询证函编号 | 债务人名称 | 债务人地址 | 账面金额 | 函证方式 | 函证日期 | | 回函日期 |
|---|---|---|---|---|---|---|---|
| | | | | | 第一次 | 第二次 | |
| WL0001 | 丹阳市莱特: | | 173,551.41 | | 2008年05月18日 | | |
| | | | | | | | |
| | | | | | | | |
| 共　1　行 | | | 173,551.41 | | | | |

图 8-5-37　函证控制表

19. 科目测试。

在明细表数据行的行标上右击，在弹出的菜单选择"科目测试"，如图 8-5-38 所示。

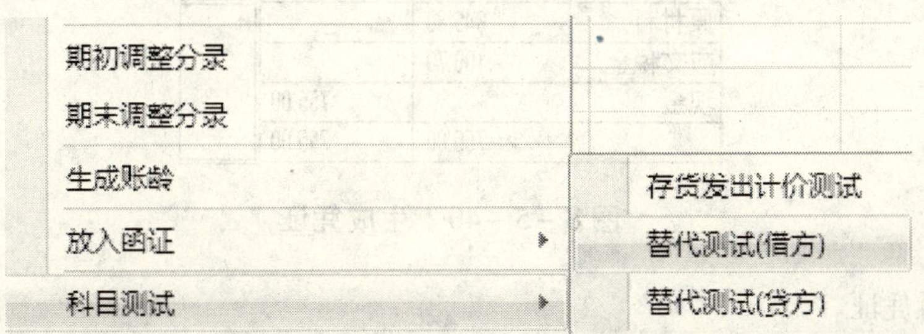


图 8-5-38　科目测试

可以选择你需要的方式对科目单独开一个 Sheet 完成工作，比如选中一个科目进行替代测试就会自动生成一个该科目的替代测试表。

20. 生成凭证。

在实质性底稿的“检查情况表”上的数据行的行标上右击（如图 8－5－39 所示），在弹出的菜单选择“生成凭证”（如图 8－5－40 所示），弹出对话框——生成凭证，在“附件”的空白处输入文字，最后形成抽凭的底稿。

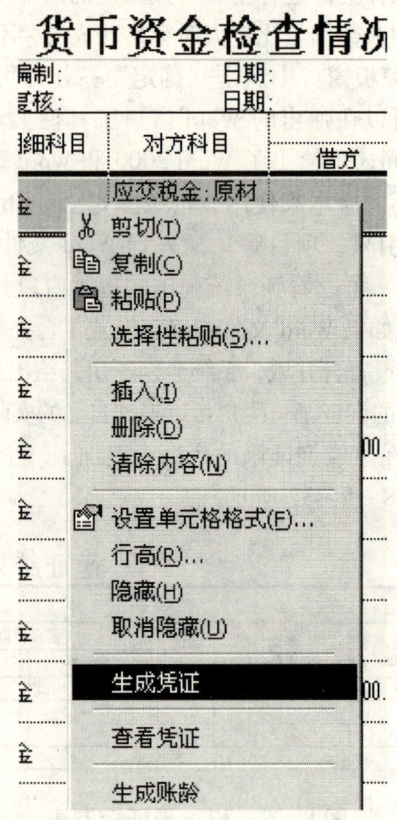


图 8－5－39　右击一行标

凭证编号：222

| 科目 | 借方发生额 | 贷方发生额 | 附件 |
|---|---|---|---|
| 原材料 | 645.30 | | rt |
| 应交税金 | 109.70 | | |
| 现金 | | 755.00 | |
| | 755.00 | 755.00 | |

图 8－5－40　生成凭证

21. 查看凭证。

在实质性底稿的“检查情况表”上的数据行的行标的上右击，在弹出的菜单选择“查看凭证”（如图 8－5－41 所示）。在弹出的对话框“凭证信息”（如图 8－5－42 所示）中有

"显示外币"、"显示数量"、"显示抽样方案"，可以进行相应的显示，从而进行查看，同时可以进行"打印设置"、"打印"等功能。

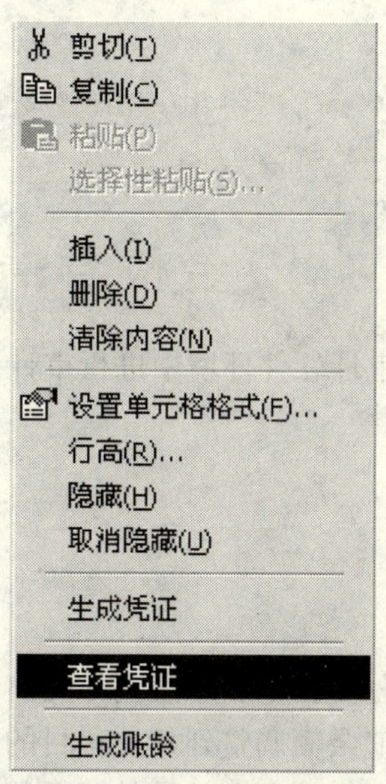


图 8－5－41　查看凭证

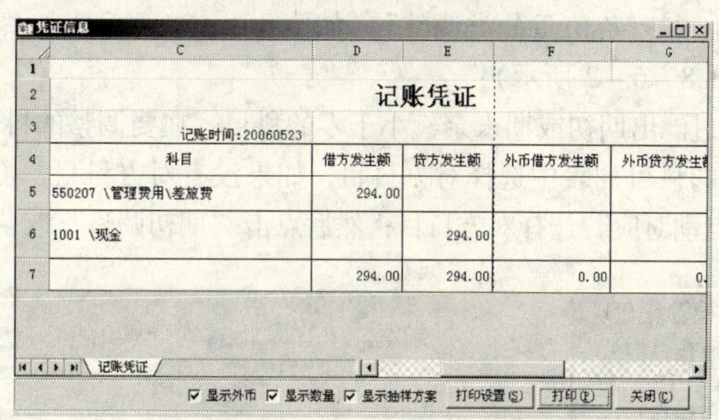


图 8－5－42　凭证信息

## 实训要求

1. 利用"相关搜索"功能，分析 2007 年度"累计折旧"的贷方对应科目发生情况，并形成审计工作底稿，进行交叉索引。

2. 在 2006 年应收账款实质性测试工作底稿中，抽取应收账款资产负债表日前 5 天、日后 20 天、金额大于 60 000 元的凭证，进行截止测试。

3. 在 2006 年度项目中，按照系统抽样的方法，抽取与其他业务收入相关的凭证 30 笔，随机起点为第 5 笔。

4. 编制《固定资产折旧计算表》（按直线法），测试累计折旧计提的准确性，并进行分析。

# 实训六　进行审计调整

## 实训目的

通过本实训，使学生能够在审计软件环境中进行审计调整。

## 实训资料

1. 负值重分类调整。

负值重分类调整主要包括重分类调整和账表差异调整。重分类调整用于往来科目期初或期末余额是负值，需要将其负值余额调整到相关科目的情况。账表差异调整用于被审计单位的账面余额与相对应的报表项目数存在差异的情况。

操作如下：

选择菜单“审计调整/负值重分类调整”（如图8－6－1所示），系统弹出“负值重分类调整”窗口（如图8－6－2所示）；

在科目余额表中过滤出期初或期末余额小于零的科目，在要调整的科目上打“√”；双击对方科目栏，从弹出的科目列表中选择对方科目，如果没有对方科目，可在类型中选择“新增”；还可以点击“自动对应”选择对方科目；然后点击“期初调整”或“期末调整”按钮。

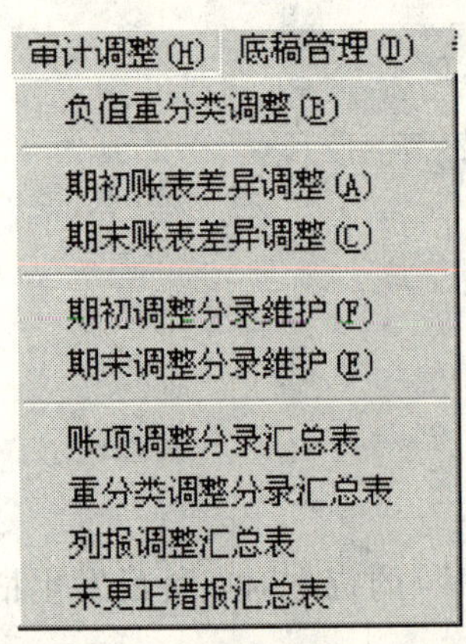


图8－6－1　负值重分类调整－1

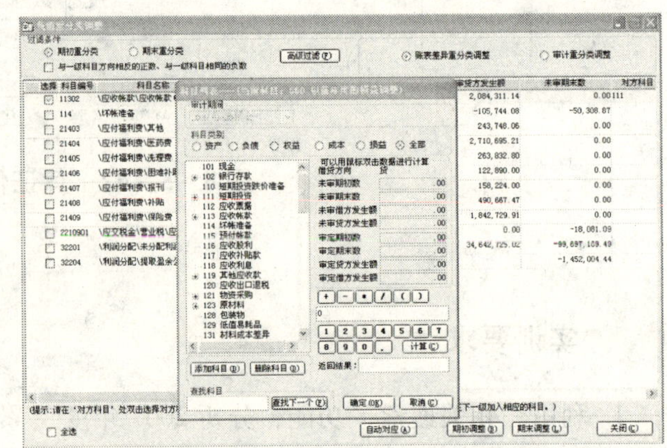

图8－6－2　负值重分类调整－2

2. 期初账表差异调整。

选择“审计调整/期初账表差异调整”子菜单，系统弹出“账表差异调整——期初调整”窗口。

此窗口分为上下两个窗体，在上面窗体中点“添加调整分录”按钮，然后在上面窗体中输入或是选择调整原因、所属底稿、客户调整情况和未审调整原因。然后在下面窗体中输入调整分录。如果想输入多笔调整分录可以点“添加”按钮，再点“保存”即可。用户也可以使用“添加多个科目”按钮，选择要调整的科目以及输入对应的调整数据，然后保存（如图 8－6－3、图 8－6－4 所示）。

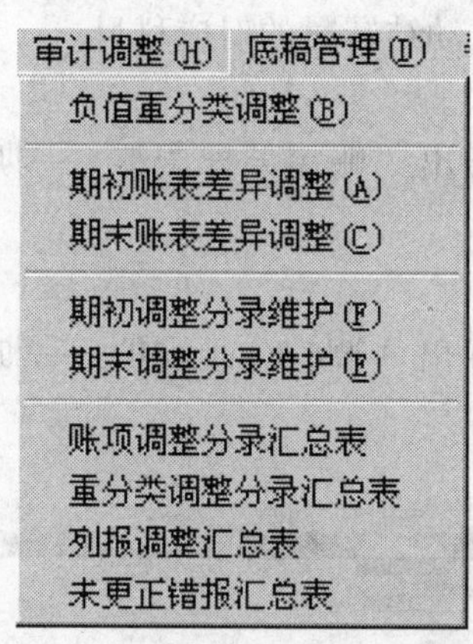


**图 8－6－3　期初账表差异调整－1**

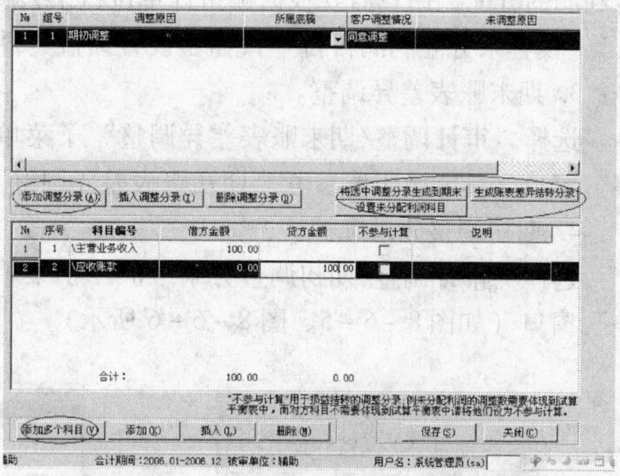

**图 8－6－4　期初账表差异调整－2**

“所属底稿”主要在导入导出报表项目时用到。例如，A、B 两个审计人员分做一个审计项目，A 负责资产类底稿编制，B 负责其他工作。A 完成编制工作后利用“底稿管理/导出底稿”将自己的项目导出（导出的文件类型为扩展名是 sjt 的文件），然后再将这个扩展名是 sjt 的文件拷贝给 B。B 通过“底稿管理/导入底稿”将此文件导入到自己的项目中，此时 B 电脑中的项目就成为一个完整的审计项目。假设：A 做了一笔调整分录，如下：

借：应收账款　　12 000.00

　　贷：其他应收款　　12 000.00

如果 A 没有选择“所属底稿”中的应收账款或其他应收款，在把项目导给 B 后，完整的项目中将不会包含此笔调整分录；如果 A 选择了“所属底稿”中的应收账款或其他应收款，在把项目导给 B 后，完整的项目中将则包含此笔调整分录。

“客户调整情况”有“同意调整”和“不同意调整”两个选项。如果选择了“不同意调整”，那么此笔调整分录将被暂停，不起任何作用。

说明：在“期初账表差异调整”窗口中有“将选中调整分录生成到期末”、“生成账表差异结转分录”和“设置未分配利润科目”三个按钮。

“将选中调整分录生成到期末”按钮是将期初的调整分录生成到期末调整分录，用以确定期初调整对期末审定数的影响。

“生成账表差异结转分录”按钮是将审计调整的损益类科目对利润的影响额直接结转到“利润分配——未分配利润”科目中。例如，用户做了一笔审计调整（不考虑增值税）：

借：主营业务收入　　20 000.00

　　贷：应收账款　　20 000.00

点击"自动生成结转分录"按钮后，系统将自动添加以下调整分录。

借：利润分配——未分配利润　　　　　　　　　　　　　　20 000.00

　　贷：主营业务收入　　　　　　　　　　　　　　　　　　20 000.00

注意：一笔调整分录只能结转一次。建议用户在调整分录全部录完后，再点击"将选中调整分录生成到期末"，系统会一次结转所有的损益类科目。此外，系统不支持自动结转利润的分配，用户需要根据被审计单位盈余公积的具体提取比例做调整分录。

"设置未分配利润科目"按钮是设置损益类科目进行自动结转时的对应科目。

3. 期末账表差异调整。

选择"审计调整/期末账表差异调整"子菜单，系统弹出"账表差异调整——期末调整"窗口。具体操作请参考"期初账表差异调整"菜单。

4. 期初调整分录维护。

选择"审计调整/期初调整分录维护"子菜单，系统弹出"调整分录维护——期初调整"窗口（如图8-6-5、图8-6-6所示）。

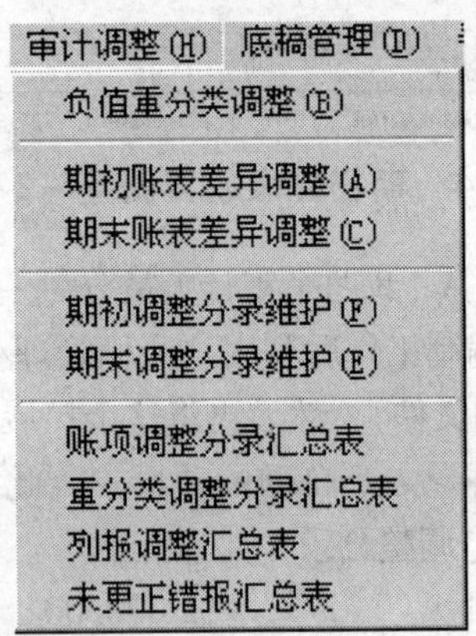


图8-6-5　期初调整分录维护-1

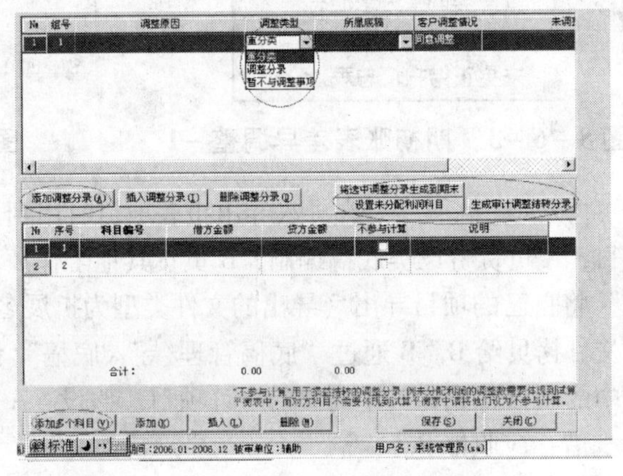


图8-6-6　期初调整分录维护-2

具体操作请参考"期初账表差异调整"菜单。

说明：账表差异调整属于调表不调账，在未审会计报表中反映。

审计调整属于调账不调表，在工作底稿、试算平衡表中反映（这里的表指的是未审会计报表）。

在审计调整中又分为重分类、调整分录、暂不与调整事项三种类型供用户选择。

5. 期末调整分录维护。

选择"审计调整/期末调整分录维护"子菜单，系统弹出"调整分录维护——期末调整"窗口。具体操作请参考"期初账表差异调整"菜单。

(1) 滚调分录。

如果有两年或两年以上的数据，需要调整分录本年的期末调整到期初，系统可从本年的期末调整到下一年的期初，比如说2004年应收账款的调整分录，需在滚调到2005年的期初，具体的操作如下：

第一步：打开"期末调整分录维护"菜单，做添加调整分录的工作。如图8-6-7所示。

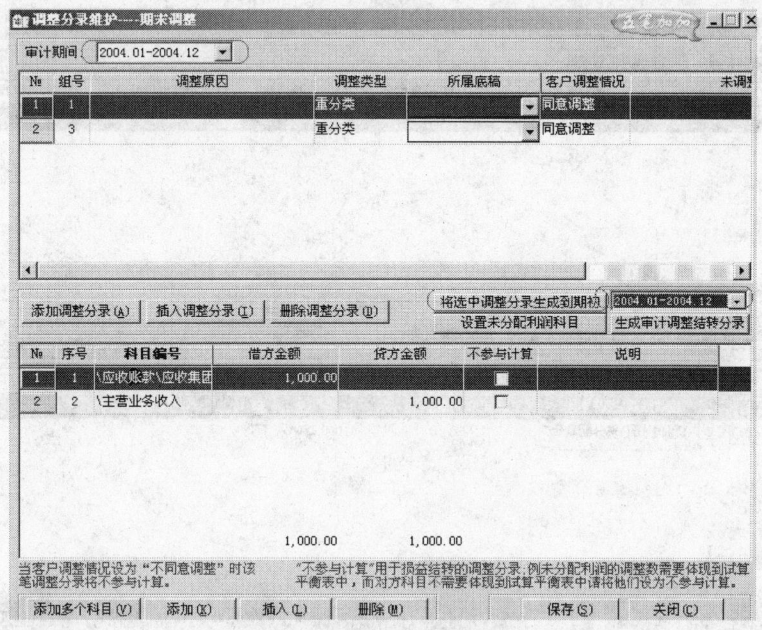

图 8-6-7　滚调分录一

第二步：在“调整分录维护——期末调整”右下角，点击下拉按钮，选择“2005.01-2005.12”，即是 2005 年全年的账套，如图 8-6-8 所示。

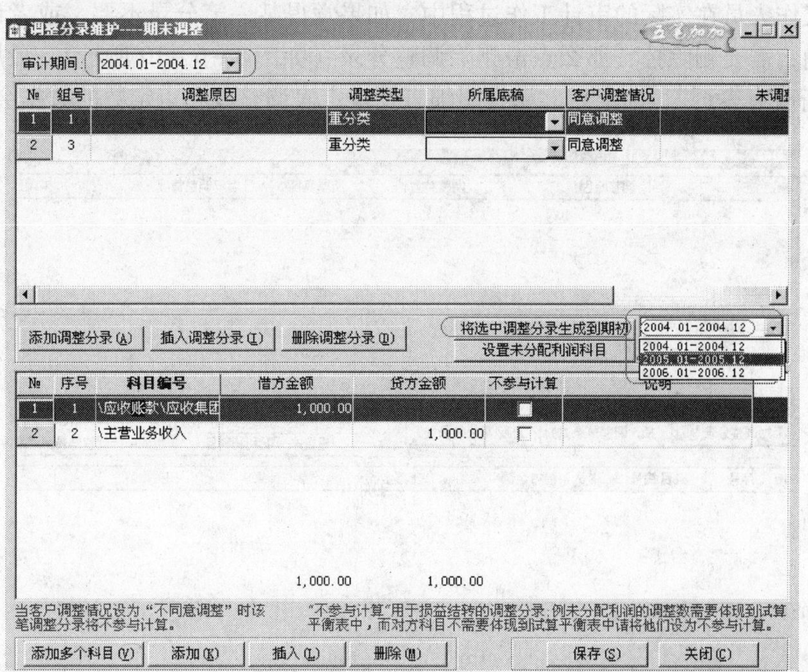

图 8-6-8　滚调分录二

第三步：点击“将选中调整分录生成到期初”按钮，可以看到调整到 2005 年年初的调整分录，如图 8-6-9 所示。

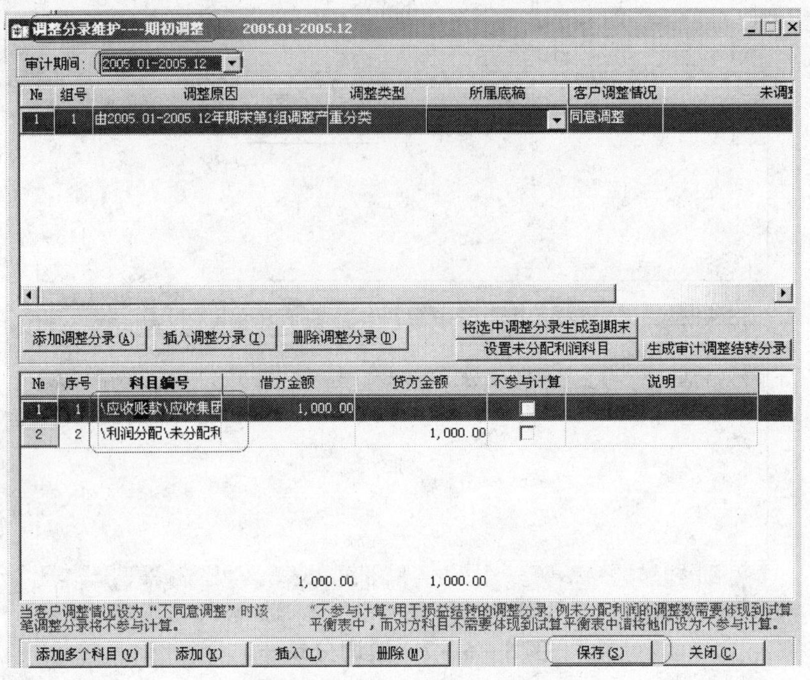


图 8－6－9　滚调分录三

（2）删除调整分录。

审计工作人员在实际的审计工作过程中，如果觉得某一笔分录不要，或者说做的调整分录不正确，需要删除掉，那么点击删除调整分录（如图 8－6－10 所示），最后保存，再点击“刷新所有表页”，确定后，那么明细表及审定表调整数和审定数的数据会发生变化。

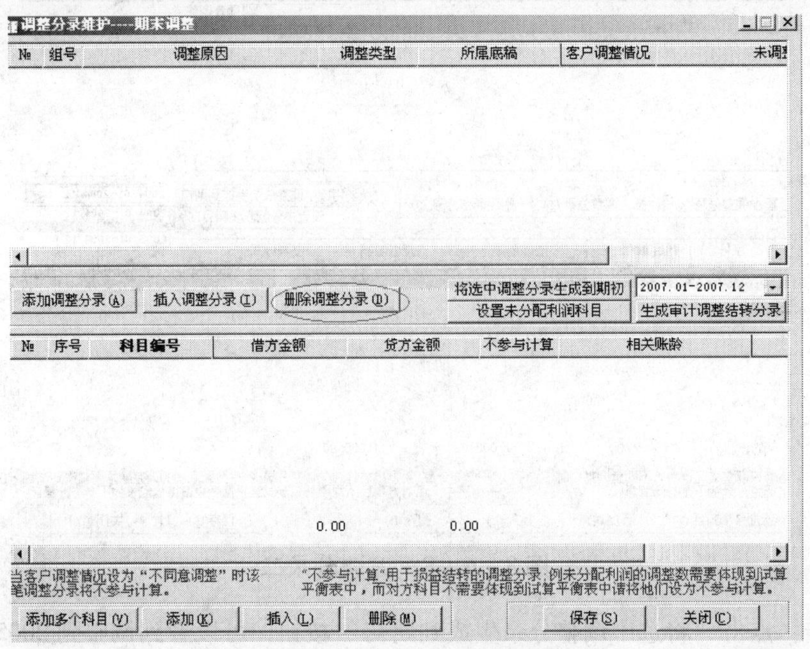


图 8－6－10　删除调整分录

6. 调整分录汇总表。

一个用于浏览和打印调整分录的窗口，分为调整分录汇总表（期末）、重分类分录汇总表（期末）、暂不调整分录汇总表（期末）、账表差异汇总表（期末）、分为调整分录汇总表（期初）、重分类分录汇总表（期初）、暂不调整分录汇总表（期初）、账表差异汇总表（期初）（如图 8－6－11 所示），其中“注意事项”中包括审计说明、建议披露事项、提请关注事项和审计结论等内容。这些内容是在实质性工作底稿中用户手工录入的。

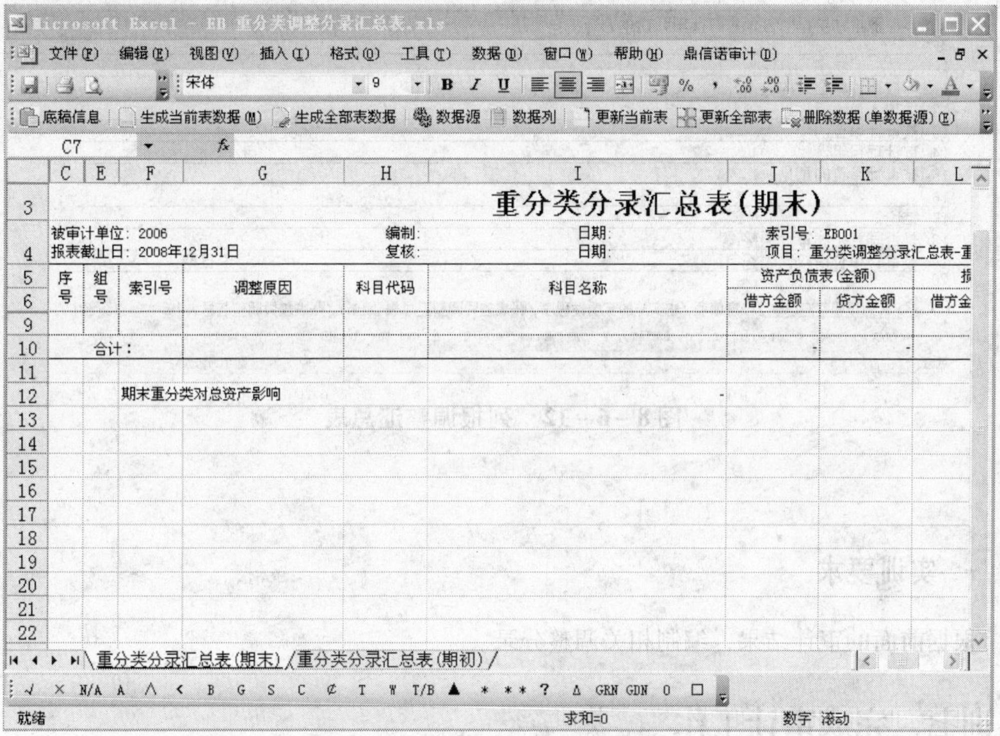

**图 8－6－11　调整分录维护－1**

7. 重分类分录汇总表，列报调整汇总表，未更正错报汇总表。

操作方法与调整分录汇总表一样。列报调整汇总表中第二个页面“注意事项”是一个对所有底稿的审计说明、建议批量事项、提请关注事项、审计结论归集的一个地方（如图 8－6－12 所示）；在实质性底稿中使用“底稿信息”功能填写了审计说明等内容都会归集到这个地方。

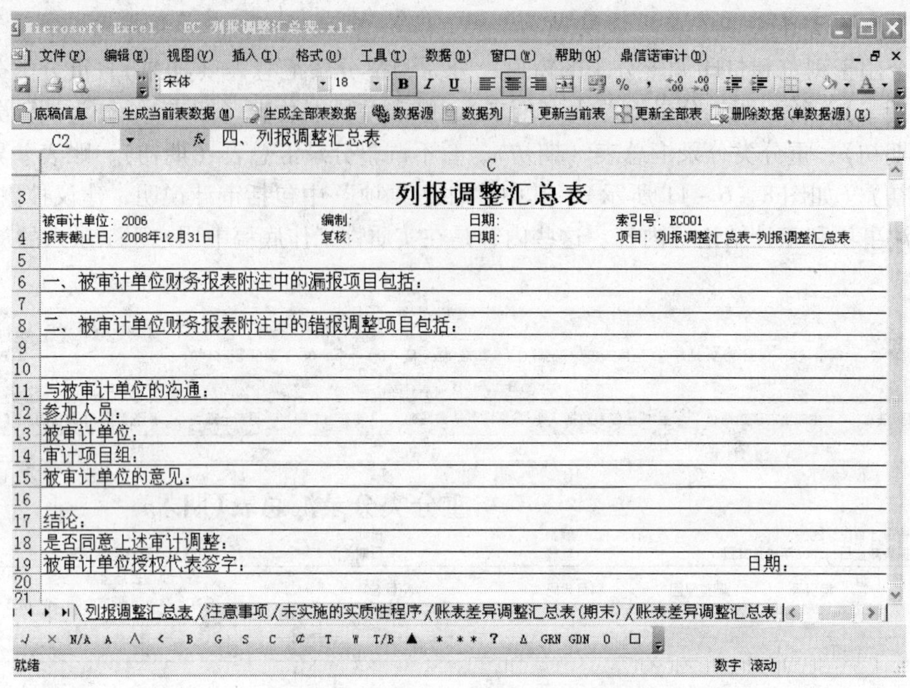


图 8-6-12　列报调整汇总表

## 实训要求

根据前面的审计结果，编制相关调整分录。

# 实训七　完成审计工作

## 实训目的

通过本实训，使学生能够利用审计软件，完成审计的基本工作。

完成审计工作主要包括编制试算平衡表、完成已审计会计报表、发表审计意见三项工作。

## 实训资料

1. 编制《试算平衡表》。

选择“会计报表/试算平衡表”菜单（或者点击“完成阶段”中的“试算平衡表”）

就可以打开试算平衡表窗口。

2. 完成《已审会计报表》。

选择“会计报表/已审会计报表”菜单（或者点击“系统窗口”的“已审会计报表”）就可以打开已审会计报表，已审会计报表不用再进行对应关系，报表中的数就是审定后的数。在打开已审会计报表之前必须打开过未审会计报表。

3. 发表审计意见。

根据实质性测试结果，运用审计专业判断，发表审计意见，出具审计报告。

## 实训要求

根据前面的审计结果，完成已审计会计报表，出具审计报告。

# 附录一　本科毕业实习要求

（首都经济贸易大学会计学院）

## 一、总则

实习是整个教学计划的一个重要组成部分，是学生理论联系实际的一个学习过程，是学生将所学知识转化为能力，向社会过渡的重要环节。实习分为专业课程实习和毕业实习。通过实习，使学生在社会实践中接触与本专业相关的实际工作，增强感性认识，提高学生对所学知识的应用能力，锻炼学生工作的责任感和事业心，培养学生综合运用所学的基础理论、基本技能和专业知识去分析和解决实际问题的能力。

## 二、实习组织领导

为了做好会计学、财务管理专业学生毕业实习的组织和领导工作，在学校实习领导小组的统一领导下，我院成立相应的毕业实习领导小组，毕业实习领导小组下设办公室，办公室设在系办公室（电话：83952263、83952257），具体负责实习的有关工作。实习学生在实习期间同时接受所在实习单位的领导。

## 三、实习内容

1. 了解实习单位的组织机构与各项规章制度。
2. 熟悉实习单位财务会计部门的日常运作。
3. 熟悉会计、财务、审计等工作程序。
4. 学习会计凭证、会计账簿和会计报表等专业技术。
5. 向会计、审计和财务管理人员学习，强化会计人员职业道德修养。

## 四、实习工作程序与安排

根据教学计划安排，考虑会计学、财务管理专业的特点，实习时间安排在四年级第一学期进行，实习时间8周；毕业实习分三个阶段进行：动员准备阶段、专业实习阶段和撰写实习报告总结阶段。

### （一）动员准备阶段

第六学期期末召开毕业实习动员大会，进行思想动员，认清毕业实习的目的和意义，加强实习组织纪律教育。寒假开始实习学生到实习单位报到。

### （二）专业实习阶段

学生在实习阶段要完成以下实习任务：了解基本情况，参与具体会计、审计等事务，学习工作方法，积累工作经验。

**（三）撰写实习报告总结阶段**

1. 到首都经济贸易大学校园网下载“本科生实习（社会调查）报告”。（校园网——组织机构——教务处——实践教学）

2. 实习时间：填写实际实习时间。

3. 实习内容：根据个人实际情况填写。

4. 实习单位：要求写实习单位全称。

5. 实习报告的字数要求为2 500字以上。

6. 实习所在单位评语：要求实习单位负责人用钢笔填写实习学生出勤情况、出勤天数、缺勤天数、实习内容、实习单位意见等评语；并且加盖实习单位人事部门或办公室章。

7. 办完以上手续交指导教师写评语、成绩评定、院系意见。

## 五、实习具体要求

要求学生明确目的，端正态度，诚恳、虚心地向实习单位的同志学习，尊重单位领导，全面了解实习单位的工作性质、工作条件、工作程序和工作方法，熟悉所学专业工作的内容，尽量接触各种会计事务，培养良好的会计职业道德，养成良好的工作作风和工作习惯。具体要求如下：

1. 深入实习单位各部门，熟悉工作环境，了解工作性质。

2. 听取实习单位领导的情况介绍，掌握实习单位的规章制度、作息制度和纪律要求。

3. 服从实习单位领导，听从工作安排，一切行动听指挥。

4. 各实习小组制定实习工作安排表和办公制度。

5. 服从实习单位指导教师的领导，遵守纪律，保守有关会计、审计秘密。

6. 注意工作交通安全。严格遵守实习单位的工作规程，若因违反实习纪律和工作要求造成自身伤害者，由学生本人负责；造成国家或他人财产或人身伤害的，应由学生本人及家长承担经济和法律责任。

7. 遵守国家法律和实习单位的规章制度，遵守社会公德和社会秩序。不得擅自离开实习地点。不得迟到、早退和旷工。若有违纪行为，按学院有关规定处理。

8. 尊敬指导老师，虚心请教，听取指导老师的意见，在实习过程中要搜集有关案例素材。

9. 讲究文明礼貌，爱护公物，搞好环境卫生。积极主动地参加一些力所能及的劳动。同时注意与实习单位的同志搞好团结。

10. 勤于思考，不断总结经验，在实践的基础上写好实习报告。

## 附录二　本科毕业论文（设计）撰写要求

（首都经济贸易大学）

毕业论文（设计）是培养大学生探求真理、强化社会意识、进行科学研究基本训练、提高综合实践能力与素质的重要教学环节，也是学生毕业与学位资格认证的重要依据。为规范和统一我校本科生毕业论文（设计）的写作，根据《中华人民共和国学位条例暂行实施办法》的有关规定和《科学技术报告、学位论文和学术论文的编写格式》的国家标准，提出本要求。

### 一、基本要求

毕业论文（设计）必须是一篇系统的、完整的学术论文，且一人一题、中文书写，正文篇幅一般为 8 000 ~ 10 000 字；外文书写（如英语专业）一般为 5 000 单词。毕业论文（设计）应是学生本人在导师的指导下独立完成的研究成果，不得抄袭和剽窃他人成果。毕业论文（设计）的学术观点必须明确，结构和逻辑严谨，文字通畅。

### 二、毕业论文（设计）的组成部分和排列顺序

毕业论文（设计）一般由封面、中英文摘要、论文目录、正文、参考文献、附录、致谢等组成并按以下顺序排列。

#### （一）封面

首都经济贸易大学本科毕业论文（设计）的封面需用统一格式。封面各项目用黑色签字笔填写（不要使用铅笔或圆珠笔）。具体要求如下：

论文题目：论文题目应当简明扼要地概括和反映出论文的核心内容，一般不宜超过 20 个字，必要时可加副标题。

院（系）：填写学生所在学院或系。

专业（方向）：按国家专业目录中的名称填写，有专业方向的在括号中注明。

指导教师：必须是本院系指派的指导教师。

#### （二）论文摘要

论文摘要是该论文不加注释和评论的简短陈述，一般应说明研究目的、方法、结果和最终结论等，重点是结果和结论。要突出本论文的创造性成果或新见解。

中文摘要语言力求精练准确，字数在 300 ~ 500 字左右。英文摘要内容要与中文摘要内容一致。中英文摘要都必须在摘要页的最下方另起一行，注明本文的关键词（3 ~ 5 个）。

#### （三）论文目录

论文目录作为论文的提纲，由论文中的标题序号、名称和页码，以及参考文献、附录、致谢等组成，排在论文摘要页之后。

论文中如图表较多，可以分别列出清单置于目录页之后。图的清单应有序号、标题和页码。表的清单应有序号、标题和页码。

**（四）论文主体部分——正文**

正文是毕业论文（设计）的主体，不同学科专业和不同的选题可以有不同的写作方式。论文写作的类型可以是实验性论文、文献综述性论文、调查报告、案例研究或其他论证性文体。正文一般由引言（或绪论）开始，以结论或讨论结束。

1. 引言（或绪论）。

引言是论文主体部分的开端，要求言简意赅，主要说明选题目的和要解决的问题，不能与摘要雷同或成为摘要的注解。

2. 论文主要内容。

这是论文的核心部分，写作时必须实事求是，客观直接，准确完整，合乎逻辑，层次分明，简练可读。

毕业论文正文中标题层次一律采用阿拉伯数字分级连续编号，例如：一级标题标号为1，二级为1.1，三级为1.1.1，一般不宜超过3级。编号应左起顶格书写，在编号后空一个字的位置书写标题，另起一行写具体内容。

3. 结论。

结论是整篇论文的概括总结和归宿。结论应该准确、完整、明确、精练，一般应包括本文的主要结果和观点、独特之处或创新点、本文的局限和未来研究的方向等。

**（五）参考文献**

凡有引用他人成果和对本论文写作有帮助和启发的文献，均应列于文末。文献综述型论文至少要引用30篇以上参考文献，其中必须有外文文献；其他类型论文（设计）则至少要引用15篇以上。

排列时应中文文献在前，外文文献在后，并按照著作者姓名发音的汉语拼音字母（或英文字母）顺序排列先后。参考文献的著录项目与著录格式按《GB/T7714—2005参考文献著录规则》（参阅后文所述注释文献的格式），可不标起止页码。

**（六）致谢**

表达作者对完成论文和学业提供帮助的老师、同学、领导、同事及亲属，协助完成研究工作和提供便利条件的组织或个人，在研究工作中提出建议和提供帮助的人，给予转载和引用权的资料、图片、文献、研究思想和设想的所有者的感激之情。

## 三、毕业论文（设计）的书写、装订要求

**（一）字体和字号**

1. 标题和正文。

论文中一级标题：黑体小三号；二级标题：黑体小四号；正文：宋体小四号。论文摘要、目录、参考文献等名称均用黑体小三号，内容为宋体小四号。行间距1.25倍。忌用异体字、复合字及一切不规范的简化字，除非必要，不使用繁体字。

2. 文中的图表等。

文中的图表、附录、参考文献、公式一律采用阿拉伯数字连续编号。如图1，表1，

附注：1，公式（1）。图序及图题置于图的下方居中，表序及表题置于表的上方居中，图序和图题之间、表序和表题之间空两格。论文中的公式编号用括弧括起来写在右边行末，其间不加虚线。

3. 文中引注。

正文内引注用当页脚注方式，采上角标方括号阿拉伯数字全文连续编码制。注释文献为期刊时，书写格式为：序号　作者．题目．期刊名，年份（期数）：起止页码。例如：

[2] 王健．高额储蓄与国际收支顺差的利弊及对策．《经济与管理研究》，2006（2）：5－10

注释文献是图书时，书写格式为：序号　作者（和译者）．书名．出版地：出版单位，年份：起止页码。例如：

[3] 王众托．《企业信息化与管理变革》．北京：中国人民大学出版社，2001. 20－30

引用互联网站上的文章时，著文的格式为：序号　作者．文章题名．网址．发布时间。例如：

[15] 王金营．中国和印度人力资本投资在经济增长作用的比较．http：//www.amteam. org/docs/bpwebsite. asp. 2005 年 8 月 9 日发布

4. 计量单位和符号。

文中所用单位一律采用国务院发布的《中华人民共和国法定计量单位》，单位名称和符号的书写方式，应采用国际通用符号。

**（二）论文封面与扉页**

采用全校统一格式，由教务处发放。论文扉页基本同封面格式，须打印，题目用二号黑体字，其他内容用三号宋体加粗。

**（三）用纸规格与装订**

毕业论文一律用 A4 打印纸，于右下角加页码。页面设置为：上、下 2.54 厘米，左、右 2.8 厘米，页眉 1.5 厘米、页脚 1.75 厘米，装订线位置左侧 1 厘米。页眉使用学校标志，高度为 0.9 厘米，宽度为 4.5 厘米，居中放置：

**（四）毕业论文由学生自己装订，上交一份。**

# 附录三　本科生毕业论文（设计）工作管理办法

（首都经济贸易大学　2007年1月15日）

## 第一章　总　则

**第一条**　毕业论文（设计）旨在培养大学生探求真理、强化社会意识、进行科学研究基本训练、提高综合实践能力与素质；是教育与生产劳动和社会实践相结合的重要体现，是培养大学生的创新能力、实践能力和创新精神的重要实践环节。

**第二条**　毕业论文（设计）是学生毕业与取得学位资格的重要依据。每位本科毕业生必须完成毕业论文（设计），成绩合格并取得相应学分，方能毕业和获得学士学位。

**第三条**　毕业论文（设计）是实现培养目标的重要教学环节，是衡量教学水平的重要依据。各院（系）要认真对待，加强领导，确保毕业论文（设计）工作顺利进行。

## 第二章　组织管理

毕业论文（设计）工作的组织管理由学校、院（系）相互协调共同实施。

**第四条**　教务处作为该项工作的主管部门，其主要职责是：

（一）进行宏观管理，协调解决有关毕业论文（设计）工作的主要问题。

（二）负责毕业论文（设计）管理制度、写作规范等的制定。

（三）组织毕业论文（设计）工作计划的下达、主要工作环节的安排，对院系有关毕业论文工作的指导、检查、评估等工作。

（四）负责全校本科论文（设计）完成质量的评估、汇总上报和制定改进措施。

（五）负责组织校级优秀毕业论文（设计）评选与表彰工作。

**第五条**　各院（系）作为该项工作的实施机构，其主要职责是：

（一）根据学校的有关规章制度及各专业培养目标和要求，制定本学院毕业论文（设计）工作的具体实施办法。

（二）负责毕业论文写作过程的管理。组建毕业论文（设计）工作领导小组，为学生指派指导教师，督促教师对学生的考勤与指导；对选题进行论证；把握论文撰写的进度和质量等。

（三）负责论文审阅、答辩等工作。选派评阅人，组建论文答辩委员会和答辩评审小组等；组织毕业论文的评阅、答辩和成绩的审核与评定。

（四）负责文件归档工作。收集、整理、保存毕业论文（设计）工作的有关资料；完成质量评估、总结上报等工作。

（五）评选院（系）优秀毕业论文，推荐校级优秀论文（设计）。

## 第三章　毕业论文（设计）的选题

**第六条**　确定选题的基本要求

（一）毕业论文题目应符合所修读专业的培养目标，体现综合训练的基本要求。

（二）优先选择与首都经济发展、社会进步及改革实践紧密结合的课题，以研究、解决现实问题为主，引导学生运用所学理论去分析和解决问题。

（三）题目不宜过大，难易要适度。

**第七条**　学生选题与开题

（一）学生可以选择所在院系公布的毕业论文（设计）的选题目录中的题目，也可以在教师指导下由学生自拟与所学专业有关的题目。

（二）学生与指导教师协商确定正式题目后，须完成《毕业论文（设计）开题报告》。有条件的院系可组织开题报告会，由院系毕业论文（设计）工作领导小组安排教师共同审阅。

（三）开题报告一经批准，学生不得随意改变论文题目。个别确有特殊原因需要改变者，须向指导教师说明理由，经指导教师、院系审核同意后，方可改变。题目如有改变，需报学生所在院系备案。

（四）毕业论文（设计）要求一人一题。

## 第四章　毕业论文（设计）的指导与评阅

**第八条**　指导教师资格

毕业论文（设计）的指导教师由具有讲师及以上聘职、具有科研工作经验的教师担任。具有博士学位的助教也可以指导毕业论文（设计）。指导学生毕业论文是教师的教学任务之一，具有本科毕业论文（设计）指导教师资格的教师，不得拒绝院（系）安排的指导毕业论文（设计）工作。

**第九条**　指导教师职责

（一）在所指导的专业范围内，提供一定数量的论文题目或具有研究价值的问题，并指导学生正确选题，审阅开题报告。

（二）介绍参考书目，对学生进行文献检索指导。

（三）向学生介绍前沿理论和观点，协助学生选择研究方法，按照《首都经济贸易大学本科毕业论文（设计）撰写要求》进行具体指导。

（四）定期检查学生的撰写进展情况，审阅论文初稿和修改稿，提出具体修改意见，并与被指导的学生共同填写《毕业论文（设计）指导情况记录表》。

（五）根据《首都经济贸易大学本科毕业论文（设计）评定指标参考体系》，写出论文评语和给出成绩。

（六）教师在指导工作中，要认真负责，注意发挥学生的积极性、主动性，防止包办代替。要鼓励学生勇于探讨和钻研问题，注意培养学生的创新精神和应用能力。

**第十条**　指导人数

指导教师同时指导毕业论文的学生人数原则上不得超过6人；语言专业（包括用外文

写作论文的非语言专业），指导教师同时指导毕业论文的学生人数原则上不得超过4人。

## 第五章　毕业论文（设计）的撰写要求及评审标准

**第十一条**　撰写要求

毕业论文（设计）必须是一篇系统的、完整的学术论文。中文书写，正文篇幅一般为8 000～10 000字，外文书写（如英语专业）一般为5 000单词。毕业论文（设计）的学术观点必须明确，结构和逻辑严谨，文字通畅。毕业论文（设计）一般由封面、中英文摘要、论文目录、正文、参考文献、附录、致谢等组成并按顺序排列。有关毕业论文（设计）撰写和装订的具体要求详见《首都经济贸易大学本科毕业论文（设计）的撰写要求》。

**第十二条**　评审标准

（一）毕业论文（设计）的评审和成绩评定采用五级记分制，即优秀、良好、中等、及格、不及格。

（二）各院（系）可参照《首都经济贸易大学本科毕业论文成绩评定指标参考体系》（见附件），根据不同专业人才培养目标的要求，确立公平客观的评价标准。

## 第六章　毕业论文（设计）的评阅与答辩

**第十三条**　评阅人和评阅意见

毕业论文（设计）经指导教师审阅后，应提交由各院（系）安排的评阅人进行评阅。

（一）评阅人资格：毕业论文（设计）的评阅人由各院（系）毕业论文答辩委员会指派具有中级及以上专业技术职称、具有相关领域科研工作经验的校内外专家担任。指导教师不得作为自己所指导的论文（设计）的评阅人。

（二）评阅人职责：对毕业论文（设计）的完成质量做出评判，填写《毕业论文（设计）评阅人意见表》，并及时将评阅意见和论文返还各院（系）。每位评阅人评阅论文数量一般不超过8篇。评阅人的工作直接对论文答辩委员会负责，任何人不得影响其对学生毕业论文成绩的评定。

**第十四条**　论文答辩

（一）每位学生的毕业论文（设计）都要求进行答辩，但须取得指导教师和评阅人评定为“及格”及以上成绩。通过答辩者方可取得论文成绩和相应学分。

（二）答辩的组织由院（系）论文答辩委员会负责，并组建若干答辩评审小组，每个答辩评审小组成员由3～5名有教学、科研工作经验的教师组成。毕业论文（设计）的答辩在各答辩评审小组进行，但各院（系）须随机选取6篇左右论文（设计）直接参加院（系）论文答辩委员会的大组答辩，大组的评审成员由7～10名教授、副教授组成。

（三）答辩的基本程序：学生报告论文的主要内容——答辩评审成员提问——学生回答问题——答辩评审成员讨论成绩并写出评语。每位学生答辩时间由院（系）论文答辩委员会根据实际情况自行确定，一般不低于25分钟。其中：学生报告毕业论文的主要内容，至少15分钟；学生回答提问，至少10分钟。

（四）各答辩评审小组根据指导教师、评阅人给出的成绩和学生的实际答辩情况做出综合评估和给出成绩，并报送院（系）论文答辩委员会最后审定。

（五）答辩前，各院（系）答辩委员会要专门开会研究，统一答辩的要求，并提前将组织公开答辩的时间、地点报教务处，以便教务处派有关专家参加答辩旁听。

**第十五条** 毕业论文成绩终评

（一）每篇毕业论文（设计）的最终成绩按优秀、良好、中等、及格、不及格五级分制，由院（系）毕业论文（设计）答辩委员会裁定的成绩为学生毕业论文的最终评定成绩。

（二）答辩委员会应对本院（系）全部论文的成绩评定情况进行总体评估，可根据各专业特点制定评价标准，评定方式可采用评分卡、投票或协商评议等。为把好毕业论文质量关，要严格控制优秀比例，毕业论文（设计）成绩优秀率（优秀论文数与提交论文数之比）不应超过15%。

（三）毕业论文（设计）成绩为及格及以上者，准予毕业。成绩不及格者，不能获得相应学分，不得毕业，可发给结业证书，并允许在一年之内申请第二次答辩；二次答辩通过者补记相应学分，学校换发毕业证书，符合授予学位标准的学生，经学校学位委员会同意可授予学位。毕业论文第二次答辩仍未通过者，学校不再接受其答辩申请，不换发毕业证书。第二次答辩所需费用由学生个人承担。

（四）毕业论文（设计）成绩评定后需及时向学生公布。

## 第七章 毕业论文（设计）的奖励与处罚

**第十六条** 奖励

根据《首都经济贸易大学本科优秀学士学位论文（设计）评选奖励办法》，学校每学年对本科优秀毕业论文（设计）进行一次评选，对校级优秀毕业论文的获得者及其指导教师，学校颁发荣誉证书并予以表彰。校级优秀毕业论文由学校档案室永久存档。

**第十七条** 处罚

对于有抄袭、剽窃行为的论文作者，按照《首都经济贸易大学学生学习违纪处分实施细则》有关规定按作弊处理，由此引发的其他后果也将由其本人承担。

## 第八章 毕业论文（设计）的保存与归档

各学院（系）要认真做好毕业论文（设计）卷宗管理、保存和归档工作。

**第十八条** 每份论文要装订整齐、材料齐全，各院（系）至少保存5年，同时，各院（系）须将毕业论文（设计）及其相关材料制成光盘保存。

**第十九条** 各院（系）毕业论文（设计）工作日程表、论文答辩委员会人员登记表、指导教师登记表、评阅人登记表、论文选题列表、指导教师工作检查表、毕业论文（设计）成绩汇总表、毕业论文（设计）情况分析表和毕业论文（设计）工作总结等材料汇总后须提交教务处备案。

**第二十条** 被评为学校优秀毕业论文（设计）的论文要及时交学校档案室归档。

**第二十一条** 学生及其指导教师对毕业论文内容中涉及的有关技术资料负有保密责任，未经许可不能擅自对外交流或转让。

## 第九章　附　　则

**第二十二条**　本管理办法自公布之日起执行。

**第二十三条**　本管理办法由教务处负责解释。

附录四

# 本科毕业论文（设计）成绩评定指标参考体系

| 等级<br>指标 | 优秀 | 良好 | 中等 | 及格 | 不及格 |
| --- | --- | --- | --- | --- | --- |
| 选题 | 符合专业培养目标，体现综合训练要求，难度及工作量较大，理论或实际价值较高。 | 符合专业培养目标，体现综合训练要求，难易程度及工作量适中，有理论或实际价值。 | 基本符合专业培养目标，基本体现综合训练要求，难易程度及工作量一般，有理论或实际价值。 | 基本符合专业培养目标，基本体现综合训练要求，难易程度及工作量较低，理论或实际价值较小。 | 不符合专业培养目标，或未体现综合训练要求，或缺乏理论或实际价值。 |
| 文献资料 | 参考文献充实、全面，理解准确，引用无误。 | 参考文献比较充实，理解准确，引用无误。 | 参考文献比较充实，理解基本准确，引用无大的错误。 | 参考文献较少，引用无大的错误。 | 参考文献较少，引用有较大错误。 |
| 研究方法 | 实验设计合理，研究方法科学，数据可靠。 | 实验设计较为合理，研究方法较为得当，数据可靠。 | 实验设计基本合理，研究方法基本得当，数据基本可靠。 | 实验设计、研究方法的合理性较差，数据有偏差。 | 实验设计不合理，研究方法不得当，数据错误、不可靠。 |
| 观点 | 见解独到，富有新意，观点和结论正确。 | 有一定的见解，观点和结论正确。 | 观点和结论正确。 | 观点和见解无大的错误。 | 无明确观点或观点有重大错误。 |
| 论证 | 论述充分，逻辑性强，分析力强。 | 论述比较充分，逻辑性较强，分析力较强。 | 论述基本充分，有一定的逻辑性。 | 有一定的分析、论述，逻辑性较差。 | 内容空泛，缺乏分析、论述。 |
| 结构 | 合理、均衡，符合论文体系要求。 | 较为合理、均衡，符合论文体系要求。 | 基本合理、均衡，基本符合论文体系要求。 | 不合理，勉强符合论文体系要求。 | 不合理，不符合论文体系要求。 |
| 语言 | 语言准确清楚，无病句，书写规范，标点符号使用正确，篇幅适中。 | 语言比较准确清楚，无病句，书写比较规范，篇幅适中。 | 语言基本准确，无病句，书写基本规范，篇幅比较适中。 | 语言不准确，有病句，基本符合书写规范，篇幅基本适中。 | 语言不准确，病句较多，书写不规范，篇幅不当。 |
| 答辩 | 表达能力强，语言流畅，思维敏捷，综合概括能力强，回答问题准确、全面。 | 表达能力较强，语言流畅，思维比较敏捷，综合概括能力较强，回答问题基本正确、全面。 | 表达能力一般，语言基本流畅，综合概括能力一般，回答问题基本正确。 | 表达能力一般，基本概括论文内容，回答有误，但经提示能够正确回答。 | 表达能力差，不能概括论文内容，或回答问题不正确、不全面。 |

说明：毕业论文（设计）的评审要结合本专业人才培养目标和学科特点，综合考虑上述指标进行成绩评定，但在“选题”、“观点”、“答辩”三项指标中，其中一项为不及格者，该论文（设计）即为不及格。

# 附录五　大学生科研与创新训练计划实施办法

（首都经济贸易大学）

## 第一章　总　　则

**第一条**　大学生科研与创新训练计划是学校面向全日制在读本科各专业学生开展的一项创新教育计划，是学校为提高人才培养质量、提高大学生科研和创新能力的一项举措。

**第二条**　大学生科研与创新训练计划的实施，旨在探索以问题和课题为核心的研究性教学模式，倡导以学生为主体的调动学生学习主动性、探索性和创造性的教学方法；通过提供科学研究、社会调查与咨询的条件，从而使学生尽早进入专业科研领域，培养学生的研究兴趣和科学态度，训练实践能力、独立工作能力、团队合作能力，加强师生联系与交流，促进产学研紧密结合。

## 第二章　项目来源与资助方式

**第三条**　大学生科研与创新训练项目来源于以下两方面：

（一）我校教师承担的教学、科研、管理、咨询等方面的纵向和横向研究课题。

（二）学生根据所学专业或科研兴趣自己选择的研究项目。

**第四条**　所确立的训练项目要具有科学性、可行性、协作性和应用性，其研究形式可以灵活多样。项目可分为一般项目和重点项目。

**第五条**　大学生科研与创新训练计划的项目经费由学校提供，同时接受有关学院（系）、指导教师的研究课题提供的定向资助以及其他各种赞助。

**第六条**　被评审立项的大学生科研与创新训练项目的资助标准为每项 500～2 000 元，其中一般项目不超过 1 000 元，重点项目不超过 2 000 元。建议各学院可根据实际情况给予一定的配套经费。

**第七条**　被评审立项的大学生科研与创新训练项目一般在 0.5～1 年内完成，特殊情况下不得超过 2 年。

**第八条**　大学生科研与创新训练项目的研究成果可采用调查报告、论文、案例研究、设计、软件、硬件研制、专利等多种形式。鼓励参加项目的学生公开发表论文，根据本训练计划的研究成果发表的论文，其版面费酌情由学校另行报销，知识产权归学校所有，发布时须注明“首都经济贸易大学大学生科研与创新训练计划资助”和项目批准号及指导教师姓名，由指导教师科研课题资助完成的成果须同时注明该科研课题名称及来源。

## 第三章　指导教师与学生

**第九条**　每个项目限一名指导教师，同一指导教师同时指导的项目不得超过 2 项。指导教师须具有一定的学术水平，富有创新精神，热爱教育事业，指导学生态度认真。指导教师职责是：

（一）指导学生申请大学生科研训练计划项目；

（二）在学院支持下提供学生完成项目所需的实验室或场地、仪器设备和相关资料、信息等；

（三）指导学生开展项目研究、答辩、论文发表和研究成果的总结与推广；

（四）检查学生项目执行情况，督促学生完成项目任务。

**第十条** 申报大学生科研与创新训练项目的学生须为我校全日制在校二、三年级本科生，具有创新意识和一定的研究开发能力，有足够的时间和精力从事所申请项目的研究。

（一）项目可以学生个人或组建研究团队进行申请，团队项目的成员不超过 5 人（含项目申请者），作为申请人的学生只限报 1 项，作为参加者的学生同期参加的项目不得超过 2 项。学校鼓励学生跨院系、跨专业、跨年级组建研究团队。未按规定结项的学生不得申请第二年的训练项目。

（二）被批准立项的项目，其申请人即为项目负责人。项目负责人须承担项目实施、组织、结项以及经费管理等责任。如因特殊原因不能继续担任项目负责人，须上报学校大学生科研与创新训练领导小组备案，项目负责人可由项目组其他成员接替。

（三）参加每个项目的学生和教师经双向选择而确定，每个项目必须确定一名指导教师，学生在教师的指导下自主学习、自主设计、独立开展实验或调查，独立进行数据分析处理、答辩、总结报告以及成果交流。

（四）参加科研与创新训练计划的学生不得因此而影响课堂学习和其他教学计划所规定的学习任务。

## 第四章 组 织 管 理

**第十一条** 学校成立大学生科研与创新训练计划领导小组，由校长任组长，主管教学和学生工作的副校长（副书记）任副组长，成员由教务处、学生处、科研处、团委等有关部门的主管领导组成。由领导小组聘请有关专家成立专家组进行规划指导、立项评审、结项验收等工作。教务处负责具体实施全校范围内的训练计划，学生处负责训练计划的宣传、动员，以及项目的中期检查等工作。

**第十二条** 各学院（系）成立大学生科研与创新训练计划指导小组，组织本学院学生申报项目，对申报项目进行初次遴选并上报学校，对确立的项目进行中期检查、监督和总结项目的执行情况并上报学校领导小组。

**第十三条** 大学生科研与创新训练计划实行项目管理机制。立项申请大约在每年的 9～10 月，具体工作步骤为：

（一）每年 7 月，教务处启动该训练活动，与学生处和各院（系）指导小组共同做好宣传工作和学生申报的组织工作。

（二）学生可自主确立有兴趣的研究项目，也可选择学校或学院规定的项目，即教师正在承担的教学、科研、管理、咨询等方面的纵向和横向研究课题，填写《首都经济贸易大学大学生科研与创新训练项目申报书》，向各院（系）指导小组提出申请。

（三）各院（系）指导小组对申请项目进行质疑、评审和遴选后上报学校。学校大学生科研与创新训练计划领导小组会同学校专家组对各院（系）申报项目进行审核后，公布审批立项的名单，下拨研究经费。

（四）在指导教师指导下，项目负责人主持项目的研究工作。项目执行期间须接受学生处和所在院（系）指导小组的中期检查，检查的主要内容为项目进程和经费使用情况。

（五）次年 9 ~ 10 月，教务处会同学生处、各院（系）指导小组，组织专家进行结项答辩和成果验收工作，并总结、交流和宣传本年度大学生科研与创新训练计划的优秀成果。

## 第五章　经 费 管 理

**第十四条**　资助经费的管理和使用必须符合学校的有关财务制度，不得侵占或挪用。

**第十五条**　项目经费的支出内容包括零星设备购置费、耗材费、图书资料和复印费、实验用品、调研费，不含劳务费。

## 第六章　相 关 政 策

**第十六条**　学生参加大学生科研与创新训练计划并通过结题验收后，学校颁发结项证书，并根据实际工作量和取得成绩可获得创新实践学分（2 ~ 3 学分）。所获成果可参加学校正式认可的与成果相关的各类竞赛，视获奖等级享受相应的评优奖励，并作为保送研究生的重要参考条件之一。

**第十七条**　大学生科研与创新训练项目的指导教师工作量按指导一篇毕业论文工作量计算，即指导一个项目计 8 课时，按选修课申报。

**第十八条**　对大学生科研与创新训练项目进行“大学生科研创新奖”评奖，对获奖学生及其指导教师予以奖励；对各院（系）进行“大学生科研与创新训练活动组织奖”的评选和奖励。

**第十九条**　项目资助经费的管理和使用应接受财务及审计部门的检查与监督，项目负责人和指导教师应积极配合并提供有关资料。对违反项目管理规定者、无正当理由不能按计划正常进行者或将项目经费挪作他用者，学校将进行严肃处理，撤销资助项目，停止申请资格，并以适当方式追回资助经费。

## 第七章　附　　则

**第二十条**　本办法未尽事宜由大学生科研训练计划领导小组研究解决。

**第二十一条**　本办法由教务处、学生处负责解释。

**第二十二条**　本办法自公布之日起执行。